대슬이 밥상

아이 성장과 두뇌 발달에 좋은 대슬맘표 아이주도유아식&식판식

대슬이 밥상

초판 1쇄 발행 2021년 5월 27일
초판 4쇄 발행 2022년 5월 30일

지은이 전슬기

대표 장선희 **총괄** 이영철
기획편집 이소정, 정시아, 한이슬, 현미나
디자인 김효숙, 최아영 **외주디자인** onmypaper
마케팅 최의범, 강주영, 김현진, 이동희
경영관리 문경국

펴낸곳 서사원 **출판등록** 제2021-000194호
주소 서울시 영등포구 당산로 54길 11 상가 301호
전화 02-898-8778 **팩스** 02-6008-1673
이메일 cr@seosawon.com
블로그 blog.naver.com/seosawon
페이스북 www.facebook.com/seosawon
인스타그램 www.instagram.com/seosawon

ISBN 979-11-90179-81-2 13590

아이 성장과 두뇌 발달에 좋은

대슬맘표 아이주도유아식&식판식

대슬이 밥상

전슬기(슬기로운요리생활) 지음

서 사 원

프롤로그

저는 어렸을 때부터 요리에 관심이 많았어요. 요리를 하기 위해 장을 보는 것부터 재료를 씻고 다듬고 자르고 조리 전 준비 과정부터 설거지까지 모두 좋아했어요. 중학교 이후부터는 주방에 있는 시간이 많아졌고, 고등학생 때는 매일 요리할 정도로 요리를 좋아하게 됐어요. 어릴 적 엄마는 조미료를 사용하지 않고 건강하게 음식을 만들어주셨고, 아빠는 모든 음식에 조미료를 듬뿍 넣어서 드셨어요. 어렸을 때는 몰랐는데 중학생 이후로는 저도 아빠의 영향을 받아 조미료를 넣어야 맛있다는 걸 알게 되었고 제가 집에서 어떤 요리를 만들면 항상 조미료를 넣어서 음식을 만들었어요. 그리고 자연스럽게 다른 집에서도 다들 조미료를 쓴다고 생각했어요.

20대 초반 유치원 교사로 근무하던 시절, 조리사님이 만들어주신 음식은 점심, 간식 고를 것 없이 모두 너무 맛있었어요. 맛있게 먹은 메뉴는 그날그날 조리사님을 찾아가서 어떻게 만드는지 여쭤보고 수첩에 레시피도 받아적고 조리사님의 레시피와 노하우를 많이 배우려고 노력했어요. 하지만 제게 가장 충격이었던 것은 조리사님께서는 모든 음식에 조미료를 하나도 넣지 않고 맛있게 만드셨다는 거예요. 맛이 부족하면 조미료를 넣어 아쉬운 맛을 채우던 제게는 아주 큰 충격이었어요. 당연히 조미료가 들어갔을 거라고 생각했거든요. 그 이후부터 저도 조미료를 사용하지 않고 음식을 맛있게 만들 수 있는 다양한 방법을 찾고 시도했어요.

대슬 아빠와 결혼하고 건강에 대해 더욱 관심을 갖기 시작했어요. 저와 나이 차이도 많이 나고 매일 식당에서 점심 저녁을 먹다 보니 대슬 아빠에게 건강한 음식을 만들어줘야겠다 생각했어요. 그 이후 임신을 하고, 대슬이를 낳고 가족력도 없는 아토피성피부염과 식품 알레르기를 경험하다 보니 더욱더 자연스럽게 건강한 먹거리에 관심을 갖기 시작했어요.

그렇게 대슬이에게 제가 할 수 있는 한, 최대한 건강하고 맛있는 음식을 해주려고 노력했어요. 처음에는 잘 먹지 못했지만 점점 아이 스스로 원하는 음식을 먹고 싶은 만큼 먹고 식사 시간에 즐겁게 임하는 모습을 보며 너무나 뿌듯했어요. 대슬이를 잘 먹는 아이로 키우기 위해 그동안 노력해온 모든 것이 헛되지 않은 것 같아 감사하고 행복했어요.

이 책에는 대슬이를 키우며 만들어본 요리 중에서 반응이 좋고 잘 먹은 여러 가지 레시피를 무염, 저염, 일반염 3가지 계량법으로 기록했어요. 돌 전후 아이들부터 성인까지 입맛에 맞게 만들어 먹을 수 있도록 나와 있으니 여러분 가정에 맞게 레시피를 선택해서 요리하시면 좋을 것 같아요. 유아식판식 책이지만 이유식을 마친 아이부터 어른까지 먹을 수 있는, 활용도가 좋고 주방 한켠에서 너덜너덜해질 때까지 오래오래 볼 수 있는 책을 만들고 싶었어요. 그 외에도 요리할 때 알아두면 좋은 중요한 여러 가지 팁과 아이를 키우면서 같이 공유하고 싶었던 소식들까지 꾹꾹 눌러 담았어요. 이 책이 독자분들에게 도움이 되었으면 좋겠습니다.

이 책을 1년이 넘는 기간 동안 만들면서 메뉴, 목차, 레시피 연구 및 사진 촬영까지 모든 것을 혼자 하다 보니 어려움도 참 많았어요. 하지만 제가 무엇을 하든 응원해주고 지원해주는 든든한 남편과 제 음식을 맛있게 먹어준 아들 대슬이, 저를 사랑으로 키워주신 우리 부모님, 필요한 물건은 말만 하면 다 사주는 하나뿐인 우리 언니, 며느리가 아닌 친자식처럼 저를 대해주시는 우리 시부모님, 항상 긍정적인 응원을 아끼지 않는 우리 형님과 아주버님께 진심으로 사랑한다는 말씀 전하고 싶습니다. 이 자리를 빌어 대슬이네 레시피를 좋아해주시고 응원해주시고 봐주시는 모든 분, 그리고 이 책을 구매해주신 독자분들, 책을 만들 수 있게 해주신 서사원 대표님과 카메라를 다룰 수 있게 도움주신 포토그래퍼님에게도 진심으로 감사 인사를 드립니다.

차례

PART 5

취사 버튼 하나로 끝나는 영양 가득 밥솥 레시피

슬기로운요리생활 꿀팁 1

PART 6

바쁜 아침에 휘리릭 한상차림

슬기로운요리생활 꿀팁 2

PART 7

평범한 재료로 만드는 한상차림

PART 8

맛있는 재료들로 조합한 볶음밥 한 그릇

PART 9

한 그릇 뚝딱 잘 먹는 한상차림

PART 10

부드러운 음식 한상차림

PART 11

편식 걱정 없는 한상차림

PART 12

성장기 아이들에게 꼭 필요한 한상차림

PART 13

한 끼처럼 든든한 간식 한상차림

PART 14

대슬맘 친구 레시피

PART 15

내 아이를 위한 생일상! 정성 가득한 한상차림

두 돌 생일상

네 돌 생일상

이 책을 보기 전에
꼭 읽어보세요

PART 1

필독! 이 책의 3단계 간에 대한 설명

"간장 생략해도 될까요?"
"14개월인데 소금 얼마나 넣어야 하나요?"
"대슬이는 간을 얼마나 하나요?"
SNS에 레시피를 공유하기 시작하면서 가장 많이 받은 질문 중 하나는 간에 대한 질문이었어요. 관련된 질문을 받을 때마다 한 가지 레시피를 아이 입맛에 맞게 선택해서 보실 수 있도록 여러 가지 계량법으로 소개하면 좋겠다는 생각을 했어요. 그래서 기존 요리책에서 한 번도 시도해보지 않은, 한 가지 레시피에 무염, 저염, 일반염 3가지 계량법을 소개했어요. 무염, 저염, 일반염 그 기준에 대해 말씀드릴게요. 대슬이를 키우면서 느낀 그대로 기준을 정리했기 때문에 독자분들 가정과 맞지 않을 수 있어요. 각 가정의 상황에 맞게 어떤 염도로 조리할지 선택해서 활용해주세요.

무염

각 재료에 포함된 나트륨을 제외한 소금이나 간장, 간이 들어가지 않은 레시피

레시피마다 다르지만 10~12개월 이상

이 책에 있는 무염 레시피 중에서는 대슬이가 10개월부터 먹었던 레시피도 있어요. 대슬이가 잘 먹는 음식은 다섯 살인 지금도 간을 하지 않고 요리하기도 해요. 잘 먹는 음식은 간을 최소로, 잘 안 먹는 음식은 간을 조금 해주면서 음식을 하고 있어요. 무염은 유아식 직전이나 유아식을 막 시작하는 아이들이 먹는 계량법이기 때문에 간뿐만 아니라 기름도 최소한으로 들어가도록 조리했어요. 다만 너무 간이 안 되어 있으면 음식 맛이 떨어질 수 있기 때문에 물이 들어가는 레시피에는 자체적으로 염도가 있는 재료를 넣어 맛을 올렸어요. 예를 들면 물 대신 멸치육수로 맛을 내거나 짭조름한 새우 등 재료 자체에 나트륨이 들어 있는 재료를 사용하기도 했어요.

저염

소금이나 간장, 간이 소량 들어간 레시피

레시피마다 다르지만 12~15개월 이상

무염식으로 먹어오다가 갑자기 염분이 높은 음식을 먹으면 아이에게 자극적으로 느껴져 입 주변에 두드러기가 올라올 수도 있어요. 대슬이는 간을 일부 메뉴에서만 12개월부터 시작했어요. 저염 레시피는 간을 최소한으로 하지만 아이들이 먹기에 짜지 않고 간을 안 했을 때보다는 맛있게 먹을 정도의 염도인데 어른들이 먹기에는 밍밍한 간이에요. 대슬이가 12개월 때는 무염과 저염을 동시에 했고, 비율은 무염이 80%, 저염이 20% 정도였어요. 시간이 점점 흐르면서 저염의 비율이 높아졌어요. 36개월쯤에는 무염 5%, 저염 80%, 일반염 15% 정도의 비율로 조리를 해주었어요. 각 메뉴마다 원재료의 나트륨 함량 차이로 간을 좀 더 해야 하는 메뉴가 있고, 간을 덜 해도 충분히 짭조름한 메뉴가 있었기 때문에 무염, 저염, 일반염 다양하게 조리해주었어요.

일반염

짜게 먹지 않는 어른들까지 먹을 수 있는 레시피

레시피마다 다르지만 3~5세부터 성인까지

아이가 둘 이상인 집은 연령이 다른 식구의 입맛에 맞추기 위해 저염, 일반염 두 가지 요리를 하기 힘들 때가 많아요. 형제자매가 있는 경우는 두 돌 전후부터 일반염으로 먹기도 하고 각 가정마다 상황에 맞게 조리하는 경우를 많이 봤어요. 아이를 데리고 외식을 해도 저염으로 나오는 식당은 거의 없기 때문에 우리 아이가 평소 먹던 염도보다 더 높은 염도의 음식을 그대로 제공하는 경우도 많이 있어요. 일반염은 아이가 먹기에 적절 혹은 짭짤하다고 느낄 수 있으며, 어른이 먹기에는 사람에 따라 염도가 맞거나 약간 싱겁다고 느낄 수 있는 정도의 염도에요. 다섯 살 대슬이는 저염 40%, 일반염 60% 정도의 비율로 조리해주고 있어요.

이 책을 잘 활용하는 방법

① 조리 시간

재료를 손질할 때 걸리는 시간 포함, 조리해서 완성까지 걸리는 시간이에요. 제 기준으로 작성했기 때문에 개인차가 있으니 참고해주세요.

② 양

대슬이는 밥보다는 반찬을 많이 먹는 편이에요. 대슬이 기준으로 작성했지만, 대슬이 주변 여러 친구들의 밥 양을 생각하며 비교하면서 작성했어요. 이 또한 아이마다 개인차가 크다 보니 참고해주세요.

③ 난이도

재료 손질, 조리하는 방법, 소요 시간 등을 모두 종합적으로 따져서 정했어요. 조리법은 약간 복잡한데 재료 손질이 쉬우면 난이도가 낮아질 수 있고, 재료 손질은 복잡한데 조리법이 간단해도 난이도가 높아질 수 있어요.

④ 대체 및 생략 가능 재료

대체 및 생략 가능한 재료를 최대한 모두 소개해두었어요. 각 가정마다 가지고 있는 양념과 식재료가 다르기 때문에 꼭 넣지 않고 대체 가능하거나 생략 가능한 부분은 적어놓았어요. 생략 및 대체 가능한 재료이더라도 레시피대로 조리하는 게 가장 정확하게 만들 수 있기 때문에 이왕이면 레시피대로 만드시는 걸 추천드려요.

⑤ 재료 손질

레시피를 정독한 후 요리를 시작하기 전에 준비해야 할 내용이 나와 있어요. 음식 준비를 모두 해놓고 요리를 하기 때문에 조리할 때 매우 편해요.

⑥ TIP

음식을 만들 때 주의해야 할 점이나 레시피에 대한 추가 설명이 나와 있어요. 음식을 만들 때 도움되는 부분들이니 꼭 확인해주세요.

돼지고기애호박찌개

어른들은 얼큰한 김치찌개에 야들야들 고소한 돼지고기를 넣고 끓여먹으면 정말 맛있죠? 아이들에게는 매운 김치 대신 달콤한 애호박을 듬뿍 넣어 맑은 찌개를 끓여봤어요.

2 아이가 여러 번 먹을 양

1 조리시간 20분

3 난이도 ★★★☆☆

무염

돼지고기 양념
- 돼지고기 100g
- 맛술 1/2작은술
- 참기름 1/2작은술
- 다진 마늘 3g

애호박 150g
간 양파 30g

멸치육수 200ml
대파 1큰술

저염

돼지고기 양념
- 돼지고기 100g
- 맛술 1작은술
- 참기름 1작은술
- 다진 마늘 5g

애호박 150g
간 양파 30g

멸치육수 200ml
새우젓 1/2작은술

대파 1큰술

일반염

돼지고기 양념
- 돼지고기 100g
- 맛술 1작은술
- 참기름 1작은술
- 다진 마늘 10g
- 고춧가루 1작은술

애호박 150g
간 양파 30g

멸치육수 200ml
새우젓 1작은술
대파 1큰술

4 **생략 가능** 맛술
대체 가능 간 양파→먹기 좋게 자른 양파, 새우젓→국간장 혹은 소금

5 재료 손질

돼지고기 먹기 좋은 크기로 잘라주세요.

돼지고기 양념 모든 재료를 잘 섞어 돼지고기에 버무려 주세요.

애호박 도톰하게 썰어주세요.

양파 양파 큐브(p.67)를 준비하거나 양파를 작게 썰어주세요.

대파 (저염) 잘게 다져주세요. (일반염) 송송 썰어주세요.

만드는 방법

1. 냄비에 양념한 돼지고기와 대파를 볶아주세요(무염, 일반염은 대파 생략).

2. 돼지고기가 절반 정도 익으면 애호박과 간 양파도 넣고 볶아주세요.

3. 멸치육수를 넣고 모든 재료가 잘 익도록 끓여주세요(일반염은 새우젓을 넣어주세요).

TIP 6

1. 새우젓은 간 새우젓(p.68)을 넣으면 새우 건더기가 국에 뜨지 않고 소량만 넣어도 간이 잘 맞아요.
2. 일반염의 고춧가루는 안 매운 것을 사용하면 어린이들도 맛있게 먹을 수 있어요.
3. 애호박은 잘게 잘라주셔도 무관해요.

대슬이의 아이주도이유식& 유아식 이야기

이유식을 준비하던 중 SNS를 통해서 '아이주도이유식'이라는 것을 알게 되었고, 아이주도이유식 관련 서적은 모두 구매해서 열심히 정독하며 아이주도이유식에 대해 공부를 시작했어요. 책을 읽을수록 아이주도이유식에 대한 매력을 느꼈어요. 하지만 걱정도 분명 있었어요. 실제로 제가 아이주도이유식을 해보니 장단점이 너무나도 극명하게 느껴졌어요. 아이주도이유식과 아이주도유아식에 대한 저의 경험을 이야기해볼게요.

1 대슬이의 아이주도이유식 이야기

일수별 아이주도이유식 상황	
생후 130일	아이주도이유식에 대해 공부하던 중 아토피성피부염 진단, 예민한 피부와 알레르기 걱정에 아이주도이유식 보류
생후 170일	현미 미음으로 이유식 시작, 이유식을 입에 넣어도 그대로 흐르고 먹지 않음
생후 180일	채소 스틱으로 아이주도이유식 시작, 한두 번 씹으면서 관심을 보이다가 음식을 잡지도 입에 가져가지도 않고 전혀 관심이 없음
생후 190일	미음도, 스틱도 먹지 않음. 이유식 잠정 중단. 삼키는 법을 모르는 것 같아서 쌀과자와 과일로 먹는 연습 시작
생후 215일	미음을 삼키기 시작. 손으로 음식을 잡으려 하고 입으로 가져가며 아이주도이유식 적기 신호를 보내기 시작
생후 219일	쌀과자 한 조각 먹고 배까지 부어올라 응급실행. 알레르기 검사 예약 진료
생후 225일	어떤 음식을 줘도 관심을 갖고 입으로 가져가고 탐색하기 시작, 제대로 된 아이주도이유식 시작!
생후 259일	알레르기 검사 결과 난백(흰자)알레르기 진단 받음. 계란 요리와 계란 성분이 들어간 음식은 모유 수유하는 저와 대슬이 모두 완벽 차단, 알레르기가 없었던 항목(육류, 해산물, 밀, 대두, 우유, 견과류 등)은 안심하고 일찍 먹이기 시작

생후 200일 가까이 미음도 제대로 삼키지 못했던 대슬이였어요. 제 주변 지인들에게 물어보니 그 시기에는 중기이유식을 하는 시기더라고요. 200일이 되도록 제대로 먹은 게 모유밖에 없어서 아이 영양이 부족하지는 않을까 엄청 걱정하던 시기였어요. 제가 이유식 방법을 자꾸 바꿔서 아이가 적응을 못해서 그런 것 같아서 자책도 많이 했던 시기였어요.

생후 225일, 대슬이가 음식에 관심을 보이고 스스로 입에 가져가면서 음식을 먹고 즐기는 모습을 보니 아이주도이유식을 할 준비가 되었다는 신호라고 느꼈어요. 이때부터 아이주도이유식을 제대로 시작하니 또다시 여러 가지 난관이 찾아왔어요. 아이주도이유식을 하면서 겪어온 난관에 대해 이야기해볼게요.

2 아이주도이유식 & 유아식을 하며 겪어온 난관

난관
흡착식판을 식탁에서 잘 떼어냄
대부분의 음식을 흘려서 버림
하루 세 번 목욕, 하루 세 번 바닥 걸레 청소
입에 넣어도 삼키지 않고 씹기만 함
한 번에 많은 양을 입에 넣음
목에 음식이 심하게 걸림
여러 가지 메뉴를 한 번에 주니 집중 못하고 장난침
계란(난백) 알레르기 등장
음식을 바닥에 던짐
숟가락, 포크로 장난을 침
식탁의자에서 일어남
선호하는 음식, 그렇지 않은 음식이 생김(편식 시작)
갑자기 먹는 양이 늘어 변비가 생김
식사 중 머리와 귀를 만져 음식이 귓속까지 묻음
먹여달라고 함
숟가락으로 음식을 퍼서 그릇 이곳저곳으로 옮김
물을 그릇 이곳저곳에 따르면서 장난
밥을 다 먹기도 전에 과일을 꺼내달라며 보챔
손에 음식이 묻는 것을 싫어하며 바로 닦아달라고 함
반찬만 먹고 밥을 맨 마지막에 먹음
식탁의자 거부
밥 양이 확 줄어듦
군것질만 찾음

아이주도이유식을 하면서 가장 크게 찾아왔던 난관은 목에 음식이 심하게 걸렸을 때였어요. 실제로 많은 부모님께서 아이주도이유식을 망설이는 가장 큰 이유이기도 하죠. 대슬이는 스틱 모양으로 자른 사과를 먹다가 아주 심하게 목에 걸린 적이 있어요. 아이주도이유식 관련 공부도 열심히 하고 잘 해왔고 이 정도 크기는 잘 씹어 먹고 삼킬 수 있다고 생각해서 주었던 건데 저의 큰 착각이었어요.

아이들이 어느 정도 음식을 잘 씹고 덩어리진 음식을 잘 삼키기 시작해도 절대 사과처럼 단단한 덩어리 음식은 일정 크기 이상으로 크게 잘라주지 마세요. 제 딴에는 사과를 적당한 크기로 잘랐고 목에 걸릴 일이 없다고 생각했는데 아니더라고요. 목에 걸려 켁 소리도 못 내는 그 순간 저는 아이가 잘못되는 줄 알고 너무나 놀랐고 상황이 종료된 뒤에도 흥분이 쉽게 가라앉지 않더라고요. 아이주도이유식을 당장 그만둬야겠다는 생각까지 했어요.

하지만 그건 아이주도이유식 때문이 아닌 사과를 목에 걸릴 두께로 크게 잘라준 제 잘못이었어요. 그 후로는 사과는 반드시 목에 걸리지 않는 크기로 얇고 작게 잘라주고 있어요. 또한 아이주도이유식 및 유아식을 준비하는 분들에게 어떤 음식을 제공하더라도 목에 걸릴 만한 크기로 잘라주지 말라고 꼭 말씀드리고 싶어요.

3 아이주도이유식 & 유아식을 하며 느낀 점

그동안 겪어온 난관을 글로 쓰기는 했지만 미처 쓰지 못한 다양한 난관이 더 많이 찾아왔었어요. 한 고비 넘기면 또 한 고비가 찾아와서 힘들기도 했지만 그만큼 뿌듯했던 점도 있었어요. 아이가 식사 시간에 즐겁게 임한다는 것도 큰 장점이지만, 어느 순간에 보니 바른 식습관이 형성되어 있더라고요.

대슬이는 식사 전에 다음과 같은 습관이 생겼어요.

1. 갖고 놀던 장난감 정리하고 TV 끄기
2. 식사 전에 손 씻기
3. '잘먹겠습니다' 인사하고 식사하기
4. 의자에 앉아서 일어나지 않고 스스로 밥 먹기
5. '잘먹었습니다' 인사하기
6. 다 먹은 그릇 엄마한테 드리기(싱크대에 넣기)
7. 식사 마친 자리 닦기
8. 식사 마친 후 양치질 및 깨끗하게 씻기

아이가 장난감을 가지고 놀고 있고 재미있는 TV 프로그램을 보고 있어도 식사 시간을 기다리고 기대하기 때문에 정리도 하고 TV도 스스로 끄는 것이 자연스럽게 이루어졌어요. 또한 도구보다는 손으로 먹는 비중이 크기 때문에 손을 항상 깨끗이 씻겨서 식탁에 앉다보니 손 씻는 것도 싫어하지 않았고요. 식사 시간이 즐거우니 의자에서 일어나거나 장난치지 않고 음식을 다 먹은 다음에 그릇 정리까지 스스로 했어요. 식사 시간이 여러 번 반복되다 보니 제가 억지로 바른 식습관을 키워주려고 노력하지 않아도 자연스럽게 이미 형성되어 있었어요.

다 먹은 뒤에는 물수건을 주며 식탁을 닦도록 해보니 그것마저도 너무 좋아하더라고요. 식사를 마치면 옷과 손, 주변이 지저분해지니 아이도 스스로 화장실에 가서 씻고 싶어 했어요. 양치질을 하면 가만히 서서 추는 손가락 춤을 추며 즐거운 분위기를 만들어주니 아이 스스로도 양치질을 거부하거나 싫어하지 않고 잘 하게 되었어요.

식사를 마치면 깨끗하게 씻는다는 개념이 생겨서 다섯 살이 지난 지금도 식사 후 스스로 잘 씻는 아이가 되었답니다. 하지만 식사를 마친 직후 엄마가 피곤하고 힘들다는 이유로 바로 씻는 것을 한두 번 미루다 보면 아이도 안 씻고 싶은 마음이 커져서 씻는 것을 거부할 수도 있어요. 피곤하고 힘들지만 식후에는 항상 씻어야 한다는 것을 꾸준하고 일관성 있게 알려주면서 도와주다 보면 스스로 하는 순간이 오더라고요.

하지만 아이주도이유식을 한다고 해서 모든 아이가 잘 먹고 편식도 안 하고 잘 씻고 바른 식습관이 형성되는 건 아니에요. 처음 식사 시간에 재미를 붙인 그 시기를 지나면 선호하는 음식도 생기고 싫어하는 음식도 생기면서 오히려 편식이 더 빨리 시작되기도 하는 것 같아요. 또한 엄마의 인내심이 엄청나게 필요한 이유식 유아식 방법이에요.

주방에 있는 시간이 더 길어지고 식후마다 바로바로 씻겨야 하고 주변이 어질러지기 때문에 이런 것들을 보기 힘들고 치우기 힘들어한다면 엄마와 아이 모두를 위해 아이주도이유식을 하지 않는 것이 좋아요. 엄마가 기쁘고 즐거워야 아이도 즐겁게 식사 시간에 임할 수 있기 때문이에요. 만약 시간을 거슬러 이유식 시작하기 전으로 돌아간다면 엄마 주도로 미음을 먹이다가 아이가 스스로 음식을 입에 가져가고 먹고 싶어 하는 신호를 보낼 때 아이주도이유식을 시작하고 싶어요.

유아식판 고르기 및 식판 구성하기

대슬이는 아이주도이유식을 해서 7개월쯤부터 유아식판을 사용했어요. 처음에는 식판인 줄 모르고 그대로 엎어버리기도 했고 던지기도 했어요. 그래서 유아식을 처음 시작하는 아이들이라면 흡착 가능 여부가 제일 중요할 것 같아요. 하지만 요즘에는 평평한 바닥면에 흡착 실리콘을 붙여서 흡착식판 기능을 하게 해주는 제품까지 나왔더라고요. 개인적으로 여러 가지 식판을 사용하면서 느낀 점들을 소개했습니다. 개인차가 있기 때문에 참고해서 선택해주세요.

❶ 대슬맘의 유아식판 고르는 기준

① 소재 및 관리 방법

저는 식판을 구매할 때 가장 먼저 고려하는 부분이 소재와 관리 방법이에요. 사용 중에 유해물질이 나오지 않는 안전한 소재로 되어 있는지, 어떻게 사용해야 환경호르몬 걱정 없이 사용할 수 있는지 잘 알아보고 구매해야 해요. 관리하는 것이 너무 까다로운 식판이라면 오랜 기간 꾸준히 사용하기에 어려울 수 있어서 구매할 때 관리법도 꼭 확인해야 합니다.

② 칸의 깊이와 경사각

아이들이 먹는 식사가 대부분 빵이나 생채소 같은 경우면 칸의 깊이나 경사각이 상관없지만 보통 우리나라에서의 이유식과 유아식은 밥, 국, 반찬으로 이루어져 있기 때문에 깊이가 너무 낮거나 칸의 경사면 각이 높으면 숟가락 사용이 미숙한 아이들이 흘리지 않고 먹기에는 매우 불편해요. 칸의 깊이가 낮으면 아이가 스스로 숟가락 혹은 포크를 사용하다가 음식이 그릇 밖으로 떨어지기 쉽고, 식판의 경사각이 높으면 숟가락질을 할 때 음식이 숟가락에 올라오지 않고 결국 식판 밖으로 떨어지는 경우가 많아요. 스스로 숟가락과 포크를 사용하는 시기에 마음대로 안 되고 음식이 자꾸 떨어지면 아이가 화를 내거나 짜증을 낼 수도 있어요. 결국 상실감을 느껴 숟가락과 포크 사용을 싫어하게 될 수도 있어서 칸의 깊이와 경사각은 식판을 고르는 중요한 기준이에요.

③ 식판 칸의 개수

2칸, 3칸, 4칸, 5칸 내가 가장 선호하고 잘 차려낼 수 있는 칸으로 선택해야 해요. 5칸짜리 식판을 사용하면 뭔가 꼭 채워야 할 것만 같아서 부담감이 느껴질 수 있어요. 대슬이는 비어 있는 칸을 보면 여기도 음식을 채워달라고 이야기하더라고요. 식판을 한 개만 구매하기보다는 2칸, 3칸, 5칸 골고루 구매해서 상황에 맞게 차려주는 것도 좋은 방법이에요.

④ 아이가 흥미를 가질 만한 디자인 요소

무엇보다 사용하는 아이가 좋아하는 요소가 있는 식판이면 더욱 좋아요. 아이가 좋아하는 캐릭터나 색깔 모양 등 흥미를 가질 만한 요소가 있는 식판을 선택하면 식사 시간이 조금은 더 즐거워질 거예요.

밥 칸, 국 칸이 낮은 경사각 식판의 측면 모습

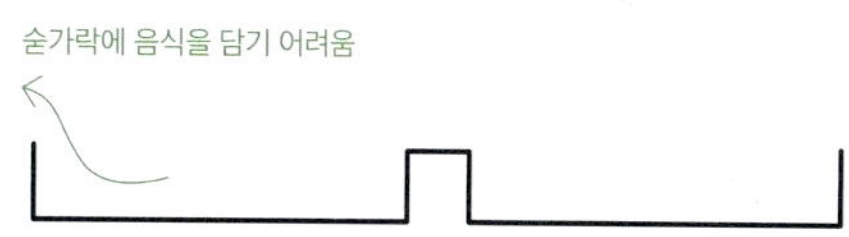

깊이가 낮은 식판의 측면 모습

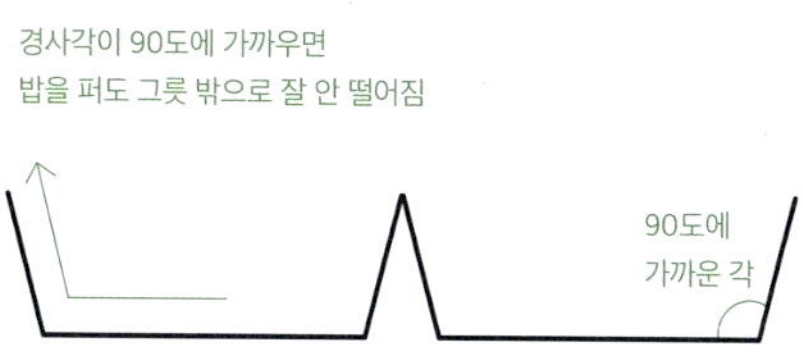

밥 칸, 국 칸이 높은 경사각 식판의 측면 모습

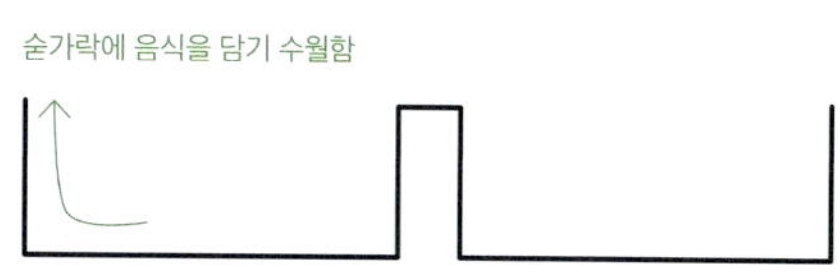

깊이가 높은 식판의 측면 모습

2 다양한 식판의 재질

① 유기 식판

결혼 전부터 유기그릇을 사용해왔던 저는 대슬이 돌 때부터 유기그릇에 음식을 차려주기 시작했어요. SNS를 하지 않고 유기그릇을 사용하는 분은 아주 많으셨겠지만 유기그릇에 유아식을 담으며 꾸준하게 오랜 시간 SNS를 하는 사람은 제가 처음이었죠. 제가 유기그릇 사용하는 모습을 보고 묵혀두었던 유기를 꺼내신 분도 계셨고 새로 구매하신 분도 많으셨어요. 유아식에 유기그릇 사용하는 것을 유행시킨 데 제가 조금은 영향을 끼쳤다고 생각해요. 지금은 유기그릇을 유아식에 사용하는 인플루언서를 많이 볼 수 있어 뿌듯하답니다. 아이 식기로 오랜 시간 유기를 사용하다 보니 유기 식판을 만들고 싶었어요. 여기저기 식판을 제작하려고 알아봤지만 식판 형태는 제작하기 어렵다는 답변만 돌아왔어요. 그러던 중 좋은 기회로 최고의 유기 브랜드와 함께 유기 식판을 제작하게 되었어요. 디자인부터 모든 과정에 참여해서 너무나 애착이 가고, 실제로 매일 사용하고 있는 유기식판이에요.

장점	
	그릇 자체 살균 및 항균 효과가 있다. 음식의 온도가 오래 유지된다. 매일 사용하면 특별한 관리가 필요 없다. 아무리 오래된 유기도 수세미로 문지르면 새것이 된다. 대를 이어 물려줄 만큼 오래 사용할 수 있다. 농약 성분에 반응한다. 어떤 음식을 담아도 예뻐 보이는 효과가 있다. 전자레인지, 식기세척기 사용 가능 (오븐 겸용 전자레인지는 식판 아래에 그릇을 대고 돌려야 스파크가 일어나지 않아요. 식기세척기는 고온수에 오랜 시간 노출되면 유기가 변색되니 찬물 코스를 추천드려요.)

단점	
	무게가 무겁다. 가격이 비싸다. 오래 사용하지 않을 땐 변색된다. 너무 뜨거운 음식을 담으면 그릇이 매우 뜨거워진다. 두드리면 종과 같은 악기 소리가 난다. 유기 특유의 냄새가 날 때가 있다. 흡착이 되지 않아 어린 아이들은 뒤집을 수 있다.

② 스텐 식판

가장 기본적으로 많은 분이 사용하는 식판이에요. 어린이집에서도 주로 이런 스텐 식판을 이용해서 급식을 하고 있어요. 무엇보다 쉽게 구할 수 있으며 가격이 너무 높지 않은 장점이 있어요. 저희 집에서도 여러 제품을 사용하고 있는데 손이 자주 가는 재질의 식판이에요.

장점	음식을 담는 부분에 녹이 잘 슬지 않는다. 관리가 쉽다. 세척이 편리하다. 가격이 부담스럽지 않다. 가까운 마트에서도 쉽게 구입할 수 있다. 내구성이 좋다. 뜨거운 음식을 담아도 환경호르몬 걱정이 없다. 전자레인지, 식기세척기 사용 가능(일부 제품 불가능)
단점	숟가락으로 긁을 때 시끄러운 소리가 난다. 너무 뜨거운 음식을 담으면 그릇 아래가 뜨거워진다. 음식의 온도가 오래 유지되지 않는다. 잔 기스가 많이 생긴다. 흡착이 되지 않아 어린 아이들은 뒤집을 수 있다. (스텐 종류의 식기류는 처음 구매 시 키친타월에 기름을 묻혀 연마제를 꼭 닦아내고 사용하세요.)

③ 흡착 실리콘 식판

아이주도이유식&유아식 필수템인 흡착 실리콘 식판은 아이들이 쉽게 떼어낼 수 없어 음식을 흘리지 않는데 도움이 됩니다. 또한 말랑말랑한 소재에 마음껏 열탕소독이 가능해서 세균 걱정이 없어요. 다양한 색감과 디자인 덕분에 아이들이 식사 시간에 흥미를 가질 수 있게 도와주는 재질의 식판이에요. 대슬이 36개월 정도까지 정말 애용했던 식판이에요.

장점	흡착 기능이 있어 아이들이 쉽게 식판을 떼지 못한다. 색깔도 디자인도 다양하다. 뜨거운 물에 삶아 소독할 수 있다. 말랑말랑해서 떨어뜨려도 깨지거나 다치지 않는다. 전자레인지, 식기세척기 사용 가능
단점	스텐 식판보다는 가격대가 높은 편이다. 냄새나 색이 밸 수 있다. 날카로운 제품과 닿으면 찢어지거나 파인다.

④ 플라스틱 식판

스텐 식판과 마찬가지로 어디서나 쉽게 구입할 수 있는 소재의 식판이에요. 색과 디자인도 매우 다양하고 모양도 다양해서 선택의 폭이 아주 넓어요. 가격대는 아주 저렴한 것부터 실리콘 식판과 비슷한 제품까지 다양한 편이에요. 너무 뜨거운 음식을 담을 경우 혹시나 환경호르몬이 염려되어 음식을 식혀서 담고 있어요.

장점	가격이 저렴해 주변에서 쉽게 구매할 수 있다. 아이들이 좋아하는 캐릭터 제품이 많다. 색깔과 디자인이 다양하다.
단점	내구성이 약해 깨지거나 갈라지는 경우가 있다. 열탕소독을 할 수 없다. 너무 가벼워서 아이들이 뒤집거나 던지기 쉽다. 기스가 생기면 세균 번식 우려로 사용기간이 짧아진다. 대부분 식기세척기, 전자레인지 사용이 불가능하다. (일부 제품은 사용 가능)

⑤ 도자기, 나무 식판

도자기 식판과 나무 식판은 깔끔한 느낌과 감성적인 디자인으로 많은 인기를 끌고 있는 소재의 식판이에요. 나무 식판은 친환경 소재로 만들어요. 그중에 도자기 페인팅으로 만든 그릇은 대슬이가 직접 색칠해서 만든 것이라 좋아하는 그릇이에요. 아이와 함께 그릇에 색을 칠해보거나 직접 만들어보는 것도 식사 시간에 관심을 갖게 하기 위한 방법 중 하나인 것 같아요.

도자기 식판 장점	전자레인지, 식기세척기 사용 가능(일부 제품 불가능) 안전한 소재로 만든 도자기는 환경호르몬 걱정이 없다.
도자기 식판 단점	무게가 무겁다. 아이들이 사용하다가 깨지면 위험할 수 있다. 설거지할 때 깨지지 않도록 주의해야 한다. 금이 가거나 이가 나가기도 한다.

나무 식판 장점	무게가 가볍다. 친환경적인 소재로 만들어졌다. 디자인이 예쁘다.
나무 식판 단점	냄새나 색이 밸 수 있다. 물에 오래 담가둘 수 없어 바로 설거지를 해야 한다. 건조에 신경 써야 한다. 전자레인지와 식기세척기 사용이 불가능하다.

매 끼니 모두 5대 영양소가 골고루 들어 있는 식단을 계획해서 차려주기는 사실상 불가능한 일이라고 생각해요. 골고루 차려주고 싶은 엄마 마음은 가득하지만 매번 장 보기도 힘들고 육아를 하다 보면 다양한 변동 사항이 생기다 보니 계획했던 것도 지키기 어려울 때가 많거든요. 냉장고에 오랫동안 남아 있던 자투리 채소들은 상해서 버리기 쉽고요. 저는 대슬이 식단을 구성할 때 식단을 계획해서 차려주지 않아요. 제가 대슬이 식단을 구성하는 방법을 소개해볼게요.

1. 냉장고에 있는 재료를 최대한 활용한다.

냉장고에 남아 있는 재료를 이용해서 음식을 해요. 오이가 하나 남아 있다면 오이를 이용한 반찬을 만들고 호박이 남아 있다면 호박을 이용한 반찬을 만들어요. 그런 과정에서 필요한 재료를 조금씩 추가로 사고 평소에 계획해두었던 요리가 있으면 장을 봐와서 해주고 있어요. 냉장고에 남은 재료를 주재료 삼아 메뉴를 계획하다 보면 냉장고 속에서 상해 버리는 재료가 거의 없을 거예요.

2. 식판에 밥, 채소, 육류가 모두 들어가게 구성한다.

5대 영양소가 모두 들어가게 식단을 구성하는 것은 쉽게 생각하면, 결국 밥, 채소, 육류 세 가지가 골고루 들어가는 거예요. 간식으로는 과일도 챙겨주고요. 탄수화물 단백질 지방 무기질 비타민 어렵게 생각하면 더욱더 식단 정하기가 힘들어질 수 있어요. 우리 아이가 육류나 채소를 안 먹는다면 다양한 대체 식품을 찾아보세요. 채소를 안 먹는 아이들은 채소의 영양이 들어 있는 채소 주스를 먹일 수도 있고, 다양한 재료에 숨겨서 먹일 수도 있어요. 육류를 안 먹는 아이들은 육류의 단백질과 지방을 대체할 만한 음식을 먹여 보충하도록 해요.

3. 좋아하는 재료, 좋아하지 않는 재료 모두 들어가게 구성한다.

대슬이 편식을 이겨내기 위해서 가장 많이 사용하는 방법은 좋아하는 식재료와 좋아하지 않는 식재료를 같이 조리해주는 거예요. 좋아하지 않는 재료가 들어 있지만 내가 좋아하는 재료도 들어 있기 때문에 먹어보려고 노력도 하고 시도도 하더라고요. 식판에 있는 음식 중 아이가 보기에 낯설고 싫어하는 재료만 보인다면 음식을 먹어보고 싶은 마음이 사라질 수도 있어요.

4. 밥, 반찬 양에 연연하지 마세요. 밥 양의 선택권은 아이에게!

다른 집 아이의 밥 양과 비교하지 않으셨으면 좋겠어요. 몇 살에 몇 그램을 먹어야 하는지 보편적인 수치는 있지만 아이마다 다르기 때문에 내 아이에게 맞는 양을 찾으면 됩니다. 대슬이도 매일 먹는 양이 다른데 어떤 경우에는 밥을 50g도 안 먹고, 또 어떤 경우에는 150g을 먹기도 하니까요. 아이가 그날의 컨디션에 따라 먹는 양이 달라지기도 하니 아이가 먹을 수 있는 만큼만 제공하고 의사소통이 되는 개월 수부터는 아이가 얼마만큼 먹을지 스스로 선택할 수 있게 도와주세요. 그러면 내가 정한 양은 다 먹는다는 책임감이 생긴답니다.

대슬이네 주방 도구

① 핸드믹서

핸드블랜더 하나만 보면 곱게 잘 갈리고 사용하기 편해서 괜찮은 제품이에요. 이 책에 나오는 죽이나 수프 등 다양한 요리에 사용되었어요. 구매할 때 여러 가지 구성품이 들어 있는데 같이 들어 있는 구성품인 믹서 종류는 잘 갈리지 않아서 추천하고 싶지 않아요. 핸드믹서 하나는 성능이 아주 좋고 5년 넘게 잔고장 없이 잘 사용하고 있어요(필립스 아방세 컬렉션 핸드블랜더 HR1673/90).

② 믹서

믹서는 유리로 되어 있어서 관리가 용이하고 용량이 너무 작지도 크지도 않아서 사용하기 좋아요. 하지만 내부 안쪽이 세척하기 힘들 때가 있어요. 추천할 만큼 특별한 장점은 없지만 디자인이 세련됐어요(WMF 미니 유리믹서).

③ 착즙기

휴롬이 처음 나왔을 때 구매한 제품으로 거의 10년 동안 사용했는데 아직도 잘 사용하고 있어요. 휴롬에서 신상들이 나올 때마다 사고 싶은 마음이 생기지만 문제없이 잘 사용하고 있기에 좀 더 사용하려고 해요. 냉동실 필수품인 간 무 큐브를 만들 때, 다양한 즙을 내려 먹거나 감자전을 만들 때도 편하고, 생강청을 만들 때도 쉽게 만들 수 있어요. 하나쯤 집에 있으면 편하게 사용할 제품이에요(휴롬 SJ-200).

4 에어프라이어

코팅된 에어프라이어와 스텐으로 된 에어프라이어 모두 사용해보았어요. 각 장단점이 있지만 개인적으로 내부가 모두 스텐으로 되어 있는 제품을 추천하고 싶어요. 코팅 에어프라이어는 오래 사용하다 보면 바스켓 내부의 코팅이 벗겨져 유해물질이 나올 염려가 있는데 스텐으로 된 에어프라이어는 연마제 제거를 하고 나면 안심하고 오랜 시간 사용할 수 있어서 좋아요(디디오랩 DAP-I14DH DK).

5

5 절구

이 절구는 보통 이유식 초기에 사시는 분이 많으시더라고요. 아이주도이유식을 한 저는 이런 제품이 있는지 전혀 몰랐어요. 깨폭탄소스를 만들기 위해 깨절구가 필요했는데 마음에 드는 절구를 찾기까지 여러 번 절구가 바뀌었어요. 절구가 너무 작지 않고 안전한 소재로 만들어졌으며 나무공이가 아닌 도자기공이인 제품을 찾고 있었어요. 나무공이를 사용해보니 공이 자체에서 좋지 않은 냄새가 배기도 하고 중간에 종종 나무 찌꺼기가 들어가기도 해서 불편하더라고요. 이 절구는 공이가 도자기여서 안심하고 사용할 수 있고 냄새도 안 나요. 열탕소독에 전자레인지 사용도 가능하니 단점이 없는 기능에 충실한 제품이에요. 단 도자기가 깨지지 않게 조심해야 해요(블루마마 모두아이 이유식 절구).

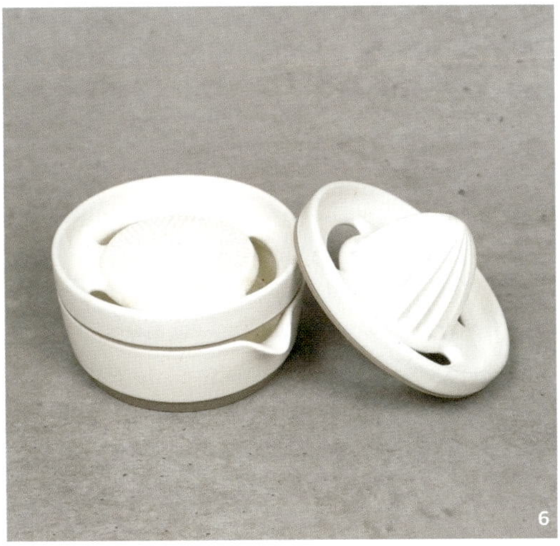

6

6 강판과 즙짜개

이 제품도 절구와 마찬가지로 이유식에 많이 사용되는 제품이에요. 플라스틱, 스텐, 구리 등 다양한 소재의 강판을 사용해보았어요. 우리가 보통 생각하는 강판은 손을 다치기 쉬워서 사용 시 항상 조심해야 하는데, 이 강판은 실수로 손이 닿아도 다치지 않아요. 그렇다고 재료가 잘 갈리지 않는다면 사용하기 어려운데 비싼 구리 강판과 비교했을 때도 성능이 뒤처지지 않아요. 소재도 안전하고 손을 다치지 않으면서 잘 갈리는 강판은 이 제품뿐인 것 같아요. 소재 특성상 이가 나가거나 깨지지 않게 주의해야 해요. 즙짜개와 세트로 되어 있어 차곡차곡 쌓아 보관하기 편리해요(블루마마 모두아이 강판 즙짜개 받침).

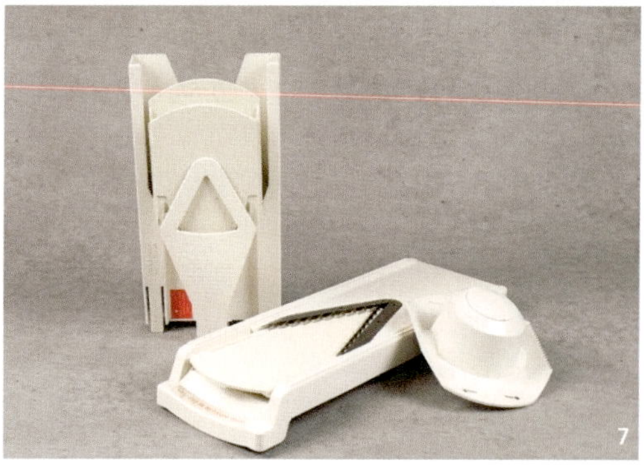
7

⑦ 채칼

20대 초반에 채칼을 사용하다가 손가락 마디를 뼈가 보일 정도로 심하게 베인 적이 있어요. 그런 기억 때문에 다시는 채칼을 사용하지 말아야겠다고 다짐했는데 대형마트에서 채칼 시연회를 보고 안전해 보여서 바로 구매했던 제품이에요. 칼날을 제외한 부분이 플라스틱으로 되어 있어서 채소의 물이 배는 단점이 있긴 하지만 안전 손잡이가 들어 있어서 손 다칠 염려 없이 편하게 사용할 수 있어요. 처음에 익숙해지는 데 시간이 좀 걸리지만 한번 익숙해지면 사용하기 좋은 제품이에요. 꼭 이 제품이 아니더라도 채칼을 구매하실 땐 꼭 안전 손잡이가 있는 제품을 구매하시길 추천드려요(뉴나이스 채칼).

8

⑧ 계량컵, 계량스푼

다양한 종류의 계량컵과 계량스푼을 사용하고 있어요. 사이즈별로 구비해두면 원하는 종류를 꺼내서 사용하기 좋아요. 가벼운 스텐 종류를 자주 사용해요. 계량스푼도 넓적한 것, 움푹한 것 두 가지 종류를 구비해두고 요리에 맞게 편한 것으로 골라서 사용해요(피사바체 저그 500ml, 파이렉스 계량컵, 스텐 계량컵 외 1개, 스텐 계량스푼).

9

⑨ 실리콘 도마, 나무 도마

용도에 따라 나눠서 사용하고 있어요. 나무 도마는 햇빛에 살균하기 번거로워서 주로 기름기가 적고 냄새나 색 배임이 적은 재료 위주로 사용하고 있어요. 실리콘 도마는 냄새가 배긴 하지만 뜨거운 물에 삶기 편해서 나무 도마보다는 관리하기 편해요. 가격도 비싸지 않아 사용하다 많이 닳으면 부담 없이 바꾸기 좋아요(편백나무 도마, 마미스테이블 친환경 접이도마 외 2개).

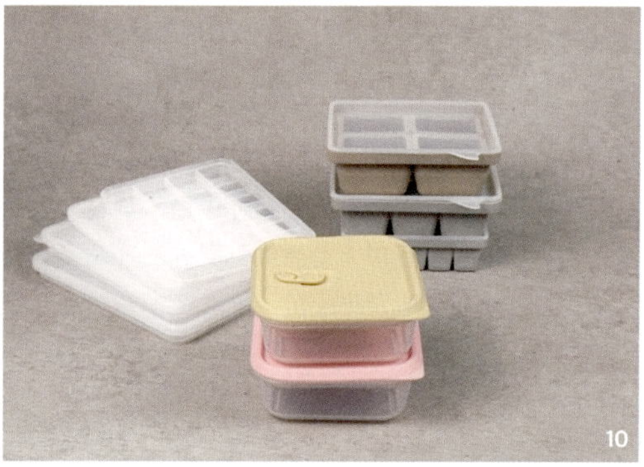
10

⑩ 실리콘 소분 용기

맨 앞에 있는 실리콘 용기는 주로 밥을 얼리는 용도로 사용해요. 뚜껑에 스팀홀이 있어 매우 편리해요. 밥뿐만 아니라 국을 얼려도 좋고 다양한 재료를 얼릴 수 있으며 얼려져 있는 상태 그대로 바로 전자레인지에서 사용 가능해요. 실리콘 특성상 삶을 수 있어서 세균 걱정, 환경호르몬 걱정 하지 않고 사용하기 좋아요. 왼쪽 뒤에 있는 흰색 용기는 무 큐브와 양파 큐브를 만들 때 아주 요긴하게 쓰고 있어요. 얇고 넓적해서 해동이 빨리 되고 냉동실에서 어는 시간도 오래 걸리지 않아요. 다양한 크기의 실리콘 소분 용기는 조금 남은 생크림이나 스파게티 소스, 조금 남은 자투리 채소 등 다양한 재료를 소분해서 냉동할 수 있어요. 실리콘은 색 밤, 냄새 밤이 있기 때문에 용도를 구별해서 사용하면 좋아요(실리쿡 마늘칸칸, 마미스테이블 멀티볼, 블루마마 이유식큐브 외 1개).

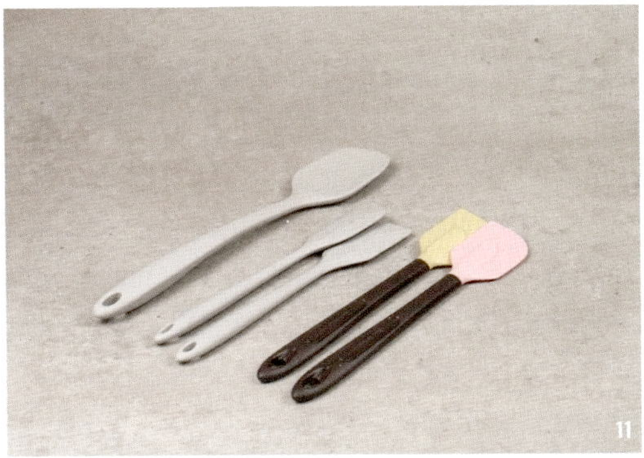

11

⑪ 실리콘 스파출라

실리콘 소재여서 열탕 소독이 되므로 위생적으로 관리할 수 있어요. 조리할 때 냄비나 프라이팬에 충격을 주지 않아서 사용하기 좋아요. 소스 등을 싹싹 긁어내야 할 때도 깨끗하게 긁어낼 수 있어요. 설거지통에 날카로운 칼과 함께 담겨 있으면 흠이 나거나 잘릴 수 있으니 칼과 같이 날카로운 도구와 함께 두지 않도록 주의해야 해요(마미스테이블 이유식 스파출라 외 2종).

12

⑫ 법랑 쟁반, 스텐밧드

재료를 준비할 때 아주 요긴하게 쓰이는 도구예요. 사이즈별로 여러 개 있는데 쌈채소를 넣을 때도 사용하기 좋고 김밥 재료를 준비하거나 돈가스를 만들 때 밀가루, 계란, 빵가루를 분리해놓고 사용하기 좋아요. 철제망이 세트로 되어 있어 튀김 요리에도 활용할 수 있어요. 법랑 쟁반은 오븐에 넣어서 조리 도구로도 사용 가능해요. 저는 일본 제품을 사용 중인데 국산 법랑 쟁반도 있으니 구매 시 참고해주세요(국산 스텐밧드, 노다호로 법랑트레이).

13

⑬ 스텐 볼과 스텐 채반

넓은 채반과 좁은 채반, 중간 채반 모두 꼭 필요한 도구들이에요. 넓은 채반은 튀김을 하거나 굴, 나물을 씻을 때도 구멍이 커서 불순물이 아주 쉽게 떨어져요. 좁은 채반은 거품을 건질 때 잘 사용하고, 중간 채반은 국수를 삶거나 다양한 재료의 물기를 빼는 데 꼭 필요해요. 고리가 달려 있으면 훨씬 편하게 거를 수 있어요(마트, 인터넷 쇼핑몰 등에서 구매).

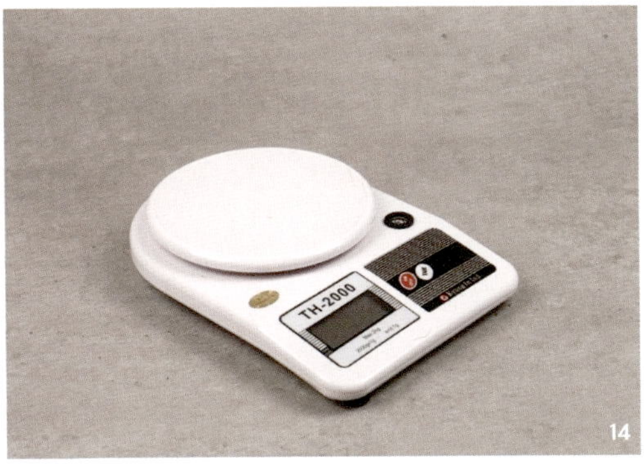

14

⑭ 전자저울

음식을 계량할 때 꼭 필요한 필수 도구예요. 저울을 사용해서 요리를 하다 보면 항상 같은 맛을 낼 수 있어요. 10년 가까이 고장 없이 사용하고 있어요(경인산업 TH-2000).

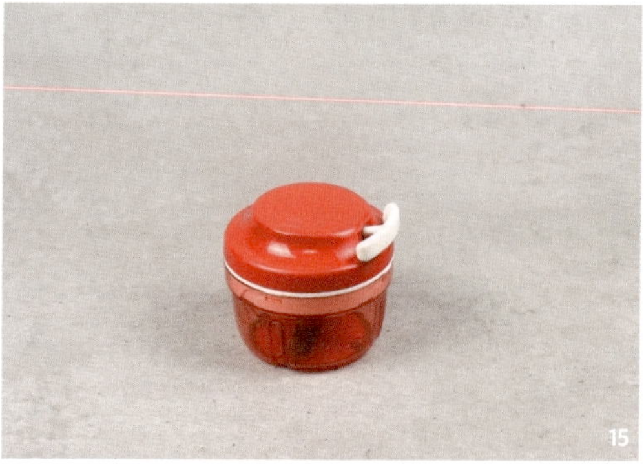

15

⑮ 차퍼

처음에는 차퍼를 사용하지 않았어요. 칼질이 더 편하고 능숙하기도 했고 원하는 입자로 다질 수 있어서 사용을 안 했는데요. 유아식 특성상 채소나 여러 재료를 잘게 다지는 일이 많아지다 보니 출산 때부터 아프던 손목에 무리가 오기 시작했어요. 차퍼에 재료를 넣고 손쉽게 다질 수 있어서 채소를 다져서 사용하는 요리에 쉽고 빠르고 편하게 사용할 수 있어요. 용량이 적어 소량의 재료 손질이 가능해 유아식에 사용하기 좋아요(타파웨어 터보차퍼 0.3L).

16

⑯ 샐러드 스피너(채소 탈수기)

식재료의 물기를 빠르고 쉽게 제거해줘요. 보통 물기가 많은 식재료는 키친타월로 물기를 닦아내거나 체에 밭쳐서 물이 빠질 때까지 기다리는데 가정에 샐러드 스피너 하나쯤 있으면 요긴하게 사용할 수 있어요. 구매한 지 너무 오래여서 제품명을 알 수 없어요.

17

⑰ 각종 유리볼

요리할 때 있으면 약방의 감초처럼 쓰이는 도구예요. 소량씩 계량하기 좋으며 양념을 배합할 때도 좋고, 간장 종지나 적은 양의 간식을 담아 먹는 용도로도 좋아요(듀라렉스 유리볼).

18

⑱ 면보와 육수팩

두부의 물기를 제거할 때, 국물과 건더기를 걸러야 할 때 면보를 사용하면 아주 작은 건더기까지 깔끔하게 걸러낼 수 있어요. 사용한 면보는 바로 빨아서 구연산, 베이킹소다를 넣고 삶아서 널어두면 항상 깨끗하게 사용할 수 있어요. 육수팩은 1회용으로 나오는 것이 많은데 재활용 가능한 이런 육수팩을 사용하면 좋아요. 하지만 일회용 육수팩처럼 짱짱하지 않은 단점이 있어요. 스텐으로 만든 제품도 있으니 용도에 맞게 편한 것으로 골라서 사용하면 좋아요(한살림 이중거즈 면행주, 한살림 육수용 면주머니, 스텐 육수망).

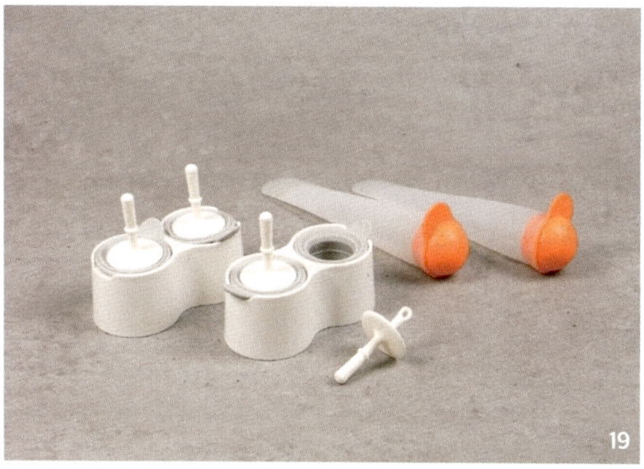

19 아이스크림 트레이

시중에 나와 있는 아이스크림 틀은 크기가 커서 아직 어린 아이가 먹기에는 양이 너무 많더라고요. 왼쪽 제품은 아이스크림을 이제 막 먹기 시작하는 아이들의 경우에 적은 양의 아이스크림을 만들어주기 좋은 제품이에요(마리슈타이거 아이스팝 샤베트 메이커 2구).

오른쪽 제품은 다음 단계로 사용하기 좋은 아이스크림 틀이에요. 아이가 좀 더 커서 양이 부족할 수 있는데 용량이 너무 많지도 않고 적당하며 뚜껑이 있어 중간에 잠시 내려놓기도 좋아요. 투명이라 속이 환하게 보이고 내용물을 꽉 채워 얼려 부풀어 올라도 뚜껑에 여분 공간이 있기 때문에 흘러넘치지 않아요. 최고 장점은 이 몰드에 아이스크림을 얼려 먹으면 흘리지 않아서 좋아요. 또한 실리콘이라 팍팍 삶을 수도 있어요(마미스테이블 실리콘 아이스크림 몰드).

20 실리콘 덮개

우리 아이들이 앞으로 살아갈 미래에는 환경 문제가 지금보다 더욱 심각해질 것으로 예상됩니다. 꼭 필요할 경우가 아니라면 비닐이나 랩을 최소한으로 사용하려고 노력합니다. 이 실리콘 덮개는 비닐과 랩을 덜 사용하는 데 도움을 주는 도구에요. 그릇에 랩을 싸지 않고 덮어두거나 전자레인지에 사용할 때 비닐 대신 사용하기 좋아요. 뚜껑 없는 프라이팬에 뚜껑으로 덮어두어도 좋고요(마미스테이블 실리콘 덮개).

21 미니 찜기

아이 음식은 크기도 작고 양이 적은 요리가 많은데 항상 큰 찜기를 꺼내서 사용하기 불편했어요. 작은 찜기를 사용하니 아이 만두나 찐빵을 소량 찔 때, 양배추, 단호박 등 채소를 찔 때, 그 외에도 다양한 각종 찜 요리에 아주 요긴하게 사용할 수 있어요(블루마마 모두아이 찜기, wmf 미니 찜기).

22 자주 사용하는 냄비와 프라이팬

대슬이 요리는 양이 많지 않다 보니 아무래도 작은 크기의 냄비나 팬을 사용하게 되더라고요. 아이 요리에 코팅된 냄비나 프라이팬은 사용하지 않아요(wmf 페이버릿 프라이팬, 스타우브 타원형 핫 플레이트 23cm, 스타우브 라이스꼬꼬테 12cm, 스타우브 돼지 꼬꼬테 17cm, 스타우브 원형 스태커블 16cm).

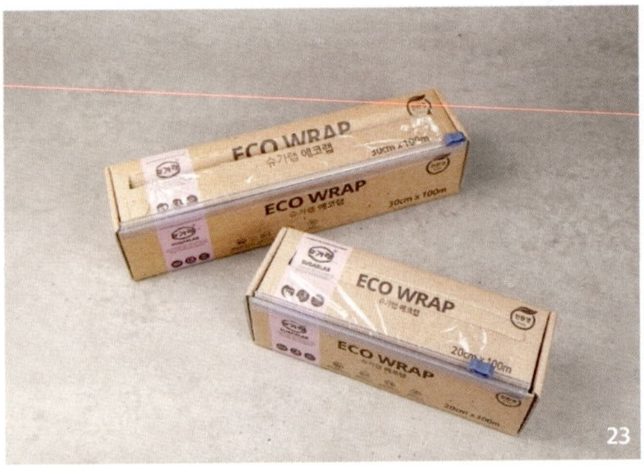

23

23 랩(커터기 달린 것)

랩 커터기를 상품으로 만들어 따로 팔기도 하는데, 이 제품은 랩 포장지 자체에 커터기가 있어서 매우 편리해요. 랩 커터기가 있는 것 중에서도 랩 자체의 성능은 약간 떨어지더라도 환경을 생각해서 친환경 소재 제품으로 사용하고 있어요(슈가랩 에코랩).

24

24 칼

우리나라 명장의 칼을 사용하고 있어요. 손잡이와 칼 머리까지의 무게 균형이 잘 맞아 사용하기 편하고 아주 날카로워요. '명장도' 공식 사이트에서 구입하면 칼이 부러지거나 망가지지 않는 이상, 칼을 평생 갈아주는 서비스를 해주세요(왕복 택배비 부담). 전화로 주문하면 할인을 해주고 조리대학교, 조리 학원, 복지관 세 곳에만 납품을 하고 있어 마트나 시장, 인터넷 외부 사이트에서 파는 명장도는 모두 유사품이라고 해요. 정품은 공식 사이트에서만 판매하고 있으니 구매 시 꼭 확인해 주세요.

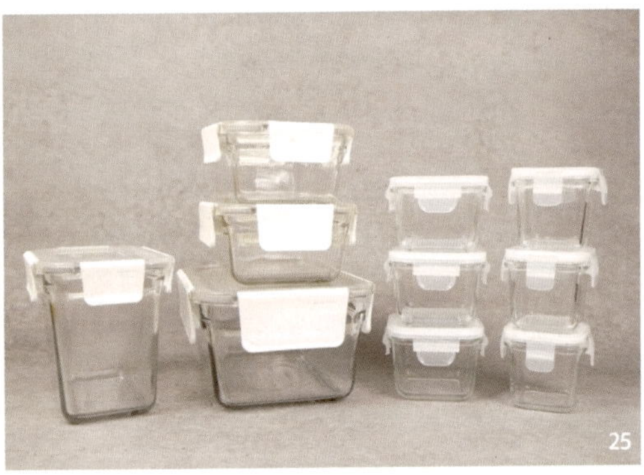
25

25 밀폐 용기

이왕이면 유리로 사용하고 있어요. 우리나라 음식의 특성상 색이나 냄새가 배는 음식이 많기 때문에 플라스틱 용기를 사용하면 오래 사용하지 못하고 버리게 되는 경우가 많았어요. 밀폐 용기를 구매할 때 가장 중점적으로 본 것은 유리로 된 것이며 뚜껑이 알록달록하지 않고 넉넉한 음식을 담을 큰 통부터 아주 적은 양의 아이 반찬 혹은 자투리 채소를 담을 작은 용기까지 내가 원하는 크기로 여러 개를 구매했어요. 유리 재질로 된 밀폐 용기는 설거지가 쉽고 뜨겁고 차가운 것을 담아도 견고하며 끓는 물에 소독도 할 수 있어서 좋아요. 또한 속이 훤히 보여서 어떤 것이 담겨 있는지 쉽게 알 수 있는 것도 큰 장점이에요. 색이나 냄새가 배지 않고 오래 쓸 수 있지만, 비교적 무겁고 함부로 사용하면 깨질 수 있으니 주의해야 해요(글라스락 퓨어화이트, 글라스락 화이트에디션).

26

26 다양한 모양틀

아이 밥상을 준비할 때 여러 가지 모양틀을 사용해서 음식을 준비해주면 아이가 음식에 더 관심을 갖고 식사 시간에도 즐겁게 참여할 수 있어요. 혹은 다양한 모양틀을 사용해 아이와 즐겁게 요리 활동도 할 수 있어요. 도시락이나 예쁜 음식을 만들어야 할 때 유용한 도구입니다.

대슬이 요리에 사용하는 양념과 식재료 목록

요리할 때마다 사용하는 다양한 기본 양념에 건강하지 못한 성분이 듬뿍 들어 있지는 않을지, 생각해보신 적 있으신가요? 정확하게 우리 몸에 어떤 영향을 미치는지는 모르지만 다양한 첨가물과 GMO는 최대한 피하고, 제대로 알고 먹으려고 노력하고 있어요.

저는 요리할 때 사용하는 가장 기본적인 양념들이야말로 건강한 제품을 골라야 한다고 생각해요. 양념을 고를 때 가장 중요하게 생각하는 첫 번째는 성분이에요. 아무리 맛있어도 성분이 좋지 않으면 구매하지 않아요. 두 번째는 맛이에요. 아무리 건강한 재료로 만들었어도 맛없으면 먹기가 힘들거든요. 그동안 대슬이 요리에 사용하는 양념 중 가장 주된 양념인 간장과 된장은 대슬이 증조할머니께서 만들어주신 것을 사용해왔어요. 할머니가 직접 만들어주신 된장과 간장은 시판 어느 식품과도 맛과 성분으로 비교할 수 없기 때문에 시판 제품을 사용하거나 사본 적이 없었어요.

그러나 요리책에 있는 모든 메뉴를 증조할머니의 간장과 된장으로 계량을 한다면 각 가정에 있는 제품과 맛이 크게 차이나기 때문에 독자 분들이 쉽게 따라할 수 있게 시판 양념을 종류별로 구매해서 먹어봤어요. 그래서 이 책에서 사용한 제품을 골랐고 성분이 착한 것 중에 맛도 좋고 구매하기도 쉬운 제품으로 골라서 이 책에 있는 모든 요리를 만들었어요.

1

① 간장

- 샘표 국산콩 간장, 맥 국간장

간장을 고를 때 반드시 2가지 조건을 보고 있어요.

첫 번째, 산 분해 간장이 아닌 양조간장으로 골라요. 간장은 만드는 방법에 따라 종류가 나뉘는데 산 분해 간장은 콩을 하나도 넣지 않고 다양한 첨가물로 만드는 간장이에요. 반면에 양조간장은 옛 방식 그대로 콩을 발효해서 만드는 간장이에요.

두 번째, 국산콩으로 만든 간장이에요. 주원료가 콩이기 때문에 수입 콩으로 만든 간장은 GMO콩일 가능성이 있어요. 그래서 간장은 국산콩으로 만든 것을 고르는 게 좋아요. 저는 이 두 가지 조건을 충족하는 제품 6개를 사서 직접 맛과 성분을 비교해봤어요. 그 결과 양조간장은 어느 마트에서나 구할 수 있는 '샘표 국산콩 간장'을 골랐고, 국간장은 '맥 국간장'을 선택했어요. 맥 국간장은 인터넷 사이트에서 주문하거나 마켓컬리에서 주문 가능해요. 이 책에 있는 레시피 중 간장이 들어간 레시피는 모두 이 두 가지 제품으로 만들었어요.

② 된장

- 맥 된장

된장도 간장과 마찬가지로 콩으로 만들기 때문에 국산콩으로 만든 된장, 그리고 첨가물이 없는 것으로 구매해요. 국산콩이 아니거나 첨가물이 들어간 것은 구매하지 않았어요. 맛있는 된장을 찾기 위해 국산콩으로 만든 된장 중 첨가물이 없는 5가지를 직접 먹어보고 선택했어요. 맥 된장은 인터넷 사이트에서 구매하거나 마켓컬리, 대형마트에서 구매할 수 있어요.

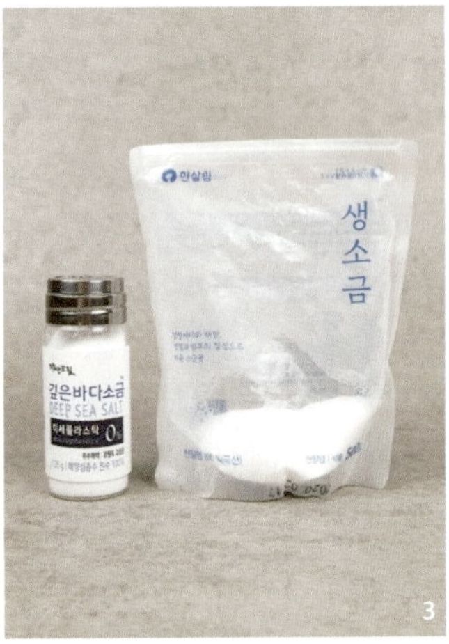

3

③ 소금

- 한살림 생소금

한살림 생소금은 가격도 저렴하고 입자가 굵지도 곱지도 않아 김치부터 반찬까지 어떤 요리에도 사용하기 편리해요. 소금이 맺히는 결정지 바닥에 세라믹 타일을 시공해 환경호르몬의 우려가 없으며 천일염 이력제를 비롯해서 방사성 물질, 중금속, 농약 등의 안전검사를 정기적으로 실행하고 있다고 하니 믿음이 가는 제품이에요.

- 자연드림 미세플라스틱 0%소금

자연드림에서 심층수를 이용해서 미세플라스틱이 포함되지 않은 소금을 개발했다고 해요. 지속적으로 검사 결과를 공유하고 있는 점에 신뢰가 생겼어요. 구입 후 스텐 뚜껑을 분리해서 키친타월에 기름을 묻혀 연마제를 제거하고 사용해요. 입자가 고운 소금이 필요한 요리에는 자연드림 제품을, 대부분의 요리에는 한살림 생소금을 사용하고 있어요.

4

④ 조청

- 한살림 조청

대슬이 요리에 단맛은 주로 조청을 사용하고 있어요. 저희 집에 없어서는 안 되는, 항상 떨어지지 않게 구비하는 제품이에요. 저는 예전에 조청을 구매할 때 유기농 매장에 있는 것은 고민 없이 구매해왔어요. 그런데 '조청'이라고 쓰여 있어서 구매했는데 성분표를 자세히 보니 '효소'가 들어 있더라고요. 효소가 들어 있는 것은 조청이라고 쓰여 있어도 조청이 아니고 조청을 올리고당화시킨 제품이라 올리고당이에요. 올리고당을 만들려면 여러 가지 효소가 필요한데 그중 이소말토올리고당화효소는 필수 재료예요.

이소말토올리고당화효소 중 NON-GMO로 확인된 것은 아직 일본산 밖에 없다고 해요. NON-GMO 효소는 일본산이고 일본이 아닌 다른 나라 효소는 GMO 걱정이 돼서 더욱이 '효소'가 들어간 조청과 다양한 종류의 올리고당은 사용하기 꺼려지더라고요. 조청은 첨가물 없이 곡물과 엿기름을 오래 끓여서 만들기 때문에 국내산 곡물과 엿기름으로 만들었고, 성분표에 효소가 없는 것으로 구매하시는 걸 추천드려요. 또한 첨가물이 안 들어간 건강한 조청은 실온에 오래 두면 곰팡이가 생겨서 냉장 보관해야 해요. 냉장고에 넣으면 조청이 딱딱해져서 사용하기 불편하지만 이 정도 불편함은 감수하고 사용하고 있어요. 몇 년 동안 실온에 두어도 상하지 않는 조청은 첨가물이 들어갔다고 생각할 수밖에 없어요. 병에 들어 있는 제품은 사용하기 불편해서 사진처럼 짜서 쓰는 용기에 보관하기도 해요.

5 설탕

- 초록마을 유기농 설탕, 한살림 마스코바도 설탕

집에서 음식을 할 때 단맛은 주로 조청을 사용하지만 음식에 따라 설탕이 필요한 요리가 있어요. 그래서 저는 NON-GMO 유기농 설탕, 마스코바도, NON-GMO 유기농 설탕으로 만든 매실청까지 단맛은 조청 포함 4가지 재료를 주로 사용해요. 마스코바도는 특유의 향이 약간 있으나 조리할 때 소량 넣으면 맛에 변화를 크게 주지는 않아요. 색이 진하기 때문에 색을 진하게 내야 하는 요리에 주로 사용하고 있어요. 설탕은 유기농 인증은 받고 화학적 정제를 거치지 않은 것으로 구매하세요. 백설탕, 황설탕, 흑설탕은 아이 요리에 사용하지 않아요.

6 매실청

- 한살림 한울타리 월앙매실, 초록마을 유기농 매실차

요리를 할 때 매실청을 자주 사용하는 곳은 깨폭탄소스(p.78)예요. 이 소스를 만들 때 가장 맛 좋은 매실청은 매실과 설탕을 넣고 저온으로 48시간 숙성해서 만든 속성 매실청이에요. 그러나 집에서 저온숙성으로 매실청을 만들거나 판매하는 곳이 없어 구하기 힘들기 때문에 유기농 매실과 유기농 설탕으로 만든 제품 4가지를 직접 사서 비교해보고 선택했어요. 올리고당이나 정제된 설탕이 들어간 매실청은 선택하지 않았어요.

7 식초

- 한살림 현미식초, 청정원 유기농 사과식초

식초는 양조 식초와 합성 식초로 나뉘는데 합성 식초는 다양한 첨가물을 넣어서 빠르게 만드는 식초예요. 발효하면서 생기는 우리 몸에 이로운 성분인 유기산, 비타민 미네랄 등이 부족하고 인공적으로 신맛을 내기 때문에 산성도 강해요. 주정(에탄올), 석유화학물 등 다양한 첨가물을 섞어 만들기 때문에 건강에 좋지 않아 소량을 사용하더라도 건강한 제품을 선택해서 먹고 있어요. 제품의 뒷면에 있는 정보를 꼭 확인하시고 '합성 식초'가 아닌 '발효 식초'를 구매하세요. 한살림 현미식초는 효모, 효소, 초산균을 넣어 발효했는데 한살림 오곡명초, 한살림 감식초는 정말 순수한 원재료로 발효한 발효 식초예요. 하지만 향과 맛이 강해 아이 요리에는 적합하지 않아요. 아이 무침용 요리에는 청정원 유기농 사과식초를, 끓여서 사용하는 식초는 한살림 현미식초를, 어른 요리에는 한살림 오곡명초, 한살림 감식초를 사용하고 있어요.

8 맛술

- 자연드림 미감

술은 크게 제조 방법에 따라 증류식과 희석식으로 나뉘는데, 일반적으로 쉽게 마트에서 사먹는 소주는 첨가물, 감미료를 섞은 희석주예요. 맛술을 선택하는 기준에서 증류주이면서 과한 당이 들어가지 않고 국산 재료로 만든 맛술을 찾아보았어요. 자연드림 미감은 증류주에 올리고당이 아닌 꿀로 단맛을 냈다고 해요. 첨가물도 최소한으로 들어 있어 믿고 사용하고 있어요.

9 액젓

- 한살림 까나리액젓, 한성 멸치액젓

국산 재료로 만든 제품인지, 첨가물이 없는지 확인하고 구매해요. 용량이 너무 크면 다 사용하기 힘들 수 있으므로 용량이 적은 것으로 선택하고 그때그때 재구매하는 게 편리해요.

10 케첩

- 유기농 하인즈 케첩

돌 이후로는 한살림 토마토케첩을 애용하다가 3살 이후로는 대슬 아빠와 제가 먹는 유기농 하인즈케첩을 먹이고 있어요. 케첩 하면 하인즈가 먼저 떠오를 정도로 아주 유명해요. 그런 하인즈에서 만든 NON-GMO 토마토는 물론이고 전 재료 유기농으로 단맛은 줄이고 건강함은 높인, 어린이도 안심하고 먹을 수 있는 케첩이에요. 유기농 하인즈 케첩을 먹고 나면 다른 회사 케첩은 못 먹게 될 정도로 맛있답니다.

⑪ 토마토소스

- 한살림 토마토소스, 한살림 크림소스

유기농 매장에 있는 모든 토마토소스를 먹어봤어요. 유기농 매장뿐만 아니라 아이용으로 나온 제품도 먹어보니 한살림 토마토소스는 아이용은 아니지만 가장 맛이 좋고 성분도 좋았어요. 집에서 직접 만든 맛인데 맛있어요. 간단하게 면만 삶아서 버무려도 좋고, 이 소스로 피자나 리소토 등을 만들 때 사용해도 아주 좋아요. 떡을 넣고 떡볶이를 만들어도 맛있답니다. 토마토소스 말고 같은 시리즈인 크림소스도 아주 맛있어요.

⑫ 굴소스

- 자연드림 굴소스, 초록마을 굴소스

일반 마트에서 파는 굴소스를 조리하지 않은 상태에서 조금 먹어보면 먹기 힘들 정도로 역한 맛이에요. 첨가물이 많이 들어갔기 때문에 실온에 1년을 두어도 상하지 않는답니다. 그나마 첨가물이 덜 들어간 굴소스가 유기농 매장에 나와 있지만 다양한 첨가물은 어쩔 수 없이 들어가요. 하지만 최대한 건강하게 만들려고 하다 보니 시판 굴소스를 드셨던 분들은 아쉬워 할 맛이에요. 그렇지만 아이 요리에 소량 사용하기에는 좋은 제품입니다. 저는 주로 굴소스를 만들어서 사용하고 있어요. 이 책에 있는 연근굴소스 레시피는 그냥 찍어 먹어도 맛있고 짜지 않아요. 굴소스의 풍미와 영양이 가득 들어 있어 아이 요리에 아주 적합합니다. 레시피는 81쪽에 있어요.

⑬ 기름

- 한살림 현미유, 칼라마타 유기농 엑스트라버진 올리브오일, 초록마을 압착 유기농 식용유(콩기름), 자연드림 압착 유채유

보통 아이 요리에는 대부분 현미유를 사용하지만 기름마다 농도가 조금씩 다르고, 색과 향도 다르기 때문에 한 가지 기름을 사용하기보다는 안전하고 좋은 기름을 여러 가지 함께 사용하고 있어요. 일반 마트에서 판매되는 유채유(채종유, 카놀라유), 콩기름은 GMO 가능성이 높기 때문에 구매하지 않아요. 요리할 때 기름은 거의 매번 사용하고 많이 먹게 되기 때문에 GMO 걱정 없는 제품으로 구매해요.

14 버터

- 초록마을 or 오아시스 오가닉벨리 무염버터, 자연드림 i버터(가염)

버터는 한 번 사면 다 먹지 못하고 버리게 되는 경우가 많은데요. 버터를 사자마자 먹기 좋은 크기로 썰어서 냉동실에 보관하면 오래 두고 먹을 수 있어요. 대슬이 요리에 버터를 종종 사용하는 편이라 버터가 떨어지면 바로바로 구매하고 있어요. 초록마을 '오가닉벨리 무염버터'는 구매한 뒤 적절한 크기로 잘라 냉동 보관해두고 꺼내서 사용해요. '자연드림 i버터'는 소의 사료까지 NON-GMO라 믿고 구매해요. 약간의 소금이 들어간 가염 제품이지만 아이 요리에 소량 사용할 땐 염도를 크게 높이지 않아요. 냉동실에 넣어두고 조금씩 퍼서 사용해요. 이 외에도 소포장되어 나오는 버터도 있으니 집에서 사용하기 편한 제품으로 골라보세요.

15 후춧가루

- 자연드림 유기농 흑후춧가루, 흑통후추

후춧가루도 유기농이 있다는 것을 알고 깜짝 놀랐어요. 우리 아이들 요리에 많이 사용하지는 않지만 육수를 내거나 가끔 사용할 때가 있는데 이왕이면 유기농 후춧가루를 사용하면 훨씬 좋을 것 같아요. 후추를 자주 사용하는 어른들한테도 추천하고 싶어요.

16 볶음참깨

- 한살림 볶은참깨, 오아시스 볶음참깨

국산 볶음참깨를 착한 가격에 구입할 수 있어요. 주로 한살림에서 구매하고 있는데 계절에 따라 한살림 참깨가 구하기 어려울 때가 있어요. 그럴 땐 오아시스에서 구매하고 있어요. 볶아져서 나오기 때문에 고소하고 바삭하며 불순물도 거의 없어요. 절구에 살짝 빻았을 때 올라오는 고소함이 참 좋답니다.

17 마요네즈

- 한살림 마요네즈

시중에 나와 있는 마요네즈 성분을 보면 먹기가 꺼려지는데요. 한살림 마요네즈는 성분이 좋아 믿고 먹고 있어요. 일반 마요네즈보다는 상큼한 맛이 강하지만 아이에게 가끔 주는 용으로는 한살림 마요네즈가 최고인 것 같아요. 용량도 소용량이라 금방 사용하기 매우 편리해요.

대슬이 요리에 올리고당을 사용하지 않는 이유

시중에는 여러 종류의 올리고당이 판매되고 있어요. 그중 가장 대표적인 두 가지는 설탕을 주원료로 만드는 프락토올리고당, 옥수수 등의 곡물로 만드는 이소말토올리고당이에요.
프락토올리고당을 직접 구매해서 성분표를 보면 '프락토올리고당 10~50% 함유' 이런 식으로 나와 있어요. 프락토올리고당만으로는 흐르는 농도를 만들 수 없기 때문에 물을 섞어서 만든다고 하는데 나머지 90~50%는 물 이외 어떠한 첨가물이 들어가는지는 나와 있지 않으며 설탕 원료 자체가 GMO일 가능성도 매우 큽니다. 이소말토올리고당도 대부분 GMO 곡물로 만들었을 가능성이 크기 때문에 건강한 단맛이라는 광고에 현혹되지 않고 뒷면의 성분을 잘 따져보고 구매하셨으면 좋겠어요.
올리고당은 다양한 효능이 있어요. 혈당을 낮춰주고 아이들 충치가 덜 생기며 칼로리도 낮죠. 비만 혹은 당을 제한하는 사람들에게는 너무나도 도움되는 제품일 수 있습니다. 올리고당을 고를 때 GMO 걱정 없는 안전한 재료로 만들었는지, 진짜 올리고당이 몇 퍼센트(%) 함유된 건지, 꼭 확인해봐야 해요. 낮은 칼로리 때문에 건강에 좋다고 생각하여 아이들 반찬에 올리고당을 넣는 경우가 많은데 가장 중요하게 봐야 할 것은 성분이라고 생각해요.

대슬이네 건강한 먹거리 선택 방법과 인터넷 장보기 & 유기농 매장 추천 물품

① 대슬이네 건강한 먹거리 선택 방법

대슬이는 어렸을 때 피부도 예민했고 알레르기도 있었다 보니 시중에 있는 식재료를 구매할 때 성분표를 하나하나 따져가며 건강한 제품을 선택하는 것이 당연한 일이었어요. 아래 표는 제가 제품을 구매할 때 보는 조건들이에요.

- 유기농 제품
- 무농약 제품
- NON-GMO 제품
- 무항생제 육류와 수산물
- 방사능 검사를 마친 수산물
- 화학첨가물이 덜 들어간 제품
- 원재료명 및 성분
- 원산지

이 외에도 여러 가지 부분을 보며 제품을 구매하고 있고 건강한 음식을 선택하는 방법에 대해 지금도 알아가고 있어요.
하지만 위 조건에 맞지 않는 제품은 절대 사지 않고 무조건 무농약, 유기농 제품만 먹는 건 아니에요. 아이 요리에는 최대한 좋은 것으로 구매하지만, 저 또한 이미 시판 식품의 맛과 편리함에 길들여져 있기 때문에 다양한 첨가물이 들어간 식품들도 자주 구매하곤 합니다. 가장 중요한 것은 어떤 제품을 먹더라도 어떤 재료로 만들었는지, 성분이 어떤지 알고 먹기 때문에 더욱 주의할 수 있다는 점입니다.
집에서 사랑하는 가족을 위해 힘들게 음식을 만들었는데 건강하지 않은 재료 때문에 우리 가족의 건강이 점차 나빠진다면 너무 슬픈 일인 것 같아요. 여러 가지 양념, 재료, 조리도구 등을 조금만 신경 쓰면 더 건강한 음식을 만들 수 있기 때문에 꾸준한 관심을 갖고 있어요.
아이들이 크면 클수록 불량식품, 첨가물 많은 식품도 계속 먹게 될 텐데 품 안에 있을 때만큼이라도 최대한 건강한 먹거리를 먹이고 싶은 엄마 마음이에요.

② 친환경 인증 표시

유기농, 유기농산물, 유기축산물

화학비료나 합성농약 등을 사용하지 않고 친환경적인 방법으로 키운 농산물과 100% 유기농 사료를 먹여 키운 축산물임을 인증하는 마크입니다.

유기가공식품

유기농 인증을 받은 원료를 사용해서 가공한 제품임을 인증하는 마크입니다.

무농약

합성농약을 사용하지 않고 화학비료는 정해진 양만큼만 사용해서 키운 친환경 농산물임을 인증하는 마크입니다.

무항생제축산물

항균제, 항생제 등이 첨가되지 않은 사료를 먹이면서 항생제, 성장촉진제 등을 사용하지 않으며 사육한 축산물임을 인증하는 마크입니다.

③ 유기농 매장 추천 물품

저는 주로 유기농 매장에서 장을 보는 편이고 유기농 매장에 없는 것은 대형마트 혹은 동네 마트 혹은 인터넷 장보기도 애용하고 있어요.
대슬이가 어렸을 때 계란(난백) 알레르기가 있었다 보니 항상 성분표를 보고 계란 없는 제품으로 구입했었어요. 계란 알레르기가 있는 아이들을 위해 NO 계란 제품들도 추천 목록에 넣었으나 계란 알레르기가 없는 아이들이 먹어도 충분히 좋은 제품이에요. 인터넷과 다양한 유기농 매장에서 구매해보니 어떤 제품은 재구매 의사가 없었고, 어떤 제품은 맛있어서 항상 재구매하게 되더라고요. 제가 직접 사본 제품 중에서 정말 자주 사는 제품, 추천할 만한 제품들을 소개해드릴게요.

1 초록마을 우리아이입안애 치킨너겟
(우유, 대두, 밀, 닭고기 함유)

계란이 안 들어간 치킨너겟이에요. 대슬이 계란 알레르기로 고생할 때 유일하게 자주 사먹는 가공식품이었어요. 가격도 나쁘지 않고 간도 세지 않아서 아이들 먹기에 참 좋아요.

NO 계란

2 한살림 냉장게살(게 함유)

아이를 키우면서 게살요리를 꼭 한 번 해주고 싶었어요. 냉동제품으로 많이 나와 있지만 냉장 제품 찾기는 힘들었는데 한살림에서 팔고 있더라고요. 짠맛도 너무 강하지 않고 비린내도 적어 사용하기 매우 편리했어요. 금어기 때문에 조업이 불가능한 시기가 있어 1년 내내 구매할 수 없으니 매장을 방문하기 전에 확인해보면 좋아요.

3 쌀아지매 약선 곡물 발효조청

대슬이가 일주일에 두세 번 꼭 먹는 천연 감기약이에요. 발아현미, 엿기름, 배, 도라지, 생강, 무, 몸에 좋은 국산 재료들이 듬뿍 들어간 조청으로 요리에는 사용하지 않아요. 기상 직후 티스푼으로 한 숟가락 떠서 먹이고 따뜻한 물을 한 잔 마시게 하고 있어요. 일주일에 두세 번은 꼭 먹여요. 대슬이도 맛있다며 아주 잘 먹어서 항상 구매하는 제품이에요. 진짜 조청은 냉장 보관하지 않으면 곰팡이가 생기기 때문에 이 제품도 꼭 냉장고에 보관해둔답니다.

4 대청젓갈 3무 명란젓

명란, 소금, 정종, 설탕으로만 만든 첨가물이 없는 명란이에요. 염도는 3.5%로 제가 알고 있는 명란젓 중에 가장 성분도 좋고 염도도 낮아요. 짜지 않아 국을 끓여 먹거나 해동 후 구워 먹어도 많이 먹을 수 있고, 유아식에 사용하기도 딱 좋아요. 냉동 제품이며 500g씩 판매해요. 떨어질 때마다 인터넷 사이트에서 주문해 먹는답니다.

5 초록마을 백김치(알레르기 유발물질 없음)

모든 유기농 브랜드, 국산 제품으로 만드는 백김치는 종류별로 정말 많이 먹어봤어요. 개인적으로 초록마을 백김치가 그중 최고였어요. 짭조름해서 어른 간이지만 14개월 무염, 저염식을 할 때부터 물에 담가 짠기를 빼고 주기 시작했는데 대슬이가 이 초록마을 김치를 먹으면서부터 김치 없이 밥을 못 먹는 아이가 되었어요. 어른이 먹어도 맛있는 맛이에요. 젓갈이나 액젓이 들어가지 않아 생선 관련 알레르기가 있는 아이들도 먹을 수 있는 제품이랍니다. 양 대비 가격은 좀 있지만 성분이 좋아 믿고 구매하고 있어요. 가끔 덜 절여진 백김치를 구매하면 맛이 떨어지기도 하는데요. 겉으로 봤을 때 흐물흐물 잘 절여진 것으로 골라서 구매해요.

6 한살림 냉동치즈 떡볶이떡(우유 함유), 오아시스 우리 쌀로 만든 현미치즈떡(우유, 대두 함유)

떡 안에 치즈가 들어 있는 치즈떡은 저희 집 냉동실에서 떨어지지 않는 제품이에요. 떡볶이에 넣어도 좋고 떡꼬치, 다양한 조림에 두세 개 넣기 좋은 제품이에요. 한살림 제품은 유기농쌀에 최소한의 원료만을 넣은 자연 치즈로 만들었고, 오아시스 제품은 국산 쌀을 이용해서 만들었다고 해요. 성분 자체는 한살림이 좋지만 맛은 오아시스 제품이 조금 더 좋아요. 하지만 오아시스 제품에는 신경 쓰이는 첨가물이 들어 있어 주로 한살림에서 구입하고 있어요.

7 마켓컬리 국산 깐 밤

아이를 키우며 집에서 밤껍질을 벗기는 건 너무 힘들더라고요. 깐 밤 중에 신선한 것은 없을까 찾아보다가 한살림 매장에 전시된 제품 중 가장 최근에 들어온 것으로 구매하곤 했어요. 하지만 요즘 마켓컬리에도 유기농 깐 밤 브랜드가 여러 곳 있더라고요. 껍질 벗긴 지 얼마 지나지 않은 제품이라 신선하고, 깐 밤 특유의 냄새도 적었어요. 다만 구매한 날 깨끗하게 씻어 요리하거나 여러 번 헹군 뒤 물기를 제거한 후에 냉동실에 소분해서 보관해야 해요. 밤밥, 밤조림, 밤타락죽 등 밤 요리를 해먹기에 간편하고 좋아요.

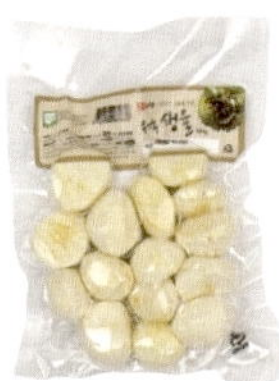

8 마켓컬리 모둠해물(조개류, 오징어, 새우 함유)

다양한 매장의 '모둠해물'을 먹어봤는데 구성과 가격이 가장 괜찮았던 제품이에요. 모둠해물 특성상 어떤 제품이나 모두 비린내가 나기는 하지만 해물전을 부치거나 해물 떡볶이, 해물 누룽지탕 등 다양한 해물이 들어가는 요리에 간편하게 사용할 수 있어 자주 구매하는 제품이에요.

9 한살림 섬진강 제첩국(조개류 함유)

제첩국 같은 경우에는 집에서 손수 끓여주기 힘든 제품이다 보니 구매해 먹게 되었어요. 여러 브랜드의 제첩국을 먹어보니 한살림 제첩국이 비린 맛도 적고 너무 짜지 않고 가장 맛있었어요. 하지만 어른 입맛에 맞춰진 간이라 짭조름한 편이에요. 저는 보통 제첩국을 구매하면 두부 한 모를 통째로 아주 작게 썰어 넣어요. 콩나물 한 줌과 부추도 약간 넣으면 간도 맞고 영양도 듬뿍인 두부제첩국이 됩니다. 대슬이는 아기조개국이라며 너무 좋아해서 항상 구매하는 제품이랍니다.

10 마켓컬리 앤쿡 무항생제 어린이 사골국(소고기 함유)

냉동 사골국은 1kg씩 대량으로 파는 경우가 많은데 이 제품은 소량씩 포장되어 있어 아이 먹을 한 끼만 준비할 수 있어 매우 편리해요. 또한 맛도 좋아서 해동한 뒤 소금 약간, 파 약간 해서 먹기도 좋고 다양한 음식의 육수로 사용하기도 좋아요.

11 한살림 무농약 찰옥수수

GMO 걱정 없는 국산 무농약 옥수수를 겨울에도 먹을 수 있다는 점이 가장 큰 장점이에요. 찜기에 10분 정도 쪄내면 맛있어요. 대슬이 간식으로, 밥 반찬으로도 자주 등장하며 뜨거운 옥수수 위에 치즈를 올려주면 치즈가 녹으면서 착 붙어 대슬이가 매우 좋아하는 간식이랍니다. 한살림 매장에 갈 때마다 꼭 구매하는 물품이에요.

12 마켓컬리 유가원 하루견과 레드(견과류 함유)

대슬이 견과류는 유가원 제품을 애용하고 있어요. 가격이 저렴한 편은 아니지만 유기농이라 믿고 먹고 있어요. 하루견과는 3가지 중 빨간색을 가장 좋아해요. 하루견과가 가격이 부담된다면 마켓컬리가 아닌 유가원 홈페이지에서 큰 통에 들어 있는 제품을 구입할 수 있어요. 마켓컬리에서 세일하면 꼭 담는 제품이에요.

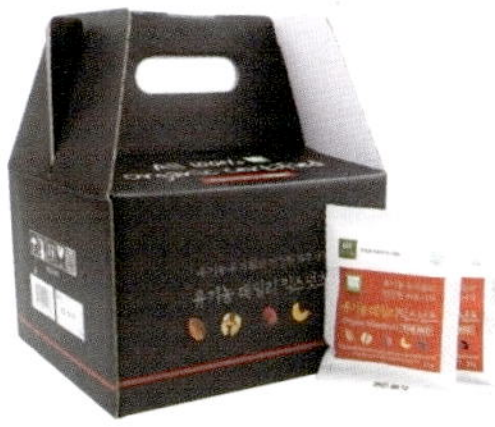

13 마켓컬리 유가원 피스타치오, 유가원 코코넛칩, 유가원 캐슈넛스프레드

유가원 견과류 제품은 제가 자주 애용하고 있어요. 유기농 피스타치오가 저렴한 편은 아니지만 제품이 깔끔하고 맛도 좋아서 자주 구매하고 있어요. 코코넛칩은 가당이 된 제품이 아니라 정말 본연의 코코넛 맛을 즐기기 좋은 제품이에요. 캐슈넛스프레드는 잼 대신 빵에 발라먹기 좋은데, 우리 집 어른들도 아주 좋아하는 제품이에요. 견과류를 안 좋아하는 아이들은 딸기잼과 함께 빵에 발라줘보세요.

14 한살림 딸기 크림빵(밀, 우유 함유), 땅콩 크림빵(밀, 우유, 땅콩 함유)

계란 알레르기가 있는 대슬이가 마음 놓고 먹을 수 있는 빵이라고는 캄파뉴, 비건빵 정도였어요. 비건 빵집은 찾기도 힘들고 빵집에서 계란이 안 들어간 빵을 찾기가 참 힘들었는데, 한살림에 계란이 안 들어간 크림빵이 있어 무척 반가웠어요. 맛도 좋아서 어른이 먹기에도 괜찮아요.

NO 계란

15 한살림 떠먹는 요거트(우유 함유), 후디스 유기농 그릭요거트(우유 함유)

제가 추천한 이 두 가지 요거트는 유기농 원유와 유기농 설탕, 유산균 외에 아무런 첨가물이 들어가지 않은 요거트예요. 가격은 후디스 제품이 조금 더 저렴한 편이지만, 맛은 둘 다 훌륭해요. 둘 다 꾸덕해서 아이가 혼자 퍼먹기에 좋아요. 단맛이 있는 것과 없는 것으로 나뉘어 있어서 원하는 제품을 선택하기 좋아요. 후디스 유기농 그릭요거트는 대형마트, 초록마을, 마켓컬리, 오아시스, 생협 등 다양한 곳에서 판매해요.

16 자연드림 해바라기씨(대두, 우유 함유)

마트에서 파는 해바라기씨와 비교하면 맛이 부족한 편이지만 비교하지 않고 먹으면 충분히 맛있는 초콜릿이에요. 초콜릿을 처음 접하는 아이에게 좋은 간식이라 생각해요. 대부분의 초콜릿에 들어가는 팜유가 들어 있지 않으며 착색료, 합성향료 등이 첨가되어 있지 않아 좋아요. 크기가 작아서 아이가 먹기에도 좋은 제품이에요. 입구에 지퍼백이 달려 있어 보관도 용이해요.

NO 계란

17 자연드림 못난이초코볼, 아몬드초코볼(대두, 우유 함유)

초콜릿을 처음 접하는 아이들이 먹기 좋은 제품이 해바라기씨라면, 좀 더 초콜릿 맛에 익숙해진 아이들이 먹기 좋은 제품이 못난이초코볼과 아몬드초코볼이에요. 자연드림 해바라기씨처럼 팜유나 착색료, 합성향료 등이 들어 있지 않아 믿고 먹을 수 있으며, 어른이 먹어도 맛있답니다.

NO 계란

18 한살림 한입쏙쏙젤리 4종

그냥 냉장 상태에서 먹었을 때는 한천 특유의 식감 때문에 맛있다는 생각을 못했는데, 얼려 먹으니 건강한 아이스크림으로 대체하기 좋은 제품이에요. 신경 쓰이는 첨가물이 한 가지 들어 있으나 다섯 살인 대슬이가 아직도 젤리아이스크림이라며 좋아하는 제품이에요. 개인적으로 사과당근이 얼렸을 때 가장 맛있어요.

19 마켓컬리 네니아 우리밀 물만두 (밀, 돼지고기, 대두, 계란 함유)

아이가 계란 알레르기가 있을 때는 계란이 안 들어간 한살림 물만두를 먹였어요. 그러나 솔직하게 말하자면 맛있는 만두는 아니라 매번 구매하기는 어렵더라고요. 계란 알레르기가 없어진 이후에는 계란이 들어간 여러 가지 물만두 제품을 먹어봤는데 채소의 입자가 작고 맛이 좋은 네니아 물만두가 가장 맛이 좋았어요. 단점은 너무 용량이 커서 다 먹는 데 오래 걸려요.

20 한살림 고구마부리토(밀, 우유 함유), 한우불고기부리토(밀, 대두, 우유, 소고기 함유), 매콤치킨부리토(우유, 대두, 밀, 토마토, 닭고기 함유)

한살림에서 파는 가공식품 중에서 참 마음에 드는 제품이에요. 계란도 들어가지 않은 제품이라 계란 알레르기 아이들도 먹을 수 있고, 맛 자체도 아이가 먹기에 자극적이지 않은 맛인데 어른 입맛에도 괜찮아요. 아침에 피자나 빵을 찾는 대슬이를 위해 가끔 구워주면 아주 잘 먹어요. 고구마는 달콤한 맛에 가끔 씹히는 양파가 아주 상큼하고, 한우부리토는 가끔 소고기 누린내가 나기도 하지만 대슬이는 고구마부리토보다 한우불고기부리토를 좋아해요. 매콤치킨부리토는 저와 대슬 아빠가 애용하는 제품이에요.

NO 계란

21 자연드림 곱게 깎은 가쓰오부시

이왕이면 가쓰오부시는 자연드림에서 사고 있어요. 유기농 매장에서 판매하는 제품이라 일반 마트에서 판매하는 제품보다 훨씬 더 꼼꼼하게 수입할 거라고 생각해서요. 예전에 일본산 가쓰오부시에서 발암물질이 기준치 이상 나온 사례를 보니 이왕이면 일본산은 구매하지 않고 있어요. 냉동실에 두고 사용하면 1년 넘게 오랜 시간 사용할 수 있어 편해요.

22 어린이 김 3종

김을 선택할 때는 염산 처리를 하지 않았는지, 구울 때 사용한 기름이 GMO 가능성이 있는지 이 두 가지를 가장 먼저 보고 있어요. 원초 함량이 높고 맛이 뛰어나도 김을 구울 때 사용한 기름이 GMO로 의심된다면 구매하지 않아요.

	베베쿡 처음먹는 어린이김	한살림 꾸러기김	자연드림 무럭무럭 어린이김
염도	⯪☆☆☆☆	★⯪☆☆☆	★★★☆☆
기름기	⯪☆☆☆☆	★★★☆☆	★★☆☆☆
포장	플라스틱 트레이 있음	플라스틱 트레이 없음	플라스틱 트레이 없음
권장개월수	12개월~, 첫 입문용 김	36개월~, 짜지 않은 조미김	40개월~, 짭조름한 김
상황별 추천	기름기가 많은 반찬, 염도가 높은 반찬이 많은 날에 추천	조미김 맛에 길들여져 구운 김을 안 먹는 아이들이 떡에 싸먹는 용으로 추천	짭짤한 맛을 좋아하는 아이용, 반찬 염도가 전체적으로 낮은 날에 추천

베베쿡 처음먹는 어린이김

12개월쯤부터 36개월까지는 베베쿡 처음먹는 어린이김을 쭉 먹었어요. 4살이 된 지금도, 저와 대슬 아빠도 좋아하는 김이에요. 염도가 안 느껴질 정도로 짠맛이 거의 없고 아이가 먹기에 부담 없으며 소포장 되어 있어서 한 끼에 한 봉지 먹기 좋아요. 부피가 거의 없어서 외출 혹은 여행 갈 때 들고 가면 좋아요. 하지만 이미 짭짤한 맛에 길들여진 아이라면 잘 안 먹을 수도 있어요.

인터넷 사이트 오아시스, 마켓컬리, 대형마트에서 구입 가능해요.

한살림 꾸러기김

36개월 이후부터는 한살림 꾸러기김을 이용했어요. 여러 유기농 매장에 있는 김을 비교해보니 성분과 맛 여러 가지 부분을 비교했을 때 꾸러기김이 가장 좋았어요. 소금 대신 새우 분말, 멸치, 다시마로 맛을 내서 많이 짜지 않고 기름지고 바삭해서 일반적으로 생각하는 맛있는 도시락김이에요. 이 책에 나오는 김떡말이(p.134)도 이 한살림 꾸러기김을 이용하면 아주 좋답니다.

자연드림 무럭무럭 어린이김

자연드림 어린이김은 소금이 들어가 짭짤한 맛이 비교적 많이 느껴지는 편이지만 소금은 미세플라스틱 0% 소금을 사용했다고 해서 안심하고 먹을 수 있어요. 한살림 꾸러기김과는 다르게 기름기가 많이 없어요. 한살림 꾸러기김과 자연드림 어린이김은 플라스틱 포장재를 사용하지 않아요. 가끔 대슬이 간식으로 이 김을 주기도 해요.

23 한살림 구운 돌김

돌 전부터 먹일 수 있었던 무조미 전장김이에요. 구워져서 나와 처음 봉지를 뜯으면 바삭하고 맛있어서 어른들은 양념간장을 싸서 먹으면 아주 맛있는 제품이에요. 조미되어 있지 않아 아이들에게 주기도 좋고 생 김이 필요한 요리에 사용하기 좋아요. 무엇보다 구워져서 나오니 집에서 따로 구울 필요가 없어 너무 편리한 제품이에요. 한번 먹고 남은 것은 밀폐 용기에 담아 눅눅해지지 않게 보관해서 먹어요.

24 한살림 닭가슴살소시지
(닭고기, 소고기 함유)

개인적으로 한살림 햄 중에서 가장 맛있어요. 닭고기 함량이 96% 이상이에요. 칼로리도 낮아서 성인 다이어트 식품으로도 추천하는 제품이에요. 돼지고기, 밀, 대두, 계란이 안 들어가서 알레르기 있는 아이들도 맛있게 먹을 수 있어요. 맛은 시판 소시지와 비교해서 크게 다르지 않을 정도로 괜찮아요. 닭가슴살 소시지도 짭조름한 편이라 아이에게 너무 많은 양을 주지 않아요.

NO 계란

25 자연드림 햄 추천 4종

자연드림에는 맛있고 성분이 착한 햄이 많이 있어요. 시판 햄보다 짜지는 않지만 아이 입에는 짠 편이에요. 너무 많이 먹이지 않도록 주의하고 있어요. 가장 잘 사먹는 4종을 소개해드릴게요.

자연드림 꼬마후랑크소시지
(돼지고기, 달걀, 밀, 소고기 함유)

자연드림에서 가장 자주 사먹는 소시지예요. 반찬으로 만들기도 좋고 볶음밥, 피자 등에 재료로 넣기도 좋아요. 맛도 좋아서 시판 소시지와 크게 차이가 나지 않아요. 캠핑 갈 때 챙겨 가면 아이들이 아주 잘 먹어요.

자연드림 버섯소시지
(돼지고기, 계란, 우유 함유)

버섯 향이 솔솔 나는 소시지예요. 에어프라이어에 기름 없이 구워서 자주 먹고 계란옷을 입혀서 구워 먹어도 좋아요.

자연드림 더맛있는치즈햄
(돼지고기, 우유, 달걀)

치즈햄이라고 생각하면 치즈가 박혀 있거나 눈에 보이게 들어 있을 거라고 생각하지만 이 제품은 그렇지는 않아요. 버섯소시지처럼 무난하게 먹기 좋은 제품이에요.

자연드림 그릴후랑크소시지
(돼지고기, 계란 함유)

꼬마후랑크소시지와 맛의 차이는 크게 없지만 재료는 약간 달라요. 꼬마후랑크소시지와 마찬가지로 캠핑 갈 때 챙겨 가면 아이도 어른도 아주 맛있게 먹는 제품이에요.

26 한살림 우동면(밀)

시판 우동면에는 엄청난 첨가물이 들어 있는데 정말 단조롭게 우리밀과 국산감자전분, 천일염 3가지로 만들었다니 믿기 힘들어요. 냉동 제품이고 가격이 아주 착해서 여러 개 쟁여놓고 다양한 요리에 활용하고 있어요.

NO 계란

29 마켓컬리 비비베르데 유기농 스위트콘

다양한 국산, 수입 유기농 스위트콘을 먹어봤지만 유기농 스위트콘 중에 가장 맛이 좋았어요. 용량이 크지 않아 아이 요리에 사용하기 좋아요.

27 한살림 7곡딸기 롤과자(대두, 우유 함유)

계란이 안 들어간 제품인데다가 맛있어서 저도 매우 좋아해요. 치아에 잘 낀다는 단점이 있지만 성분이 착해 계란 알레르기가 없는 아이들이나 어른들에게도 추천합니다.

NO 계란

30 초록마을 한돈떡갈비 (대두, 밀 돼지고기, 소고기 함유)

계란이 들어가지 않아 계란 알레르기가 있는 아이들도 마음 편히 먹을 수 있는 제품이에요.

NO 계란

28 한살림 담백한 우리밀 크래커 (밀, 우유 함유)

우유와 버터 향이 가득해 어른 입에도 맛있는 크래커입니다. 첨가물이 들어가기는 하지만 우리밀로 만들어졌고 시판 과자와 비교했을 때 맛은 떨어지지 않으면서 성분이 좋은 제품이에요. 대슬이 3살 이후부터 애용하던 과자랍니다.

NO 계란

31 한살림 크로와상(밀, 난류, 우유 함유)

보통 베이커리에서 판매하는 크로와상은 겉은 바삭, 속은 촉촉하며 버터의 풍미가 가득하죠. 기름기도 아주 많아요. 그런 크로와상을 좋아하는 분에게 한살림 크로와상은 맛없다고 느껴질 수 있어요. 버터의 풍미도 없고 약간 퍽퍽한 감도 있지만 딱 필요한 재료로만 만들어서 그런가 버터의 기름짐 없이 아이들이 먹기에 참 순한 맛의 크로와상이예요. 오븐이나 에어프라이어에 살짝 구워 먹으면 겉이 바삭해져서 훨씬 맛있어요.

32 한살림 샌드위치식빵(밀, 우유), 탕종식빵(밀, 우유)

한살림 식빵은 대슬이가 계란 알레르기로 고생할 때 마음껏 빵을 먹게 해준 1등 공신이에요. 빵집에 있는 대부분의 빵에는 계란이 들어가기 때문에 항상 빵을 먹고 싶어 하지만 꾹 참는 대슬이었는데 한살림에는 계란이 안 들어간 식빵이 여러 가지 있어서 정말 애용했어요. 맛도 일반 빵집에서 파는 것과 크게 다르지 않답니다. 자주 사먹는 제품은 탕종식빵과 샌드위치식빵이었어요. 그 외에 계란이 안 들어간 식빵은 쌀식빵, 통밀식빵, 잡곡식빵이 있고, 계란이 안 들어간 다른 빵도 몇 가지 더 있어요. 한살림에서 나오는 식빵 종류는 모두 성분이 좋아 추천합니다. 그 외에 한살림 모닝빵도 자주 구매하는 제품이에요.

NO 계란

33 마켓컬리 암브로시 유기농 고르곤졸라 (우유 함유)

평소 고르곤졸라 치즈를 좋아하는 저라서 여러 제품을 먹어봤지만 유기농 제품이라 너무 마음에 들었어요. 밖에서 고르곤졸라 피자를 잘 먹는 대슬이를 보고 집에서 만들어주니 훨씬 저렴한 가격에 많이 만들어 먹을 수 있더라고요. 양도 가격도 부담스럽지 않아서 만족하며 사용하고 있어요.

34 자연드림 하먼슈레드치즈(우유 함유)

무항생제는 기본이고 NON-GMO 사료를 먹여서 키운 원유로 만든 피자치즈라고 해요. 시중에 나와 있는 피자치즈 중 무항생제 치즈도 찾기 힘들지만 NON-GMO 사료를 먹여 키운 원유로 만들었다고 하니 안심하고 먹고 있어요. 우리 아이 첫 피자치즈 입문용으로 추천드려요. 가격(회원가)도 일반 피자치즈와 비슷해서 부담 없어요.

35 한살림 딸기잼

여러 유기농 매장의 딸기잼을 먹어봤지만 성분, 맛, 질감이 가장 좋았던 한살림 잼이에요. 너무 덩어리지지도 않고 곱지도 않아 빵에 발라먹기 매우 좋아요. 요거트에 섞어 먹거나 우유에 섞어 얼려서 아이스크림으로 만들어도 좋아요. 그 외 한살림 사과잼도 자주 사먹고 있어요.

36 자연드림 미니돈가스 (돼지고기, 밀, 대두 함유)

계란이 안 들어간 제품이라 대슬이 돈가스는 항상 이 제품을 구입했어요. 대슬이가 3살 때 집에서는 돈가스를 먹을 수 있는데 밖에서는 계란이 들어가서 못 먹는다고 하니 먹고 싶어도 꾹 참던 그때의 대슬이 모습이 눈에 선해요. 대부분의 돈가스에는 계란이 들어 있어 계란 알레르기가 있는 아이라면 정말 추천하고 싶은 제품이에요.

NO 계란

37 자연드림 한우갈비탕(소고기, 밀, 대두함유), 초록마을 무항생제 한우로 만든 갈비탕(소고기, 밀, 대두함유)

자연드림과 초록마을 갈비탕은 무항생제 한우로 만들었고 간이 세지 않아요. 보통 식당에서 파는 갈비탕은 한우도 없을뿐더러 무항생제는 더 찾기 힘들어요. 시중에 나와 있는 다른 한우 무항생제 갈비탕도 먹어봤는데 너무 짜서 깜짝 놀란 기억이 있거든요. 가격은 높지만 짜지 않고 건강한 맛의 갈비탕이라 갈비탕을 처음 접하는 아이에게 추천하는 제품이에요. 자연드림은 냉동 제품, 초록마을은 냉장 제품이에요.

38 한살림 우유 또띠아(대두, 우유, 밀 함유), 통밀 또띠아(밀 함유)

또띠아는 홈메이드 피자 만들 때 꼭 필요한 재료예요. 그냥 구워 먹어도 좋고 간단하게 치즈만 올려서 꿀을 찍어 먹어도 좋아요. 한살림 우유와 국산 밀로 만든 건강한 제품이에요.

NO 계란

39 초록마을 미니떡갈비 (대두, 밀, 돼지고기, 소고기 함유)

계란 알레르기가 있는 아이들도 먹을 수 있는 떡갈비예요. 아이들이 먹기 편하게 아주 작게 소분되어 있어 고기 먹는 양이 작은 아이들에게 안성맞춤입니다.
소고기는 무항생제, 돼지고기는 무항생제가 아니지만 국산 흑돼지 뒷다리를 사용했다고 해요. 간이 세게 되어 있지 않고 저염 제품이라 이제 막 간을 하기 시작한 아이들이 먹기에도 좋아요.

NO 계란

40 한살림 마른 흑새우, 보리새우(새우 함유)

한살림 보리새우는 아주 작고 부드러워서 건새우 입문하는 아이들에게 추천하는 제품이에요. 대슬이는 첫 입문용 건새우로 한살림 보리새우를 먹다가 좀 더 큰 한살림 흑새우로 볶음요리를 해먹으니 풍미가 아주 강해 대슬이와 저는 매우 좋아해요. 하지만 건새우맛을 안 좋아하는 사람들은 맛이 강하다고 싫어할 수도 있어요. 건새우 중에 국물용으로는 흑새우가 맛이 최고라고 생각해요.

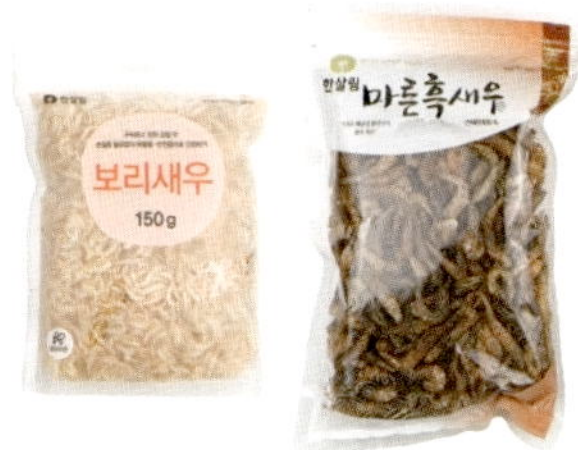

41 오아시스 정갈한 새우육젓, 정갈한 새우추젓, 한살림 새우젓(새우 함유)

새우젓을 너무 큰 것을 사면 냉동실에 보관해도 다 먹지 못하고 버리는 경우가 생기는데 정갈한 새우젓은 소량 들어 있고 가격이 저렴해 사용하기 좋아요. 저는 보통 정갈한 새우육젓, 정갈한 새우추젓을 한 병씩 구매해서 새우육젓은 갈지 않고 그대로 사용해요. 새우추젓은 믹서에 곱게 갈아서 다시 용기에 넣어 사용해요(새우젓을 갈아서 보관하는 자세한 이유는 68쪽 내용을 참고해주세요.)
한살림 새우젓은 용량도 많고, 정갈한 새우젓에 비해 비싸지만 새우와 소금의 비율이 80:20이에요. 정갈한 새우젓은 새우 75% 소금 25% 비율로 만들어졌어요. 새우젓을 많이 사용하는 집에서는 가격이 조금 비싸더라도 새우 함량이 높은 한살림 새우젓을, 새우젓을 자주 사용하지 않는 집에서는 정갈한 새우젓을 추천해요.

42 B&G푸드 생선파는언니 손질 수산물

다양한 종류의 해산물이 깨끗하게 손질되어 있어 아이 요리에 사용하기 좋게 나온 제품이에요. 특히 순살 생선 포함 간이 되어 있지 않고 가시는 발라냈기 때문에 무염, 저염으로 먹는 아이들에게 추천하는 제품이에요. 우리 아이들이 먹는 수산물이다 보니 위생은 물론 방사능 검사까지 철저하게 관리해서 믿고 구매하고 있어요. 네이버 스토어팜, 오아시스, 마켓컬리 외 다수 사이트에서 판매해요.

43 자연드림 꼬꼬너겟(닭고기, 밀, 대두)

시중에 판매되는 용가리와 맛 비교해도 괜찮을 정도로 맛이 좋았어요. 첨가물이 최소한으로 들어가 있고 다양한 모양으로 만들어져 있어 모양 이야기하며 골라먹는 재미가 있는 제품이에요.

NO 계란

44 한살림 유기농 쌀 오분도미

여러 유기농 매장에서 쌀을 구입했어요. 쌀은 딱 어느 제품이 맛있다고 비교하기 어렵더라고요. 그래서 주로 가장 자주 애용하는 한살림 매장에서 판매하는 무농약 혹은 유기농 쌀을 구매해서 먹고 있어요. 오분도미는 쌀겨층의 50%만 벗겨내서 쌀눈이 남아 있고 백미보다 식이섬유도 풍부해요. 현미처럼 불리지 않아도 되고 현미와 백미의 장점을 가진 쌀이에요. 잘못 보관하면 곰팡이나 벌레가 생기기도 하지만 그만큼 약을 치지 않았기에 건강한 쌀이라고 생각해요.

45 모던라이스 발효 유산균쌀

대슬이가 반찬만 먹고 밥을 잘 안 먹던 시기가 와서 어떻게 하면 밥을 잘 먹일 수 있을까 고민했어요. 그러던 중 SNS를 보고 모던라이스 쌀을 구매했고 마를 갈아넣어 마밥을 지어줬는데 밥을 안 먹던 아이가 주걱 채로 맨밥을 퍼서 먹으며 밥태기를 극복했던 기억이 나요. 가격대가 높고 유기농 무농약 제품은 아니지만 국산 재배한 고시히카리 품종으로 갓 지은 밥맛이 좋고 유산균이 코팅되어 있어 장내 유익균 증진에 도움이 되며 소화가 잘된다고 해요. 쌀 소화를 힘들어 하시는 어르신들부터 이제 막 쌀을 먹기 시작하는 영유아들, 알레르기가 있는 아이들까지 다양한 분에게 사랑받는 제품이에요. 1kg씩 소포장되어 있는 제품은 답례품으로도 좋고 가격 부담도 적어서 여러 개 구매해놓고 집에 놀러 오시는 지인들에게 선물로 하나씩 주기도 해요. 모던라이스 홈페이지 혹은 네이버 스토어팜에서 구매할 수 있어요.

46 자연드림 거피들깨가루

아이용 요리에 사용하는 들깨가루는 먹었을 때 입에 꺼끌하게 거슬리는 게 없고 부드러운 것을 골랐어요. 무농약 제품은 아니지만 잔류농약 검사 후 여러 번 세척되어 만들어진 국산 제품이라 하여 믿고 구매하고 있어요. 부드럽고 향도 진해서 애용하는 제품이에요. '깨 알레르기'가 있는 아이들은 들깨에서도 반응이 오기도 하니 조심히 시도해보셔야 할 재료 중 하나에요.

47 한살림 유기농 초코볼(밀, 대두, 우유)

한살림에서 처음 초코볼을 출시하고 한동안 품절 사태로 출시되고 몇 달 뒤에야 구매할 수 있던 제품이에요. 맛이 좋아서 재구매도 많은 상품이죠. 하지만 당도가 높은 편이라 아직 너무 어린 아이들보다는 4~5세 이상 아이들에게 추천하고 싶은 제품이에요. 대슬이는 시리얼을 즐겨 먹지는 않지만 한살림 유기농 초코볼은 매우 좋아한답니다.

48 NON-GMO 참치 4종

일반 마트에서 파는 참치는 GMO 카놀라유를 이용해 만드는 참치일 가능성이 높기 때문에 조심하는데요. 지금 소개하는 이 참치는 올리브유로 만들고 첨가물을 최소화한 참치들이에요. 참치는 먹이사슬 위쪽에 있는 생선이라 대슬이는 4세 후반쯤에 처음 먹이기 시작했어요. 브랜드는 다 다르고 성분도 약간씩 차이가 있지만 제조원은 한 곳이라 집에서 가까운 매장이나 인터넷 주문 등 편한 방법으로 주문하시면 좋을 것 같아요. 제품명은 왼쪽부터 시계 방향으로 초록마을 맛있는 참치, 자연드림 통참치, 오아시스 태평양참치, 마켓컬리 원래 참치입니다.

49 한살림 몽글이 순두부(대두)

이 두부는 자체에 소량의 간이 되어 있어 그냥 따뜻하게 데워 먹기만 해도 충분히 맛있어요. 소량의 버섯과 애호박을 썰어 넣고 들깨가루를 한 숟가락 넣으면 초간단 두부 들깨탕이 되고 계란과 명란젓을 넣으면 두부명란계란탕, 각종 해물을 넣어 끓이면 해물순두부탕, 고기와 떡을 넣고 끓이면 순두부고기떡국이 됩니다. 어른들은 양념장 만들어 뿌려 드시면 아주 좋아요. 반찬 없을 때 응용하기 좋은데 가격도 저렴해서 자주 구매하는 물품이에요.

50 마켓컬리 2번 씻은 찐 톳

톳을 처음 접하는 아이들 입장에서 까맣고 뾰족한 모양은 먹기 꺼려지는 마음이 생기기도 하는데요. 이 찐 톳은 톳이 입자가 아주 작아서 먹기에 부담이 없는 게 가장 큰 장점이에요. 멸치볶음을 할 때도 마른 톳을 살짝 볶아 넣으면 아이들도 톳을 쉽게 섭취할 수 있어요. 밥에 넣어 먹거나 다양한 요리에 넣어도 크게 불어나지 않아 애용하는 제품이에요.

계량법

책을 보고 음식을 만드는 모든 분이 최대한 레시피와 똑같은 맛을 낼 수 있도록 이 책에서 사용한 양념도 전부 '대슬이가 사용하는 양념' 파트에서 공개하고 계량도 정확하게 했어요. 재료의 무게는 눈대중으로 한 줌, 한 개가 아닌 저울에 재서 그램(g)으로 표시했고, 액채류, 가루류 등 양념은 계량스푼을 이용해서 계량했어요. 계량스푼도 제품마다 다르고 계량스푼이 없는 분들은 숟가락 혹은 티스푼으로 대체해야 하기 때문에 두 가지 종류의 계량스푼과 밥숟가락, 티스푼 계량법도 준비했어요. 계량법을 확인하시고 레시피와 같은 맛을 낼 수 있도록 참고해주세요. 한 번 두 번 레시피대로 하다 보면 나만의 스타일이 생길 거예요. 그땐 재료와 양념을 다양하게 응용해서 나만의 레시피로 만들어보세요.

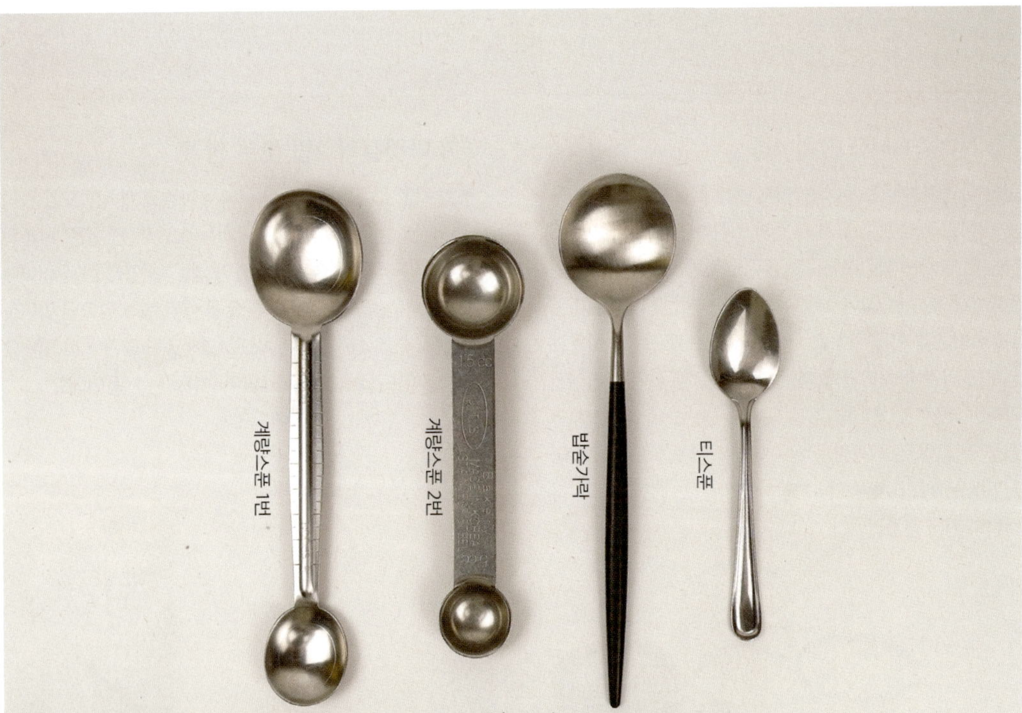

1큰술=15ml

1작은술=5ml

*계량스푼이 없을 경우에는 아기 약병을 활용하세요.

1 액체류 계량법

계량스푼 1번
작은술

1작은술

1/2작은술

1/3작은술

계량스푼 2번
작은술

1작은술

1/2작은술

1/3작은술

티스푼

1작은술

1/2작은술

1/3작은술

계량스푼 1번
큰술

1큰술

1/2큰술

1/3큰술

계량스푼 2번
큰술

1큰술

1/2큰술

1/3큰술

밥숟가락

1큰술

1/2큰술

1/3큰술

② 가루류 계량법

계량스푼 1번 작은술

1작은술

1/2작은술

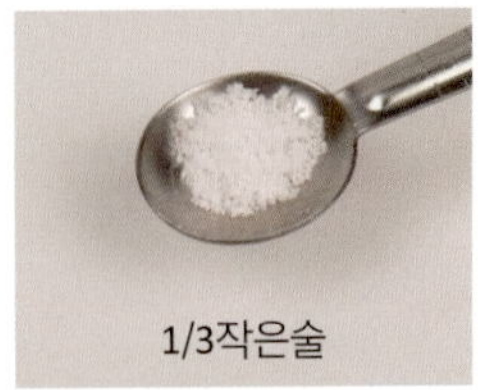
1/3작은술

계량스푼 2번 작은술

1작은술

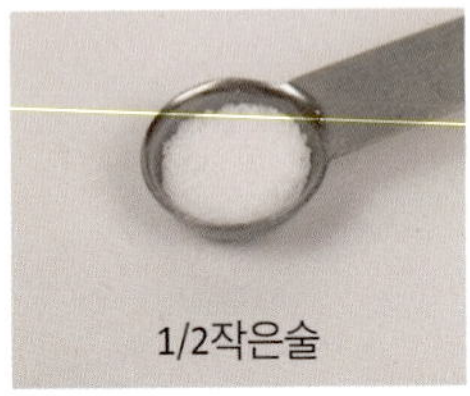
1/2작은술

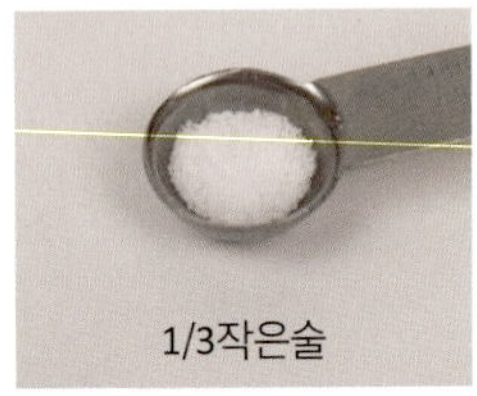
1/3작은술

티스푼

1작은술

1/2작은술

1/3작은술

계량스푼 1번 큰술

1큰술

1/2큰술

1/3큰술

계량스푼 2번 큰술

1큰술

1/2큰술

1/3큰술

밥숟가락

1큰술

1/2큰술

1/3큰술

재료 손질법

1 전복 껍데기 및 내장 손질법

1. 전복은 솔로 살과 껍데기를 문질러 깨끗하게 씻어주세요.

2. 팔팔 끓는 물에 딱 30초만 데친 후에 꺼내주세요.

3. 전복 입이 있는 더듬이 부분부터 껍데기를 긁는다는 느낌으로 숟가락을 넣으면 똑 떨어져요.

4. 껍데기는 훌륭한 육수 재료예요. 사용하려면 3분 정도 삶아 소독한 후에 솔로 깨끗하게 씻어 따로 보관해주세요.

5. 통통한 내장을 위로 들어 올려주세요.

6. 내장을 살살 계속 당기면 빨간 이빨이 함께 딸려와요. 끊어지지 않게 조심히 당겨주세요.

7. 내장부터 이빨까지 한 번에 뽑아낼 수 있어요.

8. 내장을 사용하려면 연결된 이빨을 제거하고 따로 보관해주세요.

9. 전복은 솔로 살살 문질러 1번 과정에서 미처 닦지 못한 검은 물때를 닦아주세요.

② 오징어 껍질 손질법

1. 오징어는 깨끗하게 씻어 물기를 닦아주세요. 씻지 않은 상태로 껍질 먼저 벗긴 뒤 씻어도 무관해요.

2. 마른 키친타월로 껍질을 살짝 잡아 쭉 뜯어주세요.

3. 키친타월이 젖으면 껍질이 잘 안 잡히기 때문에 계속 마른 키친타월로 교체하며 껍질을 깨끗하게 벗겨주세요.

③ 새우 내장 손질법

1. 새우는 깨끗하게 씻어주세요.

2. 새우 머리 아래 첫 번째 마디에 이쑤시개를 살짝 넣어 내장을 당겨주세요.

3. 따라 나온 내장을 슬슬 당겨 빼주세요.

④ 닭 안심 힘줄 손질법

1. 깨끗하게 씻은 닭 안심은 도마 위에 놓고 힘줄 끝부분을 잡아주세요.

2. 칼로 힘줄 부분을 살살 긁어주세요.

⑤ 낙지 손질법

1. 낙지는 물에 여러 번 헹군 후에 체에 밭쳐 물기를 빼주세요.

2. 낙지에 밀가루를 넉넉하게 뿌려주세요.

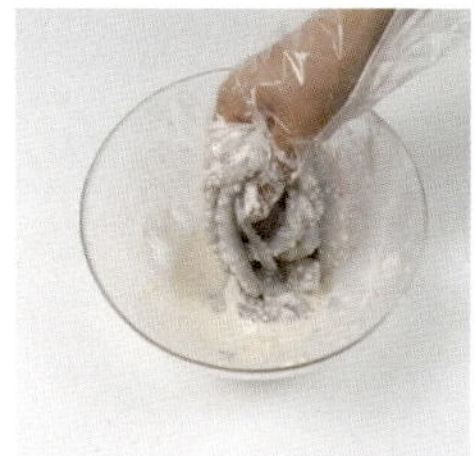

3. 다리 빨판 사이까지 깨끗하게 닦아지도록 조물조물 문질러주세요.

4. 흐르는 물에 여러 번 빨판을 훑으며 깨끗하게 헹궈주세요.

TIP 밀가루를 넣을 때 소금을 같이 넣고 주물러도 좋아요.

⑥ 꽃게 손질법

1. 꽃게는 흐르는 물에 씻어주세요.

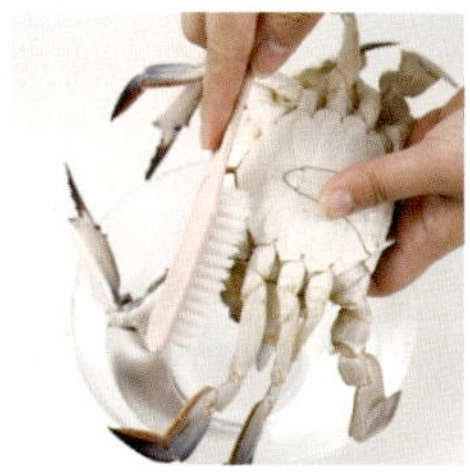

2. 꽃게 다리 사이를 솔로 문질러주세요.

3. 꽃게 배딱지를 열어서 속도 깨끗하게 문질러주세요.

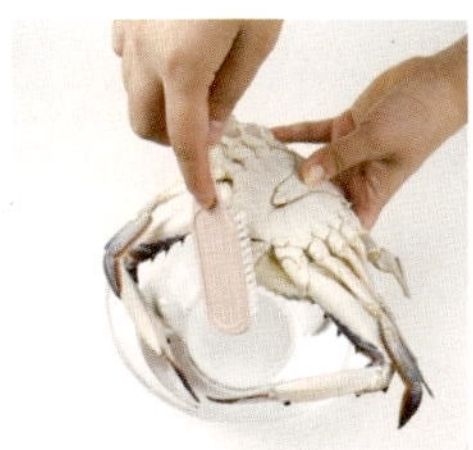

4. 꽃게 입도 문지른 뒤 깨끗하게 여러 번 헹궈주세요.

TIP 전복, 꽃게, 조개류 등 단단한 껍데기를 씻을 때 유용하게 사용되는 솔이에요.

TIP 살아 있는 꽃게는 냉동실에 넣어 기절시키면 씻을 때 덜 움직여요.

7 조개 해감법 1

1. 바지락은 깨끗하게 여러 번 헹궈주세요.

2. 정수기물 1L당 소금 30g을 섞어 잘 녹여주세요.

3. 넓은 스텐 트레이에 채반을 넣어 바지락이 바닥에 뱉은 뻘을 먹지 않도록 공간을 만들어준 다음 소금물을 부어주세요.

4. 빛이 들어가지 못하게 검정 봉지로 싼 뒤 서늘한 곳에 1시간 정도 보관해주세요.

5. 1시간 뒤 조개가 물을 뿜고 채반 아래로 뻘을 많이 뱉으면 해감이 잘 된 거예요.

TIP 이렇게 해감한 조개는 짠물을 머금고 있기 때문에 아이 요리에 사용한다면 소금을 넣지 않은 정수 물에 한 번 더 해감하는 것을 추천드려요. 스텐 재질의 트레이에 해감을 하면 따로 숟가락을 넣지 않아도 돼요. 스텐 재질 볼이나 스텐 트레이가 없다면 쇠숟가락을 하나 넣어 해감해주세요.

8 조개 해감법 2

1. 깨끗하게 씻은 바지락은 칼을 넣어 반을 잘라주세요.

2. 바지락을 벌려 뻘이나 모래 등 이물질을 씻어서 제거해주세요.

TIP 팔팔 끓는 물에 10초 정도 담가 바지락을 죽인 뒤 하셔도 좋아요.

냉동실에서 항상 대기중!

대슐이네 맛 내기 비법 5가지

PART 2

무 큐브
양파 큐브
볶은모둠채소 큐브
생강 조각

간 새우젓

처음 취미로 요리를 시작했을 때 가장 어려웠던 부분이 간 맞추는 것과 음식의 깊은 맛을 내는 것이었어요. 요리를 하면 할수록 저만의 방법과 노하우가 생기더라고요. 유아식은 아무래도 간을 거의 안 하기 때문에 맛 내기가 더욱 어려운 부분이 있었던 것 같아요. 그런 부분을 채워주는 맛내기 비법 5가지를 소개해드릴게요. 누군가는 이미 알고 활용하고 있는 방법일 수도 있지만, 오랜 시간 요리를 하면서 누군가에게 배우지 않고 경험으로 알게 된 꿀팁들이에요. 요리 맛 내기가 힘들고 어렵다고 생각하는 분들은 꼭 따라 해보시면 좋겠어요.

냉동실 필수품

간 무 큐브

간 무 큐브는 우리 집 냉동실에 항상 있는 재료에요. 떨어지기도 전에 만들어 쟁여두는 필수품이죠.
간 무는 무가 어울리는 모든 요리에 사용할 수 있어요. 콩나물국, 어묵탕, 북엇국, 닭곰탕, 된장찌개 등 각종 국에 조미료 대신 넣으면 시원한 맛이 나고 각종 육류와 함께 찜으로 먹어도 담백하게 즐길 수 있어요. 매운탕이나 맑은탕 등 탕을 끓이다가 깊은 맛이 안 날 때 간 무를 넣어보세요. 맛의 깊이가 훨씬 깊어져요. 뭇국을 끓일 때도 절반은 썰어서, 절반은 갈아서 넣으면 이만한 천연 조미료가 없답니다.
간 무를 다양하게 사용하는 방법을 알려드릴게요. 만능 조미료 무 큐브 꼭 한 번 만들어보세요.

필수 재료
- 무 1/2개
- 소분 용기

선택 재료
강판
믹서
착즙기

강판으로 만들기

1. 무를 손에 잡기 좋은 크기로 큼직하게 자른 뒤 강판에 갈아주세요.
2. 실리콘 소분 용기에 나눠 넣어 냉동 보관해요.

장점 개인적으로 세 가지 방법 중 무 큐브의 가장 최고의 맛을 낼 수 있는 방법이에요. 강판에 곱게 갈아 조리했을 때도 입자가 고와 음식에서 무나 양파가 들어 있는지 모를 정도로 튀지 않고 식감 또한 입에서 녹는 것처럼 부드러워 먹기 좋아요.

단점 강판에 손이 다칠 위험이 있는 것과 완벽하게 갈지 못하고 자투리가 남는 것, 팔이 많이 아프다는 단점이 있어요.

착즙기로 만들기

1. 무는 착즙기에 들어갈 만한 크기로 자른 뒤 착즙기에 넣어 건더기와 즙을 따로 받아주세요.
2. 착즙을 마친 후 건더기와 즙을 잘 섞어 실리콘 소분 용기에 나눠 넣어 냉동 보관해요.

장점 어느 정도 입자가 있으면서 대용량 무 큐브를 만들 수 있고 만들기 편해요.

단점 착즙기를 구매해야 할 수 있어요.

믹서로 만들기

1. 무를 작게 다져서 넣은 뒤 물을 약간 넣고 갈아주세요(무가 잘 갈리지 않으면 물을 조금씩 추가해주세요. 물의 양은 상관없어요. 최소한으로 넣어주세요.).
2. 실리콘 소분 용기에 나눠 넣어 냉동 보관해요.

장점 제가 가장 자주 사용하는 방법이에요. 착즙기처럼 대용량 무 큐브를 만들 수 있고 만들기 편해요.

단점 무만 넣으면 잘 갈리지 않아 소량의 물을 넣어야 갈린다는 단점이 있어요.

보관 기간 밀폐 용기에 넣어 냉동실에서 6개월

냉동실 필수품
간 양파 큐브

양파를 뭐 하러 갈아서 냉동까지 해놓나 생각하는 분들이 계실 수도 있을 것 같아요. 하지만 양파를 갈아서 미리 넣어두면 빠르고 간편하게 맛을 낼 수 있어요. 무 큐브처럼 천연 조미료 역할을 해서 국물에 넣으면 국물이 달짝지근하면서 깊은 맛이 나고 다양한 종류의 전 반죽에 넣으면 전 맛이 훨씬 좋아져요. 특히 부침개, 고기 재울 때, 해산물 비린내를 제거할 때도, 다양한 반찬을 할 때도 매우 활용하기 편해요. 잡채 만들기 전 당면 삶을 때 간 양파 큐브를 넣어보세요. 당면에 양파향이 쏙 배어 정말 맛있답니다.

필수 재료
- 양파 2개
- 소분 용기

선택 재료
강판
믹서

강판으로 만들기

1. 양파는 깨끗하게 씻어 껍질 벗긴 뒤 강판에 갈아주세요.
2. 실리콘 소분 용기에 나눠 넣어 냉동 보관해요.

장점 소량으로 만들 때 매우 편리해요. 입자가 고우면서 건더기도 있어서 식감이 매우 부드럽고 좋아요.

단점 강판에 손이 다칠 위험이 있는 것과 완벽하게 갈지 못하고 자투리가 남아요. 눈이 많이 맵고 팔이 많이 아프다는 단점이 있어요.

믹서로 만들기

1. 양파를 잘게 다진 뒤 물을 약간 넣고 믹서에 갈아주세요. 양파가 잘 갈리지 않으면 물을 조금씩 추가해주세요(물의 양은 상관없어요. 최소한으로 넣어주세요.).
2. 실리콘 소분 용기에 넣어서 냉동 보관해요.

장점 제가 가장 자주 사용하는 방법이에요. 힘들이지 않고 대용량 양파 큐브를 만들 수 있어요.

단점 양파만 넣으면 잘 갈리지 않아 소량의 물을 넣어야 갈린다는 단점이 있어요.

보관 기간 밀폐 용기에 넣어 냉동실에서 6개월

냉동실 필수품

간 새우젓

각종 국, 탕, 찜, 볶음요리에 소금이나 간장 대신 새우젓을 넣으면 비교가 안 될 정도로 훨씬 맛있어지는 메뉴들이 있어요. 새우젓을 바로 음식에 넣으면 국 같은 경우에는 새우가 둥둥 뜨기도 하고, 계란찜 같은 경우에는 간이 골고루 퍼지지 않기도 해요. 새우젓을 갈아서 보관하면 음식에 둥둥 뜨지도 않고 간도 갈지 않았을 때보다 훨씬 잘 스며들어요. 냉동실에 두어도 얼지 않기 때문에 갈아서 병째로 얼려 두었다가 스푼으로 조금씩 퍼서 사용해요.

새우젓
새우젓 담을 병
믹서

믹서로 간 새우젓 만들기

1. 믹서에 새우젓을 넣고 갈아주세요.

2. 새우젓이 들어 있던 병에 간 새우젓을 다시 담아주세요.

3. 냉동실 깊은 곳에 보관해요. 냉동실 문 앞에 놓으면 보관 기간이 짧아져요.

보관 기간 밀폐 용기에 넣어 냉동실에서 6개월

냉동실 필수품

생강 조각

생강, 잘 사지 않는 재료 중 하나죠? 저희 집에 없어서는 안 될 필수 재료예요. 전 냉동실에 생강이 다 떨어지기도 전에 항상 꼭 사다 놔요. 생강청, 생강술 등 여러 가지 방법으로 생강을 사용하고 보관해봤지만 겉에 흙만 씻어 껍질을 벗기지 않은 채로 썰기만 해서 냉동실에 보관하는 생강 조각만큼 활용도가 좋은 건 없었어요. 생선 구울 때 한 조각 넣으면 비린내도 제거되고 향긋해져요. 요리에 살짝 넣으면 맛을 한층 고급스럽고 깔끔하게 해준답니다. 아이들 국을 끓일 때 마늘 대신 생강을 넣어보세요. 훨씬 깔끔한 맛이 난답니다. 한 끗 차이로 더 맛있는 맛을 내고 싶다면 냉동실에 생강 조각을 두고 사용해보세요. 감기도 예방해주고 소화도 촉진해주는 건강한 재료, 생강! 강력 추천합니다.

생강
생강 조각 담을 병

생강 조각 만들기

1. 생강은 사이사이에 흙이 많이 끼어 있기 때문에 뚝 뚝 부러트려 흐르는 물에 깨끗하게 씻어 흙만 제거해주세요.

2. 껍질을 제거하지 않은 생강은 얇게 썰어주세요.

3. 용기에 담아 냉동실에 넣고 필요할 때 꺼내서 사용해요.

보관 기간 밀폐 용기에 넣어 냉동실에서 3개월

간 무 큐브, 간 양파 큐브, 생강을 이용한 굴 세척법

무 큐브와 양파 큐브를 사용하면 굴의 불순물과 비린내는 사라지고 양파의 향긋함이 더해져 굴 특유의 상큼한 향만 남는답니다.

재료

굴 300g, 물 200ml, 양파 큐브 20g, 무 큐브 20g, 생강 3g(생략 가능)

1. 굴은 흐르는 물에 여러 번 씻은 뒤 모든 재료를 넣어주세요.

2. 10~15분 뒤 흐르는 물에 가볍게 헹궈주세요.

TIP

- 튀김용 넓은 채반을 사용하면 굴 씻기가 너무 편리해요. 굴 요리를 즐겨하시는 분들은 자주 사용하실 거예요.
- 소금을 더하면 굴이 탱글탱글해지는데 굴 자체에 나트륨이 있기 때문에 아이 요리에는 소금을 사용하지 않았어요. 어른 요리에는 소금을 약간 넣어주면 좋아요.

간 무 큐브, 간 양파 큐브, 생강을 이용한 해산물 비린내 제거법

냉동 해물을 해동할 때 좋은 방법이에요. 모둠해물, 조개살, 새우살, 오징어살, 각종 생선살 등 해산물을 해동할 때 그냥 해동하는 것보다 간 무 큐브와 간 양파 큐브를 이용하면 비린내는 잡고 향긋함을 올려줘요.

재료

모둠해물 50g, 양파 큐브 10g, 맛술 1작은술, 생강 2g

1. 모둠해물에 양파 큐브, 맛술, 생강을 준비해주세요.

2. 모둠해물에 ①번 재료를 모두 넣고 10분 이상 버무려두세요.

3. 흐르는 물에 한 번 씻어 사용하세요.

TIP 모둠해물이 아닌 다양한 해물도 같은 방법으로 해동하면 좋아요.

냉동실 필수품

볶은모둠채소 큐브

양파, 당근, 애호박을 잘게 다져서 순서대로 팬에 볶아 냉동해두면 정말 쉽게 여러 가지 요리를 만들 수 있어요. 볶아서 채소의 풍미가 올라가고 조리시간은 단축되어요. 최소한의 기름으로 볶았기 때문에 어린 아이들이 먹기에 부담 없어요. 볶은모둠채소 큐브만 있으면 3분 만에 볶음밥을 완성할 수 있어요. 계란찜이나 스크램블에 넣어도 간편하고 두부조림이나 다양한 요리에 넣어 사용하기도 좋아요. 또한 채소 큐브와 몇 가지 재료만 있다면 오래 걸리는 죽도 10분 만에 만들 수 있답니다. 대슬이네 냉동실에 절대 없어서는 안 될 볶은모둠채소 큐브, 여러분도 다양한 요리에 활용해보세요.

양파 200g
당근 100g
애호박 100g
기름 2작은술

재료 준비

잘게 다진 양파, 당근, 애호박

만드는 법

1. 팬에 기름을 두르고 양파를 볶아주세요.

2. 양파가 갈색 빛이 돌면 당근을 넣고 볶아주세요.

3. 당근이 노랗게 익으면 호박을 넣고 볶아주세요.

4. 완성된 볶은모둠채소 큐브는 소분 용기에 넣어 냉동시켜주세요.

보관 기간 밀폐 용기에 넣어 냉동실에서 3개월

음식 준비를 빠르게 도와주는

대슬이네 냉동실 상비품

냉동실에 있는 음식을 잘 활용하면 간식과 식사 준비를 할 때 정말 쉽고 간편하게 할 수 있어요. 식재료를 소분해서 보관하기도 하고 직접 만든 음식을 소분해서 보관하기도 해요. 우리 아이들이 앞으로 살아갈 미래 환경 걱정에 소분 보관할 땐 최대한 용기에 보관해서 일회용 봉지 사용을 줄이려고 노력하지만 꼭 필요할 땐 사용하고 있어요. 냉동실 상비품은 주로 하루 전 냉장실에서 천천히 해동하는 게 가장 좋지만, 급할 때는 전자레인지나 물에 담가 해동하기도 해요. 냉동실에 있으면 든든하고 식사 준비를 쉽고 빠르게 도와주는 대슬이네 다양한 냉동실 상비품을 소개할게요.

소고기, 돼지고기, 닭고기

1 다진 소고기

다진 소고기는 냉동해두면 볶음밥을 해먹이거나 조림, 국 등을 할 때 쉽고 빠르게 요리할 수 있어요. 아이들 성장에 다양한 육류는 꼭 필요하기에 저희 집에서는 냉동실에서 다진 소고기가 떨어지기 무섭게 바로바로 채워놓는답니다.

2 다진 돼지고기

소고기보다 저렴하면서 양이 많고 볶음, 조림 등 다양하게 요리할 수 있어서 냉동실에 두면 자주 사용하게 되는 재료예요.

3 차돌박이

기름기가 많은 부위지만 다른 부위와는 다른 고소함이 있어 대슬이가 선호하는 고기에요. 된장찌개에 넣어 먹거나 잘게 다져 볶음밥을 하기도 하고 다양한 재료에 말아 굽기도 하고 약간의 간만 해서 그냥 구워먹어도 맛있는 차돌박이에요. 무엇보다 해동할 필요 없이 재빨리 구울 수 있어서 바쁜 아침에 조리하기도 아주 편해요.

4 삼겹살

마땅한 반찬이 없을 때 구워주기만 해도 아주 간편한 부위예요. 삼겹살을 구울 땐 다양한 향신 채소 혹은 여러 가지 채소와 함께 구우면 간을 하지 않아도 아이들도 함께 맛있게 먹을 수 있답니다. 얇은 삼겹살 혹은 대패 삼겹살을 냉동해두면 해동 시간이 줄어들어 더욱 빠르고 편하게 먹을 수 있어요.

5 닭정육, 닭 안심

닭고기 부위 중 개인적으로 저는 닭다리살을 가장 좋아해요. 뼈가 발라져 있어 간편하고 기름만 가위로 잘라 제거해서 바로 요리하면 너무 간편해요. 닭정육으로는 어떤 닭요리를 만들어도 맛있게 먹을 수 있어요. 간단하게 냉동 무 큐브와 소금 후추 간을 약간 해서 찜기에 찌기만 해도 훌륭한 한 끼 요리가 된답니다(p.197 참고).
닭 안심은 닭 부위 중에 가장 부드럽고 크기가 크지 않아 한 덩이를 한 끼용으로 먹기 좋아요. 힘줄을 제거해서(p.58 참고) 냉동시켜놓으면 다양한 요리에 사용할 수 있어요.

해산물

6 새우

냉동 보관한 새우를 해동해서 버터에 볶기만 해도 맛있는 반찬이 완성되어요. 그 외에도 다양한 새우 요리를 해주면 대슬이가 아주 잘 먹어요. 새우는 저희집 냉동실에 절대 없어서는 안 될 재료 중 하나에요.

7 오징어

없어도 그만이지만 있으면 다양한 요리에 사용하기 좋아요. 볶음밥으로도 훌륭한 재료이지만 국을 끓여먹어도 좋고 수제어묵을 만들어 먹을 때도 사용하기 좋아요. 부침개 부칠 때 소량 넣으면 부침개 맛이 확 살아납니다.

8 전복

대슬이는 전복을 너무 좋아해요. 매번 마트에서 2~3마리씩 사면 가격도 비싸고 양도 적어서 저는 주로 산지직송으로 1kg씩 주문해서 한 번에 손질해요. 마트에서 사는 것보다 가격도 훨씬 저렴하고 양도 많아요. 냉동실에 넣어놓고 필요한 만큼 꺼내 찜을 해먹어도 너무 맛있고 구워 먹거나 죽을 끓여먹어도 맛있어요.

9 각종 생선(무염)

염장하지 않고 뼈는 깨끗하게 발라져 있는 손질 고등어, 삼치, 가자미를 자주 구매하고 있어요. 갈치는 뼈는 손질하지 않은 것으로 구매해요. 손질한 갈치는 간편하지만 통통한 맛이 덜한 느낌이어서요. 각종 생선은 해동 후 찌거나 굽기만 하면 반찬 한 칸을 채울 수 있어서 좋아요. 생선을 좋아하는 아이들이라면 냉동실에 쟁여두고 먹으면 간편합니다.

10 반건조 생선

일반 생선보다 반건조 생선은 훨씬 맛이 좋아요. 좀 더 살이 탱글탱글하고 쫀득하면서 기본적으로 염장이 되어 있기 때문에 짭조름해요. 간을 하지 않는 아이들에게는 맞지 않지만 어느 정도 간을 하는 아이들에게는 일반 생선보다 반건조 생선이 훨씬 맛있게 느껴질 거예요. 가장 추천하는 반건조 생선은 가자미, 우럭, 박대, 민어조기에요.

기타

11 떡

다양한 종류의 떡을 냉동 보관하는데 쌀떡볶이떡, 떡국떡, 치즈가 들어 있는 치즈떡 등입니다. 떡이 들어간 다양한 요리에 활용하기 좋아요. 떡국을 끓이거나 떡볶이를 만들 때 냉동실에 떡이 있으면 재빨리 만들 수 있어요. 찰떡이나 절편 등 냉동해놓고 먹기 좋은 떡들도 보관해두면 간식으로 먹기도 좋고 간단한 아침 식사로 대체하기도 좋아요.

12 각종 국과 소스

이 책에 나와 있는 국 중에 냉동해두고 먹기 좋은 국이 많이 있어요. 국을 끓여서 남은 것은 냉동해두었다가 금방 끓여서 데워주면 식사 준비하는 데 시간을 많이 절약할 수 있어요. 먹고 남은 시판 스파게티 소스는 납작하게 냉동 보관해두었다가 필요한 만큼 잘라서 사용하면 금방 해동되고 좋아요. 해시브라운(p.416), 식혜(p.422), 비빔짜장(p.238), 비빔카레(p.177) 등도 냉동해두었다가 해동하면 맛있게 먹을 수 있어요.

13 다양한 밥

대슬이에게 다양한 밥을 해주려고 노력하는데 밥을 한번 지으면 흰쌀밥만 주거나 잡곡밥만 주게 되는 경우가 많아요. 여러 종류의 밥을 미리 만들어 냉동실에 넣어두었다가 하나씩 해동하면 다양한 밥을 쉽고 빠르게 줄 수 있어서 좋아요. 찹쌀밥은 넉넉하게 냉동해두면 죽을 10분 만에도 끓일 수 있어요(p.298 참고).

14 버터

유기농 매장에서 유기농 버터를 구입하면 항상 바로 잘라서 냉동 보관해요. 한 조각씩 꺼내서 쓰면 간단하게 반찬을 볶아주거나 빵을 구울 때 아주 간편하게 쓸 수 있어요. 병이나 자르기 힘든 모양의 버터는 그냥 통째로 얼려서 날카로운 칼이나 포크로 파서 사용하기도 해요.

15 가공식품

아주 다양한 가공식품이 있어요. 어묵, 돈가스, 치킨너겟, 치킨, 피자, 만두, 핫도그 등 얼려두면 편하게 데워 먹을 수 있는 냉동식품들이에요. 간식으로도 좋고 반찬으로도 좋아요.

대술이네
대박 레시피 4종

PART 3

뭐든 무쳐 보세요. 유아식 대박 소스

깨폭탄소스

우리 대슬이는 데친 브로콜리를 잘 안 먹었어요. 도토리묵에 처음 해줬던 이 깨폭탄소스를 브로콜리에 무쳐주니 갑자기 브로콜리가 제일 좋아하는 반찬이 되었어요. 그래서 다양한 재료에 버무려보니 정말 무궁무진하게 사용할 수 있는 소스더라고요. 깨폭탄소스는 깨 한 알 한 알 짠맛과 단맛이 배어들어 버무리는 재료에 골고루 퍼져 고르게 간이 배도록 해줘요. 소량의 간을 해야 하는 영유아들에게 아주 좋은 소스이죠. 어른들이 먹어도 아주 맛있는 소스예요.

각종 나물과 육류, 해산물, 채소, 과일, 두부, 어묵 등 다양한 가공식품까지 어디에 넣어도 기본 이상의 맛이 나는 소스입니다. 심지어 맨밥에 깨폭탄소스를 비벼주면 밥 안 먹는 아이도 밥 한 그릇 뚝딱 먹게 된답니다.

김밥 쌀 때 깨폭탄소스로 양념한 밥을 사용하면 아주 맛있는 김밥을 쌀 수 있어요! 제 SNS에서 가장 많이 사랑받은 레시피, 깨폭탄소스! 다양한 재료에 활용해보세요.

여러 번 먹을 양

통깨 2큰술
간장 1작은술
매실청 1작은술
참기름 1작은술

만드는 방법

1. 통깨는 계량스푼에 듬뿍 담지 않고 손으로 깎아서 2큰술 준비해요.

2. 통깨를 손으로 비벼 으깨거나 깨절구에 갈아 준비해요(절반만 갈아주세요).

3. 간장과 매실청을 넣고 깨가 짠맛과 단맛을 흡수할 수 있도록 섞어요.

4. 깨가 간장과 매실청을 흡수하면 참기름 1작은술을 넣고 코팅시킨다는 느낌으로 섞어주세요.

TIP

1. 깨폭탄소스에 사용되는 간장은 맥 국간장(p.35)을 사용했어요.
2. 양이 많으니 소량이 필요하면 레시피의 반배합(절반)으로 만들어도 좋아요.
3. 시간이 지날수록 맛이 떨어져요. 그때그때 만드는 게 가장 고소하고 맛있어요.

굴의 감칠맛과 연근의 영양이 듬뿍

연근굴소스

분당에 계신 유명한 요리 선생님께 배운 굴소스를 저만의 스타일로 바꿔봤어요. 시판 굴소스는 첨가물이 너무 많이 들어 있고 그냥 먹어보면 맛이 아주 역한데요. 연근굴소스는 생으로 찍어 먹어도 맛이 좋아요. 굴 철에 만든 뒤 냉동실에 병째로 넣어놓고 필요할 때마다 꺼내 먹으면 1년 동안 먹을 수 있어요. 매년 꼭 한 번씩 만드는 필수 소스가 될 거예요.

400ml 1병

조리시간
3시간 이상

난이도
★★★★☆

저염·일반염

양조간장 500ml
맛술 100ml
설탕 250g
연근 200g
양파 150g
파 100g
마늘 30g
생강 15g
굴 500g

굴소스를 끓이는
불 세기는 영상을
꼭 참고해주세요.

재료 손질

굴 흐르는 물에 여러 번 씻어 물기를 빼고 500g을 준비해주세요.

연근 깨끗하게 씻은 뒤 껍질째 얇게 썰어주세요.

양파 깨끗하게 씻은 뒤 껍질째 큼직하게 썰어주세요.

대파 큼직하게 썰어주세요.

만드는 방법

1. 굴을 제외한 모든 재료를 냄비에 넣고 끓여주세요.

2. 끓기 시작하면 굴을 넣은 뒤 바로 약한 불로 줄인 후에 뚜껑을 열고 끓여주세요.

3. 3시간 끓인 뒤 체에 밭쳐 건더기는 건져내주세요.

4. 꾹 짜지 않고 자연스레 흐르는 것만 그릇에 밭쳐 담아 주세요.

5. 굴소스는 고운 면보에 한 번 걸러주세요.

6. 이렇게 끓인 굴소스는 400ml 나와요. 유리 용기에 넣어 냉동 보관해주세요.

TIP

1. 가스레인지, 인덕션에서 설정할수 있는 최고 약불로 끓여주세요. 불이 조금만 세도 수분이 많이 증발되어 날아갑니다.
2. 11월부터 3월 말까지 나오는 생 굴로 만드시길 추천합니다. 11월보다는 3월에 굴이 저렴해요.
3. 냉동 굴로 만들면 비린내가 심해요. 꼭 싱싱한 굴로 만들어주세요. 굴이 싱싱하지 않다면 굴소스를 만들지 않는 게 좋습니다. 저는 인터넷으로 산지 직송 굴을 1kg씩 구매해서 만들어요.
4. 냄비의 넓이와 화력에 따라 조리 시간의 변수가 생겨요. 꼭 3시간 아니라 2시간만 끓이더라도 남는 양이 400ml가 되는 게 중요해요.
5. 냄비 넓이가 너무 넓으면 수분이 더 빨리 증발되니 재료에 비해 넓고 큰 냄비는 피해주세요.
6. 조리 중에 뚜껑은 절대 닫지 말아주세요. 레시피가 완전 달라져요.
7. 굴소스를 만드는 내내 비린내가 많이 날 거예요. 완성된 굴소스는 식혀서 냉동 보관하면 비린내가 나지 않아요.
8. 맛술은 자연드림 미감, 간장은 샘표 국산콩간장, 설탕은 유기농 설탕을 사용했어요.
9. 굴 내장이 터지면 쓴맛이 나기 때문에 끓이는 중간에 여러 번 젓지 않고 얌전히 끓여주세요.
10. 끓이고 난 굴 건더기는 꽉 짜면 쓴맛이 우러나오기 때문에 체에 밭쳐 자연스레 흐르는 것만 사용하고 꽉 짜지 마세요.
11. 냉동실에 두어도 얼지 않아요. 1년 동안 사용 가능해요.
12. 얼리는 용기의 두께가 얇으면 냉동실에서 얼 가능성이 높아요.

맛있는 멸치육수 간단하고 빠르게 만드는

해물육수팩

상태 좋은 국물용 멸치, 국물의 깊이를 더해주는 디포리, 육수용 새우 중에서 가장 맛있는 흑새우, 시원한 맛을 내주는 무말랭이와 다시마, 그리고 넣으면 훨씬 맛있어지는 건조 파까지 1L 물에 끓이기 좋은 양을 계량했어요. 건조 파가 들어가면 맛이 훨씬 좋아져요. 요즘은 쉽게 구할 수 있으니 건조 파를 꼭 넣어서 만들어보세요. 이대로 만들어 소분해두었다가 물 1L에 한 팩씩 넣어 육수를 우려내면 아주 간편해요.

연한 멸치육수 재료

멸치 20g
다시마 5g
디포리 6g
흑새우 5g
무말랭이 5g
건 대파 1큰술

물 2L

진한 멸치육수 재료

멸치 20g
다시마 5g
디포리 6g
흑새우 5g
무말랭이 5g
건 대파 1큰술

물 1L

생략 가능 무말랭이, 건 대파, 흑새우, 디포리
대체 가능 흑새우→건새우 또는 보리새우

재료 손질

멸치 내장 제거 후 머리와 몸통만 사용해요.

만드는 방법

1. 멸치는 전자레인지 전용 그릇에 넓게 펴서 비린내가 없고 노릇노릇 바삭해질 때까지 1분 안팎으로 돌려주세요.

2. 모든 재료를 육수망에 넣어주세요.

육수 내는 법

1. 냄비에 물 1L와 만능 육수팩 하나를 넣고 부르르 끓어오르면 약한 불로 줄이고 10분만 더 끓여주세요.

TIP

1. 저는 주로 스텐 육수망을 이용하지만 전용 국물팩에 하나씩 소분해서 보관하면 편리하게 이용할 수 있어요.
2. 멸치를 냄비에 볶아도 무관하지만, 전자레인지에 돌렸을 때 가장 효과적으로 비린내를 없앨 수 있어요.
3. 무말랭이나 흑새우는 생략하고 멸치 중량을 높여도 상관 없어요.
4. 완성된 육수팩은 완전히 밀폐시킨 후 냉장 혹은 냉동 보관해주세요.
5. 1L의 물에 만능 육수팩 하나를 넣고 하룻밤 냉장고에서 불린 뒤 냄비에 넣고 5분 정도 끓여도 좋아요.
6. 연한 멸치육수, 진한 멸치육수를 상황에 맞게 선택해주세요.
7. 멸치와 다시마로만 육수를 낼 경우 멸치 양을 조금 더 늘려주세요.

불고기를 5분 만에 만들 수 있는

만능고기양념

만능고기양념만 있으면 불고기를 후다닥 만들 수 있어요. 불고기를 좋아하는 아이가 있거나, 불고기를 자주 만드는 집이라면 냉동실에 넣어놓고 사용하면 아주 편리해요. 저는 이 양념으로 불고기도 재우지만 등갈비, LA 갈비, 제육볶음, 돼지갈비, 닭갈비 등 다양한 고기 요리에 사용하고 있어요.

배 100g
물 1큰술
양파 50g
대파 흰 부분 20g
마늘 15g
생강 3g
설탕 1큰술

만능고기양념 공식

고기 50g당 만능고기양념을 15g 넣어요(고기 100g당 만능고기양념 30g).

무염 소고기 50g 만능고기양념 15g
저염 소고기 50g 만능고기양념 15g 양조간장 1/2작은술
일반염 소고기 100g 만능고기양념 30g 양조간장 2작은술 설탕 1/3작은술
※ 기호에 맞게 참기름을 추가해도 좋아요. 고기만 볶았을 때 기준임.
채소를 추가하면 간도 더 추가되어야 함.

대체 가능 조청→유기농 설탕

만드는 방법

1. 믹서에 작게 자른 배와 물 1큰술을 넣고 갈아주세요.
2. 배가 잘 갈리면 나머지 재료도 모두 넣고 갈아주세요.
3. 소분 용기에 넣고 냉동 보관한 뒤 필요할 때 꺼내서 사용해요.

TIP

1. 처음부터 모든 재료를 넣고 갈면 잘 갈리지 않을 수 있으니 수분이 많은 배와 물 한 큰술을 먼저 넣고 갈아주세요.
2. 잘 갈리지 않을 경우 물을 한 큰술까지는 더 추가 가능해요.
3. 냉동해두었던 생강 조각(p.69)을 사용해도 좋아요.
4. 생강이 꼭 들어가야 맛이 좋아요. 1~2g이라도 꼭 넣어주세요.
5. 바로 사용할 거라면 2~3일 냉장 보관 가능합니다. 그 이상은 소분해서 냉동 보관해주세요(최대 6개월).

쉽고 맛있는
아기김치 만들기

PART 4

백김치

저는 무염 혹은 저염으로 조리해주던 14개월부터 어른용 백김치를 물에 씻어서 아이에게 먹였어요. 간을 많이 안 하던 대슬이에게 맛있는 백김치는 신세계였나봐요. 너무너무 잘 먹더라고요. 대슬이는 지금도 밥 먹을 때 김치를 꼭 찾는답니다. 대슬이에게 "좋아하는 음식이 뭐야?"라고 물어보면 3~4가지 대답하는 것 중에 김치는 꼭 들어가요. 어느 정도 자라도 김치를 안 먹는 아이가 많기 때문에 새로운 음식을 거부감 없이 먹는 시기에 맛있는 김치 맛을 알게 된다면 커서도 김치에 대한 거부감이 줄어들 거예요.
백김치는 양념이 많이 들어가는 게 아니라 배추 절이기가 아주 중요해요. 번거롭게 풀 쓰는 것을 생략하고 모든 재료를 갈아 즙을 맹물에 섞어 쉽게 만드는 백김치 레시피를 소개할게요.

아이가 여러 번 먹을 양

조리시간
2시간

난이도
★★★★☆

저염

배추 절이기
알배추 500g (1포기)

절임물
- 생수 500ml
- 천일염 50g

겉소금
- 천일염 50g

즙 내기
무 50g
배 250g
양파 50g
생강 10g
마늘 15g
밥 80g
생수 1.2L

기타 재료
무 100g
파프리카 빨강, 노랑 15g씩
쪽파 10g
액젓 1큰술
소금 1.5큰술

생략 가능 쪽파
대체 가능 파프리카→당근

절임 재료 준비

알배추 한 장씩 떼서 깨끗하게 씻어주세요.
절임물 생수와 천일염을 섞어 절임물을 만들어주세요.

육수 재료 준비

무, 배, 양파, 생강, 마늘
믹서에 들어갈 만한 크기로 잘라주세요.

기타 재료 준비

무, 파프리카, 쪽파
비슷한 길이로 썰어 액젓에 절여주세요.

만드는 방법

1. 깨끗하게 씻은 알배추는 만들어둔 절임물이 골고루 배도록 푹 담갔다가 건져주세요(남은 절임물은 3번 과정에서 소량 필요하니 버리지 마세요).

2. 절임물에 적신 알배추를 볼에 넣고 흰줄기에만 겉소금을 뿌리며 차곡차곡 쌓아주세요.

3. 1시간 지났을 때 한 번 뒤집고 1시간 더 절여 총 2시간을 절여주세요. 잎 부분이 절여지지 않고 마르면 절임물을 촉촉하게 뿌려주세요.

4. 육수 재료는 적당한 크기로 잘라서 생수 200ml와 함께 믹서에 넣고 갈아주세요.

5. 용기에 비닐을 씌운 뒤 고운 체에 갈아놓은 육수 재료를 담고 남은 생수 1L를 부어서 즙만 내주세요.

6. 절인 배추는 여러 번 헹궈 짠기를 빼고 마지막에 정수 물로 헹궈서 물기를 꼭 짜주세요.

7. 절인 배추와 건더기를 걸러낸 육수, 절인 기타 재료를 모두 넣고 잘 섞은 뒤 소금 1큰술만 먼저 넣어 간을 보세요. 절임 배추 염도가 집마다 다르기 때문에 너무 싱거우면 소금을 1작은술에서 최대 1큰술까지만 더 추가해주세요.

8. 공기를 모두 뺀 뒤 묶어 보글보글 거품이 일고 새콤하게 익은 냄새가 나도록 여름에는 서늘한 곳에서 6~12시간, 겨울에는 12~24시간 정도 숙성시킨 뒤 냉장 보관해주세요.

TIP

1. 비닐봉지 주변에 보글보글 거품이 약간 생기면 숙성이 잘 된 거예요. 집집마다 온도가 다르기 때문에 숙성 중간중간 너무 발효되지 않도록 잘 지켜봐주세요. 숙성이 자신 없다면 계절별로 최소 시간만큼만 숙성시킨 후에 냉장고에 넣어주세요.
2. 김장비닐은 모든 재료가 육수에 적셔지게 해주는 역할을 해요. 또한 김치통에 김치 냄새가 배는 것도 어느 정도 예방할 수 있어요.(김장 비닐은 생략 가능해요.)
3. 김장할 때 절임 배추 2포기를 빼서 초록 잎을 떼고 노란 속으로 만들면 절일 필요 없이 편하게 만들 수 있어요.
4. 배추는 통으로 절이는 것보다 한 장씩 떼서 절이면 훨씬 쉽게 절일 수 있어요.
5. 배추가 잘 절여지지 않으면 백김치가 시간이 지나도 맛있게 익지 않고 군내가 날 수 있어요.
6. 소금 양을 줄이고 액젓을 추가해도 좋아요.
7. 백김치는 최소한의 양념으로 만들고 오래될수록 맛이 떨어지기 때문에 한 달 안팎으로 드시는 걸 추천드려요.
8. 파프리카 양을 줄이는 건 가능하지만 더 많이 넣지는 마세요. 김치가 익으면서 파프리카 향이 강해져요.
9. 7번 과정에서 사용하는 소금은 천일염보다 생소금 또는 꽃소금이 좋아요.
10. 완성 후 입맛에 맞게 싱거우면 소금을 추가하고, 짜면 물을 추가해서 간을 맞출 수 있어요.

간단 백김치

잘게 잘라서 만들어 이전 레시피보다는 절이는 방법이 훨씬 쉬워 간단 백김치라고 이름을 지었어요. 잘라서 만들기 때문에 꺼내서 바로 먹기에 좋은 레시피에요. 이전 백김치 레시피보다는 염도가 낮고 양도 적어 처음 김치를 만들어보시는 분들에게 더 추천하는 레시피에요.

아이가 여러 번 먹을 양

조리시간
1시간 30분

난이도
★★★☆☆

저염

절임 재료
알배추 300g
천일염 1/2작은술

육수 재료
다시마 10g
물 400ml
건식 찹쌀가루 1작은술

배 100g
무 50g
양파 30g
마늘 5g
생강 2g

기타 재료
쪽파 10g
파프리카 10g
액젓 2작은술

생략 가능 다시마, 생강, 파프리카
대체 가능 파프리카→당근, 쪽파→미나리, 액젓 1작은술→소금 1/2작은술

절임 재료 준비

알배추 한 장씩 떼서 깨끗하게 씻은 뒤 한입에 먹기 좋게 썰어주세요.

육수 재료 준비

다시마 다시마는 흐르는 물에 한 번 씻어주세요.

다시마물 생수 400ml에 씻은 다시마 10g을 넣고 1시간 이상 우려주세요.

배, 무, 양파, 마늘, 생강 믹서에 갈 수 있게 적당한 크기로 썰어주세요.

기타 재료 준비

쪽파, 파프리카 먹기 좋은 크기로 잘라주세요.

만드는 방법

1. 배추에 소금을 뿌려 골고루 섞은 뒤 1시간 절여주세요.

2. 기타 재료의 쪽파와 파프리카는 액젓과 잘 섞어서 절여주세요.

3. 불을 켜지 않은 냄비에 1시간 이상 우려낸 다시마물 100ml와 찹쌀가루를 넣고 잘 섞어주세요. 찹쌀풀을 만드는 과정이에요.

4. 불을 켜고 센 불로 끓이다가 끓어오르면 약한 불로 줄여 5분만 더 끓여준 뒤 한 김 식혀주세요(눌어붙지 않게 계속 저어주세요).

5. 육수 재료인 배, 무, 양파, 마늘, 생강, 다시마물 300ml을 믹서에 넣고 간 뒤 고운 체에 걸러 육수만 남겨주세요.

6. 잘 절여진 배추는 용기에 담은 뒤 식은 찹쌀풀과 절인 2번 재료를 국물까지 모두 넣고 잘 섞어주세요.

7. 체에 거른 육수를 붓고 잘 섞어주세요.

8. 보글보글 거품이 일고 새콤하게 익은 냄새가 나도록 여름에는 서늘한 곳에서 6~12시간, 겨울에는 12~24시간 정도 숙성시킨 뒤 냉장 보관해주세요.

TIP

1. 집집마다 온도가 다르기 때문에 숙성 중간중간 너무 발효되지 않도록 잘 지켜봐주세요. 새콤한 향이 나기 시작하면 숙성된 거예요.
2. 숙성이 자신 없다면 계절별로 최소 시간만큼만 숙성시킨 후에 냉장고에 넣어주세요.
3. 다시마물과 찹쌀풀 만드는 걸 생략해도 상관없지만 다시마물을 우려서 풀을 써서 만들면 재료가 더욱 잘 어우러지고 맛도 훨씬 좋아요.
4. 건식 찹쌀가루는 마트에서 파는 찹쌀가루예요.
5. 파프리카 양을 줄이는 건 가능하지만 더 많이 넣지는 마세요. 김치가 익으면서 파프리카 향이 강해져요.
6. 완성 후 싱거우면 소금을 추가하고, 짜면 물을 추가해서 간을 맞출 수 있어요.

유자배추절임김치

유자향 가득한 새콤하고 향긋한 유자배추절임김치에요. 유자절임소스에 연근을 절여 먹는 연근유자절임을 응용해서 김치 대신 먹기 좋게 레시피를 만들어봤어요. 유자향을 좋아하는 대슬이는 아주 잘 먹는 메뉴랍니다. 김치보다 만드는 방법도 비교적 쉽고 많은 양이 아니라 부담 없이 만들 수 있는 레시피에요.

아이가 여러 번 먹을 양

조리시간
1시간 30분

난이도
★★★☆☆

저염

절임 재료
- 알배추 200g
- 당근 10g
- 소금 1/2작은술

절임물 재료
- 물 200ml
- 다시마 5g
- 식초 1큰술
- 유자청 2큰술
- 마늘 5g
- 생강 1g

생략 가능 당근, 다시마

절임 재료 준비

배추 먹기 좋은 크기로 썰어 주세요.

당근 모양틀에 찍어서 준비해주세요.

절임물 재료 준비

다시마물 가볍게 씻은 다시마를 찬물에 넣어 1시간 이상 불려주세요.

마늘, 생강 얇게 저며 준비해주세요.

만드는 방법

1. 배추와 당근을 볼에 담고 소금을 뿌려 골고루 섞은 뒤 1시간 정도 절여주세요.

2. 1시간 뒤 배추가 잘 절여지면 다시마 불린 물을 냄비에 넣고 끓여주세요.

3. 다시마 불린 물이 끓어오르면 다시마는 건져주세요.

4. 식초, 유자청, 마늘, 생강을 넣고 15초 끓여주세요.

5. 뜨거운 상태의 절임물을 배추 위에 뜨거울 때 부어주세요.

6. 실온에서 6시간 숙성 후 냉장고에 보관해주세요.

TIP

1. 다시마물은 찬물 200ml에 다시마 5g을 넣어 1시간 이상 불린 것을 말해요.
2. 배추를 절이는 1시간 동안 찬물에 다시마를 넣어 다시마물을 만들어두면 편해요.
3. 다시마는 전날 냉장고에서 미리 불려놓아도 좋아요.
4. 다시마는 생략 가능하지만 다시마 불린 물로 만들면 훨씬 맛이 좋아요.
5. 완성 후 싱거우면 소금을 추가해서 간을 맞출 수 있어요.

어린이 깍두기

깍두기는 특별하게 재료가 많이 필요하지 않아서 비교적 김치 중에서 쉽게 만들 수 있어요. 생각보다 어렵지 않으니 첫 김치로 도전하기 좋은 아기 김치랍니다.

아이가 여러 번 먹을 양

조리시간
소요시간 1시간 30분

난이도
★★★☆☆

저염

절임 재료
무 300g
천일염 1/2작은술

양념 재료
배 50g
새우젓 1작은술
찹쌀밥 30g
마늘 10g
생강 2g

선택 재료
안 매운 고춧가루 1작은술

절임 재료 준비

무 사방 1cm 크기로 아이가 먹기 좋은 크기로 잘게 잘라주세요.

양념 재료 준비

모든 재료 믹서에 들어갈 만한 크기로 썰어주세요.

TIP

1. 여름 무는 맵고 쓴맛이 나요. 익으면서 매운맛은 사라지지만 맛에 민감한 아이라면 무에 단맛이 올라오는 가을, 겨울에 담가주세요.
2. 고춧가루를 아주 소량 넣으면 생각보다 맵지 않고 훨씬 맛이 풍부해져요.
3. 만든 깍두기는 냉장 보관하고 3주 안에 드세요.
4. 양념 재료가 소량이라 갈기 힘들지만 최대한 곱게 갈아주세요.
5. 처음엔 아주 뻑뻑한데 시간이 지나면 물이 많이 나와요.
6. 완성 후 싱거우면 소금을 추가해서 간을 맞출 수 있어요.
7. 쪽파를 3번 과정에 소량 넣어도 좋아요.

완성하기

1. 무에 천일염을 뿌리고 중간 중간 섞으면서 1시간 정도 절여주세요. 1시간 뒤 무에서 나온 물은 꾹 짜서 버려주세요.

2. 양념 재료를 핸드믹서로 갈아주세요.

3. 갈아 놓은 양념을 절인 무에 잘 섞어 실온에서 여름에는 6시간, 겨울에는 12시간 정도 숙성시킨 후에 냉장 보관해주세요.

죽집 비트동치미

대슬이는 가끔 집 앞 죽집에 가는 것을 좋아해요. 그곳에서 죽도 잘 먹지만 이 비트동치미를 너무 좋아해요. 첨가물의 맛을 따라갈 수는 없지만 차갑게 해서 먹으면 좋아요. 먹기 전에 배를 살짝 깎아 무와 같이 넣어주어도 참 좋답니다.

아이가 여러 번 먹을 양

조리시간
1시간 30분

난이도
★★★★

저염

무 절임 재료
무 200g
소금 2/3작은술

기타 재료
물 200ml
배 60g
양파 30g
생강 2g
마늘 10g
쪽파 10g
비트가루 2꼬집

생략 가능 비트가루

절임 재료 준비

무 깨끗하게 씻어 새끼손가락 크기로 잘라주세요.

기타 재료 준비

배, 양파 큼직하게 잘라주세요.

쪽파 무 길이로 썰어주세요.

만드는 방법

1. 무에 소금을 넣고 1시간 절여주세요.

2. 배, 양파, 생강, 마늘을 착즙기에 넣어 즙만 내주세요(믹서로 만드는 방법은 아래 팁 참고).

3. 유리 용기에 절인 무와 쪽파를 넣고 2번 과정에서 만든 즙을 넣어주세요.

4. 물을 넣고 잘 섞어주세요.

5. 비트가루를 넣어주세요.

6. 실온에서 여름에는 6시간, 겨울에는 12시간 정도 숙성시킨 뒤 냉장고에 보관해주세요.

TIP

1. 믹서로 즙을 만들 땐 물, 배, 양파, 생강, 마늘을 모두 믹서에 넣고 갈아 고운 체에 걸러 즙만 사용해주세요.
2. 여름 무는 맵고 쓴맛이 나요. 익으면서 매운맛은 사라지지만 맛에 민감한 아이라면 무에 단맛이 올라오는 가을 겨울에 담가주세요.
3. 비트를 넣으면 색은 안 나고 비트 특유의 향이 남아요. 비트가루를 소량씩 넣으며 색을 맞춰주세요.
4. 완성 후 싱거우면 소금을 추가할 수 있고 짜면 물을 넣을 수 있어요.
5. 집집마다 온도가 다르기 때문에 너무 발효되지 않도록 상황을 보면서 숙성시켜주세요.

취사 버튼 하나로 끝나는 영양 가득 밥솥 레시피

PART 5

닭고기우엉밥

SNS에서 인기가 많았던 레시피 중 하나예요. 우엉과 버섯이 듬뿍 들어가 영양가도 높은데 맛도 너무 좋아 후기가 정말 좋았던 메뉴랍니다. 아이 입맛에만 맛있는 게 아니라 어른들 입맛에도 맛있어서 대슬 아빠도 좋아하는 밥입니다.

닭 안심 100g
우엉 100g
생표고버섯 40g
다시마 1장(3×5cm)
들기름 1작은술
맛술 1작은술
생강 1g
쌀 400ml
물 500ml

생략 가능 다시마, 들기름, 생강, 맛술

재료 준비

우엉 껍질을 벗기지 않고 깨끗하게 닦아 채를 썰거나 감자칼로 껍질을 깎아내고 채를 썰어주세요.

생표고버섯 기둥은 떼서 잘 두고 표고버섯은 우엉보다 약간 두껍게 채를 썰어주세요.

닭 안심 흐르는 물에 깨끗하게 씻어주세요.

쌀 깨끗하게 씻은 뒤 체에 밭쳐 물기를 제거해주세요.

만드는 방법

1. 깨끗하게 씻어 물기 뺀 쌀, 닭 안심, 들기름, 맛술, 다시마, 생강을 모두 넣고 백미쾌속모드(15분)로 밥을 지어요.

2. 밥이 완성되면 다시마와 표고버섯 기둥은 건져내고 소분 용기에 넣어 냉장 혹은 냉동 보관해주세요.

어른용 양념장

다진 대파 1큰술
다진 마늘 2작은술
국간장 2큰술
물 1큰술
매실청 1큰술
참기름 1작은술
빻은 통깨 1작은술

TIP

1. 아이는 깨폭탄소스에(p.78), 어른은 간장양념장에 비벼 먹어요.
2. 당근을 넣으면 색이 예쁜 닭고기우엉밥을 만들 수 있어요.
3. 닭고기, 우엉, 표고버섯을 한 번 볶아서 넣거나 간장을 약간 넣어 만들어도 맛있어요.
4. 밥솥에 오래 두면 냄새가 밸 수 있으니, 만든 밥은 바로 그릇에 덜어 냉장 혹은 냉동 보관해 주세요.

소고기콩나물밥

콩나물을 한 번 데친 뒤 콩나물 육수로 짓는 밥이라 콩나물 식감이 아삭하게 유지되어요. 밥 짓는 동안 쉽게 불고기를 만들어서 콩나물밥이 다 되면 위에 올려 함께 비벼 먹어요. 콩나물이 아삭한 소고기콩나물밥 레시피를 알려드릴게요.

다진 소고기 100g	콩나물 200g
만능고기양념 30g	물 400ml
양조간장 1작은술	쌀 400ml

재료 준비

만능고기양념 미리 만들어서 냉동한 것을 사용했어요(p.84).

소고기 키친타월로 핏물을 제거한 뒤 만능고기양념에 버무려주세요.

콩나물 흐르는 물에 깨끗하게 씻어 준비해주세요.

쌀 깨끗하게 씻은 뒤 체에 밭쳐 물기를 제거해주세요.

만드는 방법

1. 물(400ml)이 팔팔 끓으면 콩나물을 넣고 4분 데친 뒤 체에 밭쳐 한 김 식혀주세요.

2. 밥솥에 쌀과 콩나물 끓인 물 400ml를 넣고 백미 쾌속모드(15분)로 밥을 지어요.

3. 밥이 완성되는 동안 소고기를 볶아주세요.

4. 밥이 완성되면 잘 섞어주세요.

5. 따뜻한 밥에 콩나물과 소고기를 먹을 만큼 덜어 섞어주세요.

어른용 양념장

다진 대파 1큰술
다진 마늘 2작은술
국간장 2큰술
물 1큰술
매실청 1큰술
참기름 1작은술
빻은 통깨 1작은술

TIP

1. 2번 과정 중 콩나물 끓인 물이 400ml가 안 된다면 물을 약간 추가해서 400ml가 되도록 맞춰주세요.
2. 아이들은 깨폭탄소스(p.78), 어른들은 양념장에 비벼 먹어요.
3. 밥솥에 콩나물을 넣고 취사해도 되지만 콩나물이 얇아져요.
4. 콩나물밥을 만든 뒤 시간이 지날수록 콩나물은 얇아지니 최대한 빨리 드세요.
5. 데친 콩나물은 냉장고에 따로 보관해두었다가 먹을 때마다 조금씩 넣어 비벼 먹으면 더 좋아요.

새우오이콩나물밥

앞에 있는 소고기콩나물밥은 쉬운 레시피라면, 이번 새우오이콩나물밥은 멸치육수에 콩나물을 데쳐 밥을 지어 좀 더 정성이 들어가지만 깊은 맛이 나요. 오이를 살짝 절여 넣으면 오이 향이 강하지 않고 생각보다 잘 어울린답니다. 아이들은 깨폭탄소스에, 어른들은 간장양념에 비벼 먹으면 한 그릇 뚝딱 먹는 맛있는 메뉴에요.

머리 달린 새우 130g
콩나물 200g
쪽파 10g
오이 20g
소금 1꼬집
생강 조각 3g

쌀 400ml
멸치육수 400ml

생략 가능 오이, 생강
대체 가능 새우→손질새우
멸치육수→물 혹은 다시마육수

재료 준비

콩나물, 새우 흐르는 물에 깨끗하게 씻어 준비해주세요.

쪽파 송송 썰어서 준비해주세요.

오이 씨를 빼고 얇게 썰어주세요.

생강 조각 냉동실에 있는 생강 조각(p.69 참고)을 하나 꺼내주세요.

멸치육수 해물육수팩(p.82 참고)으로 육수를 내거나 멸치육수를 준비해주세요.

만드는 방법

1. 멸치육수를 냄비에 넣고 팔팔 끓으면 콩나물을 넣고 3분 정도 데친 뒤 체에 밭쳐 한 김 식혀주세요.

2. 콩나물을 건져낸 멸치육수에 생강과 새우를 넣고 2분만 끓인 뒤 생강은 건져내고 새우는 껍질을 벗겨주세요.

3. 밥솥에 쌀, 콩나물과 새우를 데친 멸치육수를 넣고 백미쾌속모드(15분)로 밥을 지어요.

4. 오이는 소금 1꼬집을 뿌려 살짝 절여주세요.

5. 새우는 먹기 좋게 자르고, 콩나물은 잘게 썰어 기름을 약간 두르고 센 불에 빠르게 볶아주세요(생략 가능).

6. 밥이 완성되면 밥에 콩나물, 쪽파, 오이를 넣고 잘 섞은 뒤 아이들은 깨폭탄 소스, 어른은 양념장에 비벼 드세요.

어른용 양념장

다진 대파 1큰술
다진 마늘 2작은술
국간장 2큰술
물 1큰술
매실청 1큰술
참기름 1작은술
빻은 통깨 1작은술

TIP

1. 3번 과정 중 콩나물과 새우를 끓인 물이 400ml가 안 된다면 물을 약간 추가해서 400ml가 되도록 맞춰주세요.
2. 밥솥에 콩나물을 넣고 보온을 오랜 시간 하면 콩나물이 얇아지기 때문에 볶은 콩나물은 밀폐 용기에 넣어 냉장 보관해두고 먹을 만큼 꺼내 비벼 먹으면 좋아요.

더덕밥

아이한테 더덕 먹이기 힘드시죠? 어린 아이일수록 더덕을 아주 잘게 찢어 들기름에 양념한 뒤 밥을 지으면 아이들도 거부감이 없어 맛있게 먹을 수 있어요. 아이들은 더덕밥에 깨폭탄소스를, 어른들은 양념장을 넣고 비벼 먹어요. 아이뿐만 아니라 어른들도 맛있게 드실 수 있는 메뉴입니다.

무염	저염	일반염
손질한 더덕 35g	손질한 더덕 35g	손질한 더덕 70g
들기름 1작은술	들기름 1작은술	들기름 1작은술
쌀 200ml	소금 2꼬집	소금 1/2작은술
물 200ml	쌀 200ml	쌀 400ml
다시마 1장(3×5cm)	물 200ml	물 400ml
	다시마 1장(3×5cm)	다시마 1장(3×5cm)

생략 가능 다시마

재료 준비

더덕 장갑을 끼고 사과 깎듯이 껍질을 돌려 깎거나 감자칼로 깎아주세요.

쌀 깨끗하게 씻은 뒤 체에 밭쳐 물기를 제거해주세요.

만드는 방법

1. 쌀과 물, 다시마를 넣고 백미쾌속모드(15분)로 밥을 지어요.

2. 껍질 벗긴 더덕은 반으로 가른 뒤 방망이로 두드려 편 다음 먹기 좋은 크기로 잘게 찢어주세요.

3. 봉지에 찢은 더덕과 들기름, 소금을 넣고 꽉 묶어 10분 정도 절여주세요.

4. 밥이 완성되면 다시마를 건져내고 절여두었던 더덕을 골고루 펴서 넣은 후에 뚜껑을 닫고 15분 정도 뜸을 들여주세요.

5. 15분 뒤 잘 섞어서 소분 용기에 넣어 냉장 혹은 냉동 보관해주세요. 아이들은 깨폭탄소스에(p.78) 어른들은 양념장에 비벼 먹어요.

어른용 양념장

- 다진 대파 1큰술
- 다진 마늘 2작은술
- 국간장 2큰술
- 물 1큰술
- 매실청 1큰술
- 참기름 1작은술
- 빻은 통깨 1작은술

TIP

1. 더덕은 두꺼우면 안에 심이 있어 억셀 수 있으니 너무 두껍지 않은 것으로 준비해요.
2. 그냥 밥을 지어도 아린 맛이 나지 않지만 껍질 깐 더덕을 잠시 물에 담가 아린 맛을 제거해도 괜찮아요.
3. 어른들은 더덕채가 큼직해야 씹는 맛이 있어 먹기 좋고 아이들은 아주 얇게 찢어야 먹기 좋아요.

둥굴레감자밥

어렸을 적 냄비 속에 있는 감자부터 먼저 집어먹었던 추억의 감자밥이에요. 감자밥을 지을 때 둥굴레차로 밥을 지으면 밥 짓는 냄새부터 고소함이 달라요! 포슬한 감자까지~ 맛있는 감자밥 만들어보세요.

쌀 200ml
물 200ml
감자 50g
둥굴레차 티백 1개

대체 가능 둥굴레차 티백→둥굴레 한 뿌리(작은 것)

재료 준비

감자 아이가 먹기 좋은 크기로 잘라주세요.

둥굴레 티백 둥굴레차 티백을 200ml 물에 아주 연하게 우려둡니다.

쌀 깨끗하게 씻은 뒤 체에 밭쳐 물기를 제거합니다.

만드는 방법

1. 모든 재료를 넣어 백미 쾌속모드(15분)로 밥을 지어요.

2. 둥굴레 뿌리를 넣었다면 건져내고 잘 섞어서 드세요.

TIP

1. 둥굴레차 대신에 작은 둥굴레 1뿌리를 넣고 밥을 지어도 좋아요.
2. 감자는 시간이 많이 지나면 맛이 떨어지니 작게 잘라 한 번에 드실 만큼만 넣어 만들어주세요.
3. 둥굴레차가 너무 진하면 밥이 누렇게 변하고 향이 강해 맛이 떨어져요.
4. 내솥에 냄새가 밸 수 있으니 남은 밥은 용기에 담아 냉장 혹은 냉동 보관해요.

고구마밥

어렸을 적 제가 정말 좋아하던 고구마 밥이에요. 밥그릇에 있는 노르스름한 고구마부터 건져 먹는 재미가 있어요. 쿠키 틀로 모양을 내서 넣어도 좋아요. 아이들과 함께 고구마를 모양내서 밥을 지으면 더욱 맛있게 먹을 수 있어요.

고구마 50g
쌀 200ml
물 200ml

재료 준비

고구마 아이가 한입에 먹기 좋은 크기로 잘라주세요.

쌀 깨끗하게 씻은 뒤 체에 밭쳐 물기를 제거해주세요.

만드는 방법

1. 밥솥에 모든 재료를 넣고 백미쾌속모드(15분)로 밥을 지어요.

2. 잘 섞은 뒤 고구마를 먼저 드세요.

TIP

1. 다양한 잡곡을 추가한 뒤 잡곡모드로 취사해도 좋아요.
2. 고구마가 너무 오랜 시간 밥솥에 있으면 색과 맛이 변하니 최대한 빨리 건져 드세요.

닭고기무밥

표고버섯 향이 솔솔 나는 맛있는 닭고기무밥이에요. 표고버섯과 당근은 다져 넣고 무는 갈아서 넣었기 때문에 편식하는 아이들에게 아주 좋은 메뉴에요. 작은 입자도 안 좋아하는 아이들은 모든 재료를 갈아 넣어도 좋아요. 만들기 쉽고 영양 가득한 닭고기무밥을 추천드려요.

닭 안심 100g	쌀 200ml
간 무 큐브 50g	물 200ml
표고버섯 15g	
당근 10g	
생강 조각 3g	

생략 가능 생강 조각, 당근

재료 준비

닭고기 힘줄을 제거하고 (p.58 참고) 듬성듬성 썰어주세요.

당근, 표고버섯 잘게 다져주세요.

간 무 큐브 무를 갈거나 간 무 큐브(p.66 참고)를 준비해 주세요.

쌀 깨끗하게 씻은 후에 체에 밭쳐 물기를 빼주세요.

생강 조각 냉동실에 있는 생강 조각을 하나 꺼내주세요 (p.69 참고).

만드는 방법

1. 밥솥에 모든 재료를 넣고 백미쾌속모드(15분)로 밥을 지어요.

2. 밥이 완성되면 재료가 잘 섞이도록 저은 후에 소분 용기에 넣어 냉장 혹은 냉동 보관해주세요.

어른용 양념장

다진 대파 1큰술
다진 마늘 2작은술
국간장 2큰술
물 1큰술
매실청 1큰술
참기름 1작은술
빻은 통깨 1작은술

TIP

1. 아이들은 깨폭탄소스(p.78), 어른들은 양념장에 비벼 먹어요.
2. 밥이 다 되었을 때 섞여 있지 않을 거예요. 잘 섞어서 드세요.
3. 닭 안심은 완성된 밥을 저을 때 어느 정도 먹기 좋은 크기로 부서져요.
4. 닭 안심은 자르지 않고 통으로 넣어도 되고 다져서 넣어도 좋아요.

마밥

밥을 잘 먹던 대슬이가 어느 날부터 밥을 거부하기 시작했어요. 어떻게 하면 밥을 잘 먹을까 고민하던 중 쌀도 맛있는 걸로 바꾸고 대슬이랑 같이 마밥을 지었는데 그날 주걱 채로 마밥을 몇 번이나 퍼먹었는지 몰라요. 요즘도 밥을 잘 안 먹으면 대슬이와 같이 마밥을 지어요. 마를 넣었다고 말 안 하면 그냥 백미밥인 줄 알 정도로 마의 맛은 느껴지지 않아 편식하는 아이들에게도 좋은 레시피에요.

간 마 35g	쌀 200ml
구이용 마 약간	물 200ml

생략 가능 구이용 마

재료 준비

마 깨끗하게 씻어 껍질을 벗겨주세요.

쌀 깨끗하게 씻은 뒤에 체에 밭쳐 물기를 제거해주세요.

만드는 방법

1. 껍질을 벗긴 마는 믹서에 물과 함께 갈아주세요.

2. 깨끗하게 씻어 물기 뺀 쌀, 물과 함께 간 마를 모두 넣고 백미쾌속모드(15분)로 밥을 지어요.

3. 완성된 밥은 잘 섞은 뒤 소분 용기에 넣어 냉장 혹은 냉동 보관해주세요.

TIP

1. 밥 지을 때 들기름을 1~2방울 넣어도 좋아요.
2. 마를 좋아하는 아이들은 기름에 살짝 구워 밥 위에 올려줘도 좋아요.

연근밥

아주 어렸을 때는 연근을 덩어리째 넣어서 밥을 지어줬는데 크면 클수록 편식이 심해져서 덩어리 연근을 잘 먹지 않더라고요. 마밥을 만들어본 후로 연근도 갈아서 밥을 지어주기 시작했어요. 다진 연근을 조금 추가해 식감을 살려도 좋아요.

연근 30g	쌀 200ml 물 200ml

재료 준비

연근 깨끗하게 씻은 뒤 껍질을 벗긴 연근은 갈변을 막기 위해 잠시 물에 담가주세요.

쌀 깨끗하게 씻은 뒤 체에 받쳐 물기를 빼주세요.

만드는 방법

1. 물과 연근을 넣고 믹서로 곱게 갈아주세요.

2. 밥솥에 깨끗하게 씻은 쌀과 연근 물을 넣고 백미 쾌속모드(15분)로 밥을 지어요.

3. 완성된 밥은 잘 섞은 뒤 소분 용기에 넣어 냉장 혹은 냉동 보관해주세요.

TIP

1. 일반 밥이랑 맛이 다르지 않아 연근을 넣었다고 말하지 않는 이상 거부감 없이 연근을 먹일 수 있어요.
2. 연근과 같이 당근을 약간 갈아 넣어도 좋고 연근을 작은 크기로 깍둑 썰어 넣어도 좋아요.
3. 연근밥은 오래 보온해두면 색깔이 변하기 때문에 소분해서 냉장 혹은 냉동 보관해주세요.

시금치밥

밥에 예쁜 색도 내고 조금이라도 더 채소를 먹이고 싶은 엄마의 마음으로 시금치밥 레시피를 만들었어요. 아이가 초록색이라 밥을 거부한다면 볶음밥, 리소토, 김밥 등 여러 가지 요리에 응용해보세요.

시금치 10g
쌀 200ml
물 200ml
기름 1/3작은술

재료 준비

시금치 뿌리까지 깨끗하게 씻어주세요.

쌀 깨끗하게 씻은 뒤 체에 밭쳐 물기를 제거해주세요.

만드는 방법

1. 깨끗하게 씻은 시금치는 물과 함께 믹서에 갈아주세요.

2. 깨끗하게 씻어 물기 뺀 쌀과 시금치 간 물, 현미유를 넣고 백미쾌속모드(15분)로 밥을 지어주세요.

3. 완성된 시금치밥은 잘 섞은 후에 소분 용기에 넣어 냉장 혹은 냉동 보관해주세요.

TIP

1. 시금치는 기름에 조리하면 영양소 흡수율이 높아지고 밥에서는 윤기가 나요.

당근밥

주황색으로 물든 당근밥은 대슬이에게 오렌지밥이라며 주고 있어요. 대슬이도 오렌지밥 해달라며 종종 찾는 당근밥이랍니다. 당근 향이 나지 않아 채소를 편식하는 아이들에게도 좋을 거 같아요. 김밥을 쌀 때도 흰쌀밥 대신 대체하면 좋아요.

쌀 400ml
표고다시마육수 or
물 450ml
당근 50g
기름 1작은술

표고다시마육수
- 물 500ml
- 말린 표고버섯 3g
- 다시마 5x5cm 1장

생략 가능 표고다시마육수

육수내기(생략 가능)

- 말린 표고버섯과 다시마를 찬물에 넣고 끓여주세요.
- 팔팔 끓으면 약한 불로 10분 동안 끓인 후에 식혀서 냉장 보관해주세요.
- 다음날 건더기는 빼고 육수 450ml만 사용합니다.

재료 준비

당근 당근을 강판에 갈거나 믹서에 갈아주세요.

쌀 깨끗하게 씻은 뒤 체에 밭쳐 물기를 제거해주세요.

만드는 방법

1. 강판에 간 당근은 기름 1티스푼을 두른 팬에 넣고 달큰한 향이 올라올 때까지 볶아주세요.

2. 깨끗하게 씻어 물기 뺀 쌀과 표고다시마육수, 볶은 당근을 넣고 백미쾌속 모드(15분)로 밥을 지어요.

3. 완성된 당근밥은 잘 섞은 뒤 소분 용기에 넣어 냉장 혹은 냉동 보관해주세요.

TIP

1. 표고다시마육수나 맹물로 당근밥을 만들어도 맛의 차이는 크게 없지만 영양적인 면에서 표고다시마육수로 밥을 지으면 더 좋아요.
2. 말린 표고버섯은 통으로 밥솥에 넣지 않고 육수를 내서 넣는 걸 추천드려요.
3. 당근과 버섯을 안 좋아하는 아이들에게 티 안 나게 먹일 수 있는 레시피입니다.

토마토밥

향긋한 토마토 향이 나며, 깨폭탄소스와 비벼 먹으면 한 그릇 뚝딱 하는 토마토밥이에요. 은은한 토마토 향 때문에 거부하는 아이들도 있을 수 있기 때문에 볶음밥을 하거나 리소토, 김밥 등을 만들 때 사용하면 좋아요.

토마토 100g
쌀 200ml
물 150ml
현미유 1작은술

재료 준비

토마토 끓는 물에 살짝 데쳐 껍질을 벗긴 뒤 4등분해 속에 있는 씨를 제거해주세요.

쌀 깨끗하게 씻은 뒤 체에 밭쳐 물기를 제거해주세요.

만드는 방법

1. 손질한 토마토와 물을 넣고 믹서에 갈아주세요.

2. 깨끗하게 씻어 물기 뺀 쌀과 토마토 간 물, 현미유를 넣고 백미쾌속모드(15분)로 밥을 지어요.

3. 토마토와 밥을 잘 섞은 뒤 소분 용기에 넣어 냉장 혹은 냉동 보관해주세요.

TIP

1. 밥솥에 오래 두면 냄새가 배므로, 만든 밥은 바로 그릇에 덜어 냉장 혹은 냉동 보관해주세요.
2. 토마토 씨는 신맛을 내기 때문에 최대한 제거해주세요.
3. 토마토는 기름과 함께 조리해야 영양소 흡수율이 높아져요.
4. 깨폭탄소스(p.78 참고)와 함께 비벼 드세요.
5. 볶음밥, 리소토, 김밥 등을 만들 때 활용해보세요.

톳밥

말린 톳 1/2작은술, 쌀 200ml, 물 200ml

재료 준비

톳 달궈진 팬에 약한 불로 1분 정도 볶아 비린내를 제거해주세요(생략 가능).

쌀 깨끗하게 씻은 뒤 체에 밭쳐 물기를 제거해주세요.

만드는 방법

1. 깨끗하게 씻어 물기 뺀 쌀과 물, 볶은 톳을 넣고 백미쾌속모드(15분)로 밥을 지어요.

2. 완성된 톳밥은 잘 섞은 뒤 소분 용기에 넣어 냉장 혹은 냉동 보관해주세요.

TIP

1. 톳은 줄기를 제거하고 잎만 잘라서 쪄서 말린 제품을 사용했어요(p.53 참고).
2. 철분이 많이 들어 있어 철분을 보충해야 하는 영유아에게 추천하는 식재료에요.

퀴노아밥

퀴노아 1큰술, 쌀 200ml, 물 200ml

재료 준비

쌀 깨끗하게 씻은 뒤 체에 밭쳐 물기를 제거해주세요.

퀴노아 물에 여러 번 씻으며 불순물을 걸러내고 체에 밭쳐 물기를 제거해주세요.

만드는 방법

1. 깨끗하게 씻어 물기 뺀 쌀과 퀴노아, 물을 넣고 백미쾌속모드(15분)로 밥을 지어주세요.

TIP

1. 퀴노아와 쌀을 따로 씻어야 퀴노아가 씻는 물에 덜 흘려 내려가고 이물질 제거가 쉬워요.
2. 퀴노아는 고단백식품으로 필수아미노산 10가지 중 9가지를 포함해서 슈퍼푸드로 꼽힌 식품이에요.
3. 면역력 강화와 장 건강에도 좋고 두뇌 발달에 도움 되는 오메가3도 다량 함유되어 있어요.
4. 입맛에 맞게 퀴노아 양은 조절해주세요.

기장밥

기장 2큰술 20g, 쌀 200ml, 물 200ml

재료 준비

쌀 깨끗하게 씻은 뒤 체에 밭쳐 물기를 제거해주세요.

기장 물에 여러 번 씻은 뒤 체에 밭쳐 물기를 제거해주세요.

만드는 방법

1. 깨끗하게 씻어 물기 뺀 쌀과 기장, 물을 넣고 백미쾌속모드(15분)로 밥을 지어주세요.

TIP

1. 기장과 쌀을 따로 씻어야 기장이 씻는 물에 덜 흘려 내려가고 이물질 제거가 쉬워요.
2. 기장은 조와 비슷하지만 달라요. 맛의 차이는 거의 없지만 노르스름한 기장으로 밥을 지으면 더욱 보기 좋아서 조보다는 기장을 선호하고 있어요.

찹쌀밥

쌀 200ml, 찹쌀 200ml, 물 450ml

재료 준비

쌀, 찹쌀 깨끗하게 씻은 뒤 체에 밭쳐 물기를 제거해주세요.

만드는 방법

1. 깨끗하게 씻어 물기 뺀 쌀과 찹쌀, 물을 넣고 백미모드(30분)로 밥을 지어주세요.

TIP

1. 찹쌀을 30분 정도 불려 두었다가 밥을 지으면 더욱 맛있지만 불리지 않아도 상관없어요.
2. 소분해서 냉동해뒀다가 죽을 끓일 때 하나씩 넣으면 맛있는 죽을 끓일 수 있어요.
3. 찹쌀과 쌀의 비율은 입맛에 맞게 조절 가능하나 1:1 비율이 가장 맛있었어요.

현미밥

현미 100ml, 백미 200ml, 물 350ml

재료 준비

쌀 깨끗하게 씻은 뒤 체에 밭쳐 물기를 제거해주세요.

현미 물에 여러 번 씻은 뒤 체에 밭쳐 물기를 제거해주세요.

만드는 방법

1. 깨끗하게 씻어 물기 뺀 쌀과 현미, 물을 넣고 현미(잡곡)모드(50분)로 밥을 지어주세요.

TIP

1. 현미는 식이섬유가 풍부해 변비를 예방하고 체내 콜레스테롤을 정상화하는 데 좋다고 해요.
2. 현미는 불리면 더욱 좋지만 불리지 않고 현미(잡곡)모드로만 조리해도 충분히 맛있어요.
3. 현미를 불려서 만들 경우 물 양을 줄여주세요.
4. 현미를 소화하기 힘든 영아들은 현미를 믹서에 살짝 갈아서 밥을 지으면 소화시키기 좋아요.

잡곡밥

혼합잡곡 100ml, 쌀 200ml, 물 350ml

재료 준비

쌀, 혼합잡곡 깨끗하게 씻은 뒤 체에 밭쳐 물기를 제거해주세요.

만드는 방법

1. 깨끗하게 씻어 물기 뺀 쌀과 모둠잡곡, 물을 넣고 잡곡모드(40분)로 밥을 지어주세요.

TIP

1. 잡곡은 혼합잡곡을 사용했어요.
2. 집에 있는 다양한 잡곡을 소량씩 섞어 100ml 맞춰주셔도 좋아요.
3. 잡곡을 소화하기 힘든 영아들은 잡곡을 믹서에 살짝 갈아서 밥을 지으면 소화시키기 좋아요.

완두콩밥

쌀 200ml, 물 200ml, 완두콩 3큰술

재료 준비

쌀 깨끗하게 씻은 뒤 체에 밭쳐 물기를 제거해주세요.

완두콩 흐르는 물에 여러 번 씻어주세요.

만드는 방법

1. 깨끗하게 씻어 물기 뺀 쌀과 완두콩, 물을 넣고 백미쾌속모드(15분)로 밥을 지어주세요.

TIP

1. 완두콩은 6월쯤 유기농 매장에 깍지 채로 나오는 콩을 구매해서 깍지를 깐 후에 냉동 보관해요.
2. 1년 동안 냉동실에 두고 필요할 때마다 꺼내 먹어요.

병아리콩밥

쌀 200ml, 물 200ml, 병아리콩 2큰술

재료 준비

쌀 깨끗하게 씻은 뒤 체에 밭쳐 물기를 제거해주세요.

병아리콩 깨끗하게 씻은 뒤 찬물에서 6시간 이상 불려주세요.

만드는 방법

1. 깨끗하게 씻어 물기 뺀 쌀과 불린 병아리콩, 물을 넣고 백미모드(30분)로 밥을 지어주세요.

TIP

1. 병아리콩을 불리면 부피가 많이 늘어나기 때문에 넉넉한 그릇에서 불려주세요.
2. 더운 여름에는 실온에서 콩이 상할 수 있으니 냉장고 안에 넣어 불려주세요.
3. 단백질과 식이섬유가 풍부한 병아리콩은 밤처럼 달콤한 맛이 나서 아이들이 먹기에 참 좋은 콩이에요.
4. 병아리콩은 많은 양을 한번에 불렸다가 소분해서 냉동실에 넣어둔 뒤 밥 지을 때 넣으면 매번 불리지 않고 편하게 밥을 지을 수 있어요.

작두콩밥

쌀 200ml, 물 200ml, 작두콩 5알

재료 준비

쌀 깨끗하게 씻은 뒤 체에 밭쳐 물기를 제거해주세요.

작두콩 흐르는 물에 여러 번 씻어주세요.

만드는 방법

1. 깨끗하게 씻어 물기를 뺀 쌀과 작두콩, 물을 넣고 백미모드(30분)로 밥을 지어주세요.

TIP

1. 작두콩은 제철(9~10월)에 구매해서 냉동시켜두었다가 사용해요.
2. 적정량은 한 끼에 2~3알로 그 이상 먹지 않게 조절해주세요.
3. 작두콩과 다양한 콩을 섞어서 밥을 지어도 좋아요.
4. 건조 작두콩을 사용할 경우 물에 충분히 불렸다가 밥을 지어요.

검은콩밥

쌀 200ml, 물 200ml, 검은콩 2큰술

재료 준비

쌀 깨끗하게 씻은 뒤 체에 밭쳐 물기를 제거해주세요.

검은콩 흐르는 물에 여러 번 씻은 뒤 2시간 이상 불려주세요.

만드는 방법

1. 깨끗하게 씻어 물기 뺀 쌀과 불린 검은콩, 물을 넣고 백미모드(30분)로 밥을 지어주세요.

TIP

1. 더운 여름에는 실온에서 콩이 상할 수 있으니 냉장고 안에 넣어 불려주세요.
2. 검은콩을 불린 물은 밥 지을 때 사용해도 좋아요.

슬기로운요리생활 꿀팁 1

아기치즈(슬라이스)로 다양한 모양 만들기

아기용 슬라이스 치즈로 처음 모양을 내기 시작한 건 과일꼬치에 치즈를 꽂아주고 싶어서였어요. 치즈를 네모나게 만들어 꼬치에 꽂아주니 훨씬 좋아하더라고요. SNS를 통해 치즈로 만들 수 있는 다양한 모양에 대해 알게 되었고, 모양치즈가 우리 아이 식사 시간을 조금이라도 즐겁게 해준다는 걸 느꼈어요. 우측 QR코드를 통해 1, 3, 4, 5번 만드는 방법을 보실 수 있어요. 동일한 방법으로 재료만 바꿔서 6번부터 9번까지 만들 수 있으니 간단하게 만든 모양치즈로 호기심 가득 재미있고 즐거운 식사 시간을 만들어보세요.

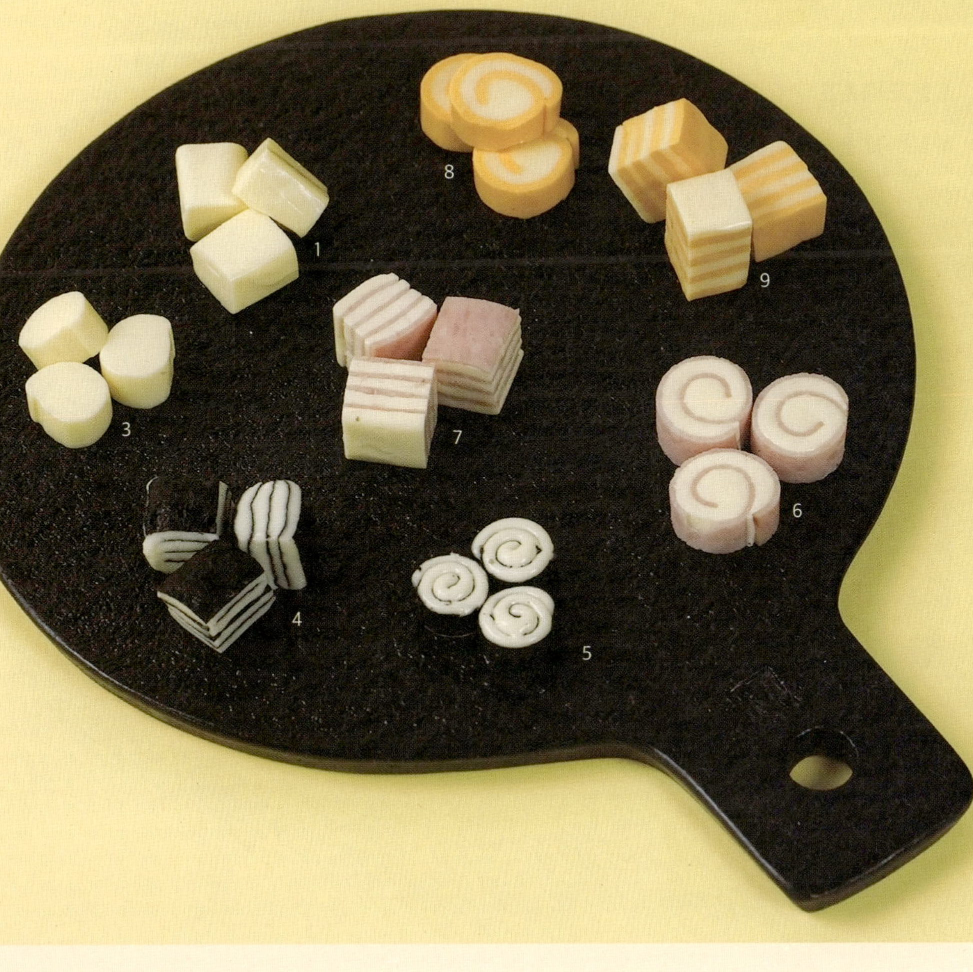

1. 네모치즈

1. 치즈를 냉장고에서 꺼내자마자 포장지를 벗기고 칼로 반 잘라요.
2. 두 겹으로 합친 다음 또 반을 잘라 합쳐요(4겹).
3. 지저분한 양쪽을 칼로 아주 천천히 힘을 주면서 잘라요.
4. 알맞은 크기로 자르면 자른 단면이 층층이 경계 없이 서로 붙어요.

2. 치즈나팔

1. 치즈를 실온에 잠시 둬서 찬기를 빼고 말랑해질 때까지 기다려주세요.
2. 말랑해진 치즈 끝을 살짝 말면서 빈틈없이 꽉 말아주세요.

3. 동그라미 치즈

1. 치즈나팔을 만든 뒤 칼로 잘라요. 자르면서 모양이 찌그러졌다면 손으로 눌러가며 모양을 잡아주세요.

4. 김치즈 밀푀유

1. 치즈 모양에 맞게 김밥김을 잘라주세요.
2. 김 위에 치즈를 올린 뒤 반 자르고 다시 합쳐서 한 번 더 잘라주세요.
3. 지저분한 쪽을 칼로 깨끗하게 잘라주세요.
4. 네모 모양이 되게 먹기 좋은 크기로 잘라주세요.

5. 김치즈말이

1. 치즈 모양보다 김을 약간 길게 잘라서 준비해주세요.
2. 김 위에 치즈를 올리고 김 끝을 살짝 접어 치즈와 붙여주세요.
3. 치즈 속이 빈틈없도록 꽉 말아주세요.
4. 칼로 자르며 동그랗게 모양을 잡아주세요.

6. 햄치즈말이

1. 치즈를 실온에 잠시 둬서 찬기를 빼고 말랑말랑해질 때까지 기다려주세요.
2. 슬라이스 햄은 팔팔 끓는 물에 5초 데친 후 키친타월로 물기를 완벽하게 제거해주세요.
3. 치즈 위에 햄을 올리고 돌돌 말아주세요.
4. 칼로 자르며 동그랗게 모양을 잡아주세요.

7. 햄치즈 밀푀유

1. 슬라이스 햄은 팔팔 끓는 물에 5초 데친 후 키친타월로 물기를 완벽하게 제거해주세요.
2. 치즈 위에 햄을 올리고 반 자른 뒤 다시 합쳐 한 번 더 잘라주세요.
3. 지저분한 쪽을 칼로 깨끗하게 잘라주세요.
4. 네모 모양이 되게 먹기 좋은 크기로 잘라주세요.

8. 색깔 치즈말이

1. 색이 다른 두 종류의 치즈를 겹친 뒤 치즈나팔을 만들듯이 말아주세요.
2. 칼로 자르면서 동그랗게 모양을 잡아주세요.

9. 색깔 치즈 밀푀유

1. 색이 다른 치즈 두 종류의 치즈를 겹친 뒤 3등분으로 잘라 겹쳐주세요.
2. 고르지 않은 단면은 칼로 조심히 잘라주세요.
3. 네모 모양이 되게 먹기 좋게 잘라주세요.

바쁜 아침에
휘리릭 한상차림

PART 6

깨폭탄소스밥

입맛이 없는 아침에 입맛 돋워주는 깨폭탄소스밥이에요. 밥에 깨폭탄소스를 넣고 비벼 김에다가 밥이랑 치즈 싸서 입에 쏙 넣어주면 입맛 없는 아침에도 한 그릇 뚝딱 하는 메뉴랍니다.

동그라미치즈
p.126

아이가 한 번 먹을 양	무염	저염	일반염
조리시간 5분 난이도 ★☆☆☆☆	밥 70g 저염 아기치즈 1장 통깨 1꼬집 참기름 2~3방울	밥 70g 깨폭탄소스 1/3작은술 저염 아기치즈 1장	밥 80g 깨폭탄소스 1작은술 슬라이스 치즈 1장

재료 손질

깨폭탄소스 미리 만들어둔 것을 사용합니다 (p.78 참고).

모양치즈 미리 만들어둔 것을 사용합니다(p.125 참고).

만드는 방법

1. 밥과 깨폭탄소스를 잘 섞은 뒤 모양치즈와 함께 그릇에 담아요. 무염은 통깨와 참기름을 넣어 섞어주세요.

TIP

1. 바쁜 아침에 간단히 만들기 쉬운 메뉴입니다.
2. 모양치즈를 만들지 않고 밥이 뜨거울 때 깨폭탄소스와 치즈를 함께 섞어도 좋아요.
3. 밥과 깨폭탄소스 양은 아이 입맛에 맞게 조절 가능해요.
4. 깨폭탄소스밥과 치즈를 김밥김에 싸서 김밥처럼 먹어도 좋아요.

연어깨구이

연어와 고소한 깨가 잘 어울려 아침에 밥과 함께 간단하게 구워 먹기 좋은 메뉴에요. 연어 말고 다른 재료에 응용해도 좋아요. 다른 종류의 생선이나 두부를 구울 때도 깨를 입혀보세요.

아이가 한 번 먹을 양

조리시간 5분

난이도
★☆☆☆☆

무염·저염·일반염

생연어 40g
맛술 1작은술
검은깨 1/3작은술
통깨 1/3작은술

기름 1/3작은술

생략 가능 맛술

재료 손질

검은깨, 통깨 약한 불에 살짝 볶아주세요.

연어 흐르는 물에 재빨리 씻어 물기를 제거해주세요.

만드는 방법

1. 연어에 맛술을 골고루 바른 뒤 한쪽 면에만 볶은 깨를 뿌려주세요.

2. 기름을 아주 약간 두르고 깨가 없는 쪽부터 구워주세요.

3. 뒤집어서 깨가 노릇노릇해지고 연어가 익을 때까지 구워주세요.

TIP

1. 연어는 횟감을 사용해서 구웠으나 훈제나 냉동도 가능해요.
2. 연어 두께에 따라 익히는 시간을 조절해주세요.
3. 얇은 연어를 너무 노릇하게 익히면 질겨져서 어린 아이들은 씹기 힘들 수 있어요.
4. 연어는 기름이 많은 생선이라 굽는 과정에서 기름이 많이 나오니 기름은 약간만 둘러주세요.
5. 어른들은 와사비를 넣은 간장에 찍어 먹으면 맛있어요.

김떡말이

제가 유치원 교사로 일했을 당시 오후 간식으로 자주 나오던 메뉴에요. 주로 떡꼬치용 떡이나 가래떡에 많이 싸먹었는데 절편에 싸서 먹어도 맛있어요. 아이들은 목에 걸리지 않는 크기로 잘라줘도 좋고 아이 스스로 싸서 먹게 해도 좋아요. 떡꼬치처럼 꼬치에 꽂아줘도 OK! 아침에 '밥'을 거부하는 아이들에게 좋은 메뉴에요.

아이가 한 번 먹을 양

조리시간 5분

난이도
★☆☆☆☆

무염	저염	일반염
무염 구운김 5장 떡볶이떡 5줄	유아용 조미김 5장 떡볶이떡 5줄	일반 조미김 5장 떡볶이떡 5줄

재료 손질

떡 냉동 떡은 찬물에 담가 해동해주세요.

만드는 방법

1. 해동한 떡은 팔팔 끓는 물에 익을 때까지 데친 후 체에 밭쳐 한 김 식혀주세요.

2. 김에 따뜻한 상태의 떡볶이떡을 올리고 돌돌 말아주세요.

TIP

1. 조미가 되지 않은 김으로 만들면 맛이 덜해요. 무염식 하는 아이들을 빼고는 꼭 저염 조미김(p.47)으로 만드시면 좋겠어요.
2. 떡이 뜨거울 때 말면 김이 눅눅해지고 식은 뒤에 말면 김이 잘 안 붙어요. 떡이 따뜻할 때 김을 말아 바로 먹는 것이 가장 맛있어요.
3. 어린 아기들은 먹기 좋은 크기로 잘라서 줘도 좋아요.

명란두부찜
(무염: 새우두부찜)

명란젓을 연두부 위에 올려 쪄내면 부드러운 연두부와 짭조름한 명란이 너무나도 잘 어울리는 메뉴에요. 대슬이는 아침에 명란두부찜을 해주면 정말 한 그릇 뚝딱 잘 먹는답니다. 아직 명란젓을 먹지 못하는 어린 아이들은 새우살을 다져 명란젓처럼 연두부 위에 올려 쪄먹어도 좋아요. 입맛 없는 아침에 호로록 먹기도 좋고 국물 자박한 명란두부찜에 밥을 비벼 먹어도 좋아요. 저희 집에서는 명란젓을 좋아하지 않는 대슬 아빠도 참 좋아하는 메뉴랍니다.

아이가 한두 번 먹을 양

조리시간 20분

난이도
★☆☆☆☆

무염	저염	일반염
연두부 100g 새우 20g 다진 대파 2g 참기름 1/3작은술	연두부 150g 저염 명란젓 10g 다진 대파 2g 참기름 1/3작은술	연두부 150g 명란젓 20g 다진 대파 2g 참기름 1/3작은술

생략 가능 (무염) 새우
대체 가능 대파→쪽파, 연두부→순두부

재료 손질

명란젓 껍질을 벗겨 알만 긁어내 준비해주세요.

대파 혹은 쪽파 잘게 다져주세요.

새우(무염) 껍질과 내장을 제거한 후에 잘게 다져주세요(p.58).

만드는 방법

1. 찜기 전용 그릇에 연두부와 명란젓(무염은 새우)을 올린 후 김이 오른 찜기에 10분 쪄주세요.

2. 10분 뒤 다진 대파를 넣고 김이 오른 찜기에서 3분 정도 더 익혀주세요.

3. 명란젓(혹은 새우)이 다 익었는지 확인한 후 참기름을 약간 뿌려주세요.

TIP

1. 저염 명란을 사용하면 아이들이 먹기에 짜지 않고 좋아요(p.43 참고).
2. 연두부 물기를 키친타월을 이용해서 제거하고 조리하면 물이 많이 생기지 않아요.
3. 명란젓을 덩어리로 찌지 않고 연두부 위에 얇게 펴바르거나 명란젓을 연두부 아래 넣으면 익히는 시간을 단축시킬 수 있어요.
4. 다진 대파는 넣으면 맛이 훨씬 좋아지기 때문에 꼭 넣는 것을 추천해요.
5. 무염은 새우를 생략하고 파만 넣고 찐 다음 참기름만 뿌려도 맛이 좋아요.

돼지고기우유조림

SNS에서 인기 있던 레시피 중 하나입니다. 대슬이는 이 돼지고기우유조림을 만들면 프라이팬 채로 달라고 해서 바닥까지 싹싹 긁어먹을 정도로 좋아한답니다. 우유를 넣고 조리해서 돼지고기 냄새도 안 나고 재료도 조리 방법도 간단해서 바쁜 아침에 후다닥 해주기 좋은 메뉴에요.

아이가
한두 번 먹을 양

조리시간
15분

난이도
★☆☆☆☆

무염	저염	일반염
돼지고기 다짐육 60g	돼지고기 다짐육 60g	돼지고기 다짐육 60g
다진 양파 20g	다진 양파 20g	소금, 후춧가루 1꼬집씩
무염버터 2g	무염버터 2g	
우유 100ml	우유 100ml	다진 양파 20g
당근 5g	당근 5g	가염버터 5g
브로콜리 3g	브로콜리 3g	우유 100ml
	소금 1꼬집	당근 10g
		브로콜리 5g
		소금 1꼬집

생략 가능 당근, 브로콜리, 버터
대체 가능 다진 양파→간 양파 큐브(p.67)

재료 손질

브로콜리 한입 크기로 잘라 살짝 데쳐주세요.
양파 잘게 다져주세요.
당근 모양틀에 찍어 준비하거나 잘게 다져주세요.
돼지고기 다짐육(일반염) 소금과 후춧가루에 버무려두세요.

만드는 방법

1. 버터와 양파를 넣고 중불로 볶다가 돼지고기를 넣고 중강불로 볶아주세요.

2. 돼지고기가 80% 정도 익으면 키친타월로 기름을 닦아내거나 다른 팬으로 옮겨 기름기를 최대한 제거해주세요.

3. 우유를 넣고 보글보글 끓으면 약한 불로 줄인 뒤 당근, 브로콜리, 소금을 넣고 우유를 졸이다가 자박자박해지면 불을 꺼주세요(무염은 소금 생략).

TIP

1. 브로콜리는 데치지 않은 상태로 조리해도 좋아요.
2. 돼지고기에서 기름이 많이 나오기 때문에 기름을 어느 정도 제거해야 맛이 깔끔해요.
3. 양파는 취향에 따라 더 많이 넣어도 좋아요.
4. 다진 양파를 간 양파 큐브로 대체할 경우 돼지고기와 섞어 버무린 뒤 볶아주세요.

떡새우탕

들어가는 재료에 비해 정말 시원한 국물 맛이 일품인 떡새우탕이에요. 이 국은 대슬이가 정말 좋아하는 국 중 하나랍니다. 만들기도 쉽고 아이들도 잘 먹는 떡새우탕, 꼭 만들어보세요.

고구마밥
p.113

아이가 한두 번 먹을 양

조리시간 15분

난이도 ★★☆☆☆

무염	저염	일반염
멸치육수 200ml	멸치육수 200ml	멸치육수 200ml
다진 무 10g	다진 무 10g	다진 무 10g
새우 30g	새우 30g	새우 30g
떡볶이떡 1줄	떡볶이떡 1줄	떡볶이떡 1줄
미나리 1/2줄기	미나리 1/2줄기	미나리 1/2줄기
마늘 1g	다진 마늘 3g	다진 마늘 5g
	국간장 1/3작은술	국간장 1/2작은술
		소금 1꼬집

대체 가능 미나리→대파

재료 손질

다진 무 간 무 큐브(p.66)를 준비하거나 무를 칼로 잘게 다져주세요.

멸치육수 해물육수팩(p.82)으로 육수를 내거나 멸치육수를 준비해주세요.

새우 냉동 손질 새우를 해동해서 사용했어요.

떡볶이떡 먹기 좋은 크기로 잘라주세요.

미나리 깨끗하게 씻어 한입 크기로 다져주세요.

만드는 방법

1. 멸치육수를 끓이다가 무와 마늘을 넣고 중약불로 줄인 후 무가 익을 때까지 뚜껑을 닫고 5분 정도 끓여주세요.

2. 떡과 새우를 넣고 2분간 더 끓이다가 미나리를 넣고 1분만 더 끓여주세요. 오래 끓이면 새우가 질겨져요(저염은 국간장, 일반염은 국간장과 소금 추가).

TIP

1. 남은 미나리는 먹기 좋게 썰어 냉동해두었다가 다양한 곳에 활용해보세요.
(맑은 국에 넣거나 전을 부쳐도 좋고 어묵을 볶을 때 조금 넣어서 볶아도 향긋해서 좋아요.)
2. 미나리를 대파로 대체 가능하지만 미나리를 넣으면 정말 시원한 탕국 맛이 나요.
3. 간 양파 큐브를 5g 정도 넣어도 좋아요(p.67).

누룽지두부타락죽

누룽지가 많을 때 한 번씩 만들어 먹으면 누룽지 소진하기 딱 좋아요. 대슬이가 돌 이후에 정말 잘 먹었던 메뉴인데요. 누룽지와 두부, 우유 3가지 재료로 끓여 따뜻하고 부드러워서 아침에 부담 없이 먹기 좋습니다.

아이가 한두 번 먹을 양

조리시간 20분

난이도
★☆☆☆☆

무염
누룽지 50g
두부 35g
우유 150ml

저염
누룽지 50g
두부 35g
우유 150ml
소금 1꼬집

재료 손질

누룽지 누룽지가 잠길 정도로 물을 넣고 불려주세요.

두부 키친타월로 으깨며 물기를 제거해주세요.

만드는 방법

1. 불린 누룽지와 물을 끓이다가 수분이 거의 졸아들면 모든 재료를 넣고 끓여주세요.

2. 원하는 농도가 될 때까지 저어가며 약불로 끓이다가 불을 꺼주세요(저염은 소금 추가).

TIP

1. 누룽지는 조리 10분 전에 미리 불려두면 조리 시간을 단축할 수 있어요.
2. 농도는 아이가 좋아하는 식감에 맞게 우유를 가감해서 조절해도 좋아요.
3. 우유는 중약불에서 조리해주세요. 너무 센 불로 끓이면 덩어리와 막이 생겨요.
4. 어른들과 큰 아이들보다는 돌 전후 아이들이 잘 먹을 메뉴라 일반염 레시피는 생략했어요.

파프리카무침

파프리카에 깨폭탄소스를 무쳐주면 달콤 고소한 맛이 업그레이드되어요. 파프리카를 좋아하는 아이들이나 어른들은 파프리카에 깨폭탄소스를 무쳐내지 않고 소스처럼 찍어 드셔도 좋아요. 파프리카를 좋아하는 아이들은 아주 좋아할 메뉴이지만, 파프리카를 안 좋아하는 경우에는 아이가 좋아하는 모양틀에 찍어서 친근하게 해주면 먹어보고 싶은 용기가 생길 수 있어요.

	무염	저염	일반염
아이가 한두 번 먹을 양 조리시간 5분 난이도 ★☆☆☆☆	파프리카 20g 통깨 2꼬집 참기름 2~3방울	파프리카 20g 깨폭탄소스 1/3작은술	파프리카 20g 깨폭탄소스 1작은술

재료 손질

깨폭탄소스 미리 만들어둔 것을 사용합니다(p.78).

파프리카 먹기 좋은 크기로 잘라주세요.

만드는 방법

1. 깨폭탄소스와 파프리카를 잘 버무려주세요. 무염은 통깨와 참기름으로 잘 버무려 주세요.

TIP

1. 한 끼 먹을 만큼 무쳐야 맛있게 먹을 수 있어요.
2. 파프리카를 안 좋아하는 아이들의 관심을 끌기 위해 예쁜 모양틀로 찍어서 무쳐도 좋아요.

아보카도스크램블비빔밥

대슬이가 평소에 아보카도를 즐겨 먹지 않아 쉽게 먹이기 위해 만들어본 메뉴에요. 아보카도를 이렇게 계란에 스크럼블 해주면 잘 먹더라고요. 밥을 잘 섞으면 아보카도의 형태가 거의 사라지고 맛도 크게 나지 않아서 아보카도를 안 좋아하는 아이들도 잘 먹을 초간단 메뉴에요.

아이가 한 번 먹을 양

조리시간 10분

난이도
★☆☆☆☆

저염	일반염	
아보카도 25g	아보카도25g	통깨 2꼬집
다진 양파 5g	다진 양파 10g	도시락김 2장
기름 1/3작은술	기름 1/3작은술	
계란 1개	계란 1개	
밥 80g	밥 100g	
깨폭탄소스 1/2작은술	간장 1작은술	
도시락김 2장	참기름 1작은술	

생략 가능 양파
대체 가능 다진 양파→간 양파 큐브(p.67), 깨폭탄소스→간장, 참기름, 통깨

재료 손질

아보카도 아이가 먹기 좋은 크기로 깍둑 썰어주세요.
양파 간 양파 큐브를 준비하거나 양파를 아주 잘게 다져주세요.
계란 흰자와 노른자를 잘 풀어주세요.
김 잘게 부셔놓거나 가위로 잘라주세요.
깨폭탄소스 미리 만들어둔 것을 준비해주세요(p.78).

만드는 방법

1. 팬에 기름을 아주 약간 두르고 양파와 아보카도를 볶아주세요.

2. 양파에서 단내가 나면 계란을 넣고 잘 볶아 김, 간장, 참기름과 함께 밥 위에 올려주세요(저염은 미리 만들어둔 깨폭탄소스를 밥 위에 올려주세요).

TIP

1. 계란 스크램블을 따로 만든 후에 생아보카도를 그대로 넣어 비벼 먹어도 좋아요.
2. 아보카도는 냉동된 것을 사용해도 좋아요.
3. 아보카도를 처음 접하는 아이나 싫어하는 아이는 아보카도 양을 줄여서 만들어보세요.
4. 아보카도를 생략하면 간장계란밥이 됩니다.
5. 김은 부셔 넣지 않고 그대로 싸서 먹어도 좋아요.

작두콩밥

p.124

새우콘버터볶음

버터를 녹인 팬에 아무런 간을 하지 않고 새우와 스위트콘만 볶아도 아이들이 잘 먹는 반찬이 되어요. 여기에 초록 색감을 살린 브로콜리를 넣으면 먹기도 보기도 좋은 반찬이 되지만, 브로콜리는 생략 가능하니 냉장고 사정에 맞게 만들어보세요.

아이가 한두 번 먹을 양

조리시간 10분

난이도
★☆☆☆☆

무염·저염
무염 버터 3g
새우 30g
스위트콘 50g
브로콜리 10g

일반염
가염 버터 5g
새우 30g
스위트콘 50g
브로콜리 10g
마요네즈 2/3작은술

생략 가능 브로콜리

재료 손질

새우 껍질과 내장을 제거해주세요(p.58 참고).

스위트콘 체에 밭쳐 팔팔 끓는 물을 부어주세요.

만드는 방법

1. 팬에 버터와 옥수수를 넣고 볶다가 새우와 브로콜리를 넣고 새우가 익을 때까지 볶아주세요(일반염은 마요네즈 추가).

2. 새우가 거의 다 익으면 먹기 좋게 가위로 자르고 1분 정도 더 볶아주세요.

TIP

1. 새우는 너무 오래 볶으면 질겨지니 잘 익을 때까지만 볶아요.
2. 새우는 통째로 볶은 뒤 잘라야 새우의 맛있는 맛이 덜 빠져나가요.
3. 옥수수를 볶을 때 간 양파 큐브(p.67) 혹은 다진 양파를 약간 넣고 같이 볶으면 더욱 맛있어요.
4. 마요네즈는 41쪽에 나와 있는 제품을 사용했어요.
5. 마요네즈를 넣은 뒤 너무 오래 볶지 마세요.

연두부두유국

두유와 연두부를 넣고 끓이면 되는 초간단 메뉴! 더운 여름에는 두유도 두부도 차갑게 해서 시원하게 냉국으로 먹어도 좋아요. 식판 내 비어 있는 국 칸을 빠르게 채워주고 싶을 때 혹은 바쁜 아침에 간단히 빠르게 차려주기 좋답니다.

	무염	저염
아이가 한두 번 먹을 양 조리시간 5분 난이도 ★☆☆☆☆	두유 100ml 연두부 100g	두유 100ml 연두부 100g 소금 1꼬집

선택 재료 통깨 1꼬집

재료 손질

연두부 동그란 모양틀에 찍어서 모양을 만들어주세요.

만드는 방법

1. 두유와 연두부를 넣고 따뜻해질 때까지 끓여주세요(저염은 소금 추가). 그릇에 담아 선택 재료인 통깨를 뿌려도 좋아요.

TIP

1. 연두부는 꼭 모양틀로 모양내지 않고 통째로 혹은 잘라서 넣어주셔도 상관없어요.
2. 자투리 연두부는 두유와 같이 갈아 사용해도 좋아요.

슬기로운요리생활 꿀팁

2

우리 아이 치아 관리

양치질하는 습관 만들기

6~12개월

대슬이는 아이주도이유식을 해오다 보니 머리, 옷, 얼굴 할 것 없이 온몸에 음식이 묻어서 식후엔 항상 목욕을 하거나 화장실에서 씻어야 했어요. 그러다 보니 자연스럽게 양치질도 같이 하게 되었어요.

처음에는 목욕하기 전 손가락실리콘칫솔로 시켜주다가 아이가 자꾸만 손을 깨물어서 치발기처럼 생긴 칫솔로 바꿔서 사용했어요. 두 개를 준비해서 하나는 아이가 스스로 하게 하고, 하나는 제가 닦아주었어요.

양치질을 잘 하고 난 뒤에는 목욕장난감을 주며 재미있게 목욕 시간도 가졌어요. 자연스럽게 아이는 식후에 양치질을 해야 한다는 걸 알게 되었고, 양치질을 하기 싫어할 때마다 알아듣지 못해도 양치질을 해야 하는 이유를 알려주고 설득하며 꼭 시켜주었어요.

실리콘 모양이 아닌 솔이 달린 유아용 칫솔을 처음 사용할 때는 낯설지 않게 아빠 엄마가 양치질하는 모습도 많이 보여주고 양치질 관련 동화와 영상, 인형 양치시켜주는 놀이, 대슬이가 엄마 아빠 칫솔로 직접 아빠 엄마 양치시켜주는 놀이 등 칫솔에 대한 거부감도 없애고 양치질을 하는 방법도 자연스럽게 알 수 있도록 노력했어요.

13~36개월

돌이 지나고 13개월쯤부터는 세면대 앞에 발판을 놓고 세면대 수도꼭지에는 캐릭터 커버를 설치해서 거울을 보며 스스로 양치질을 하고 스스로 물을 틀어 씻을 수 있게 해줬어요. 이때부터 양치질하고 씻는 시간을 좋아하게 된 거 같아요.

양치질 관련 노래를 틀어놓고 노래가 끝날 때까지 열심히 닦아보기도 하고 양치질하는 시간을 즐거운 분위기에서 할 수 있도록 만들어주려고 노력했어요. 아이가 스스로 양치질을 할 동안 엄마도 아이와 같이 양치질을 하고 마무리는 꼭 제가 해줬어요. 아이와 같이 양치질을 하면 아이 혼자 양치질 할 때보다 더욱 잘 하고 좋아할 거예요.

어느 순간부터는 틀어주던 양치질 노래를 아기들이 듣는 노래라며 좋아하지 않더라고요. 어떤 좋은 방법이 있을까 하다가 3분 모래시계를 화장실에 두었어요. 모래시계만 두었을 뿐인데 즐거워하고 그 시간만큼 양치질하려고 노력하더라고요. 가끔 한 번 더 하자고 할 때도 있을 정도로요.

그리고 화장실에서 깨끗하게 양치질을 마치면 식물에게 물을 줄 수 있게 해줬어요. 어린이집에서 대슬이가 직접 활동하고 가져온 식물인데 수경재배 스킨답서스에요. 빛줄기 하나 없는 화장실에서도 잘 자라주고 수경재배라 양치질 끝나면 새 물로 갈아주거나 스프레이로 잎에 물을 뿌리는데 특별한 관리 없이 죽지 않고 오래 살고 있어요. 가끔 햇빛을 볼 수 있게 직사광선을 피해 안방 밝은 곳에 두기도 해요.

꼭 모래시계나 식물에 물주기 이런 방법이 아니더라도 우리 아이가 양치질을 하는 동안에 어떻게 하면 즐겁게 양치질을 할 수 있을까, 양치질을 마치고 나면 어떤 즐거운 일이 생기게 하면 좋을까 생각해보시면 좋을 거예요.

칫솔 선택하기

칫솔은 회사마다 장단점이 있는 거 같아요. 제가 주로 보는 것은 치아 이물질 제거에 효과적인 제품, 칫솔모가 너무 부드럽거나 너무 억세지 않은 것, 안전한 소재와 재질로 만들어진 것, 칫솔모가 쉽게 빠지지 않고 견고한 것, 다양한 인증과 안전검사를 받은 제품, 내열온도, 제조국, 가격, 아이가 좋아하는 캐릭터 등 여러 부분을 보고 칫솔을 선택하게 되는 거 같아요. 수십 가지 칫솔을 사용해봤지만 가장 추천하는 제품을 몇 가지 말씀드릴게요.

1. 큐라덴 첨단(어금니) 칫솔 대형마트에서 우연히 발견한 이후로 인터넷에서 여러 개 구입해서 사용하고 있어요. 어금니 사이에 깊숙이 낀 이물질 제거에 아주 효과적이며 잇몸 라인과 치아 뒷면, 치아 사이까지 아주 섬세하게 닦아낼 수 있어요. 꼭 사용하시라고 추천하고 싶은 제품이에요. 하지만 아이가 사용하기에는 위험할 수 있으니 꼭 부모님이 마무리해주는 칫솔로 사용해주세요. 가격대가 높으니 다양한 첨단 칫솔 브랜드를 비교해보고 선택하셔도 좋아요. 간혹 일부 다른 제품은 칫솔 머리가 쏙 빠져서 아이가 삼킬 우려가 있으므로 꼭 일체형으로 구매해주세요.

2. 래디어스 토츠 칫솔 현재 유아용으로 나와 있는 칫솔 중 칫솔모가 가장 부드럽고 모 부분이 비교적 큰 이 칫솔은 아이들이 몇 번 문지르지 않아도 자극 없이 치아 넓은 부분을 닦을 수 있다는 장점이 있어요. 실리콘 칫솔 이후 첫 칫솔로 사용하기 좋은 제품이에요. 그러나 주기적으로 바꿔주기에 가격대가 높으며 모가 너무 커서 치아가 작은 아이들에게는 불편할 수 있어요. 칫솔모도 너무 부드러워 유아식을 하는 유아들 치아를 깨끗하게 구석구석 닦아내기에는 힘들다는 단점이 있어요.

3. 오랄비 칫솔 유아 칫솔뿐만 아니라 성인 칫솔로도 유명한 기본적이고 대중적인 칫솔 중 한 가지에요. 치아 사이나 어금니까지 깨끗하게 닦을 수 있고 비슷하게 생긴 타 제품과는 다르게 칫솔모가 조금은 더 견고한 느낌이 있어요. 연령별로 다양한 단계가 있으니 선택해서 구매하면 좋아요. 가까운 마트나 다양한 매장, 인터넷에서 쉽게 구매할 수 있어 좋아요.

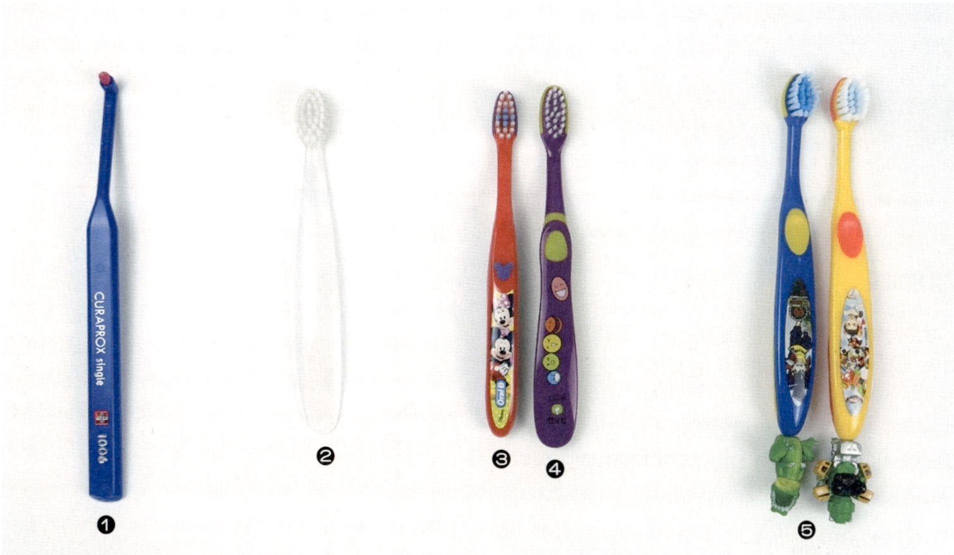

4. 한살림 이웃음 칫솔 가장 신뢰하고 믿고 사용하는 칫솔이에요. 나노코팅이 되어 있지 않고 국산 제품이며 무엇보다 이물질과 치석 제거에 효과적이에요. 처음엔 너무나 일반적으로 생긴 칫솔이라 크게 관심도 없었는데 추천받아 써보고 너무 만족스러워 정착한 칫솔이에요. 한살림에서 나오는 어른용 칫솔(일반모)도 매우 좋아요.

5. 약국에서 판매하는 다양한 캐릭터 칫솔 아이와 약국에 가서 한 번쯤은 꼭 보셨을 칫솔이에요. 공룡이나 로봇, 공주 등 다양한 캐릭터가 달려 있는 칫솔은 아이들이 스스로 양치질을 하는 데 동기부여를 해주는 것 같아요. 그래서 기관에 보내는 칫솔은 캐릭터가 달린 칫솔을 보낸답니다. 여러 칫솔과 비교해봤을 때 칫솔모가 뻣뻣한 편이라 아이가 구석구석 깨끗하게 닦지 못해도 치아 이물질 제거에 효과가 있을 것 같아요. 하지만 잇몸이 유독 약한 아이라면 비추천하고 싶어요.

* **전동칫솔** 아직 유아용 전동칫솔을 구매해본 적이 없지만 시중에서 쉽게 유아용 전동칫솔을 볼 수 있어요. 저의 개인적인 생각은 너무 어린 연령부터 전동칫솔을 사용하면 장점보다는 단점이 더 크게 느껴질 것 같다는 생각이 들었어요. 어린 연령 때는 즐거운 분위기에서 올바른 방법으로 칫솔질 할 수 있게 알려주는 게 가장 중요하다 생각하고, 나중에 더 커서 바르게 양치질하는 습관이 들었을 때 구매하는 것이 좋다고 생각해요.

치약 선택하기

치약은 아직 양치질에 미숙한 유아들이 삼키기도 하는 제품이기 때문에 정말 꼼꼼히 확인하고 구매해야 해요. 어떤 치과에서는 불소가 들어가지 않는 치약은 세정력이 거의 없기 때문에 꼭 사용하지 않아도 된다 말하고, 불소가 들어간 치약을 일찍부터 권해주는 치과도 있었어요. 아이마다 치아 상태 개인 차도 심하고 진료하는 선생님에 따라 의견도 모두 다르더라고요.

개인적으로 치약을 선택하는 기준은 안전한 재료로 만들어졌는지, 어떤 첨가물이 들어갔는지 가장 먼저 중요하게 확인해요. 불소 여부 혹은 함량, 제조일자, 제조국, 가격 등 여러 부분을 보고 치약을 선택하고 있어요.

아무리 좋은 성분으로 만들었다고 해도 아이가 거부하면

사용할 수 없다 보니 아이의 선호도도 중요해요. 또한 치약을 너무 좋아해서 자꾸만 먹으면 좋지 않기 때문에 치약을 삼키는 연령에는 치약을 주지 않았어요. 물을 뱉을 줄 알고 엄마 아빠가 충분히 치약 뱉는 모습을 보여준 뒤 아이도 치약을 삼키지 않을 때 제공하는 걸 추천드려요.

소금 양치질

시부모님께서는 오랜 시간 소금으로 양치질을 하셨어요. 항염 작용으로 잇몸과 치아를 튼튼하게 해준다고 하더라고요. 실제로 효과 보신 것을 보고 저도 치약으로 양치 후 소금으로 마무리하는 방법으로 소금 양치질을 시작했어요. 처음엔 너무 짜서 힘들었지만 1주일 정도 꾸준히 해보니 적응이 되더라고요.

먼 옛날 치약이 없을 때는 소금으로 양치질했다는 이야기도 해주고 가족들이 소금을 사용하니 대슬이도 자연스럽게 소금에 관심을 갖고 하고 싶어 해서 36개월부터 소금을 소량 사용하고 있어요. 처음엔 어른들도 참기 힘든 짠맛이니 아이는 소량만 찍어서 해보게 하고 아이가 원할 때만 소금 양치하게 하며 절대 억지로 하지 않았어요.

꼭 소금 양치질이 아니더라도 소금물로 가글만 해도 도움이 된다고 해요. 소금 양치를 할 때 너무 입자가 큰 소금을 사용하면 오히려 잇몸에 상처가 될 수 있기 때문에 부드러운 죽염으로 양치질해요. 죽염은 입에 들어갔을 때 특유의 향이 강하다는 단점이 있어요. 부드러운 소금 혹은 죽염으로 소금 양치하는 것을 추천해요. 소금이 혀에 닿으면 짜기 때문에 위쪽 어금니-앞니-아래쪽 어금니 순으로 양치질을 하면 짠맛이 조금은 늦게, 덜 느껴져요.

꼭 사용해보세요! 혀클리너

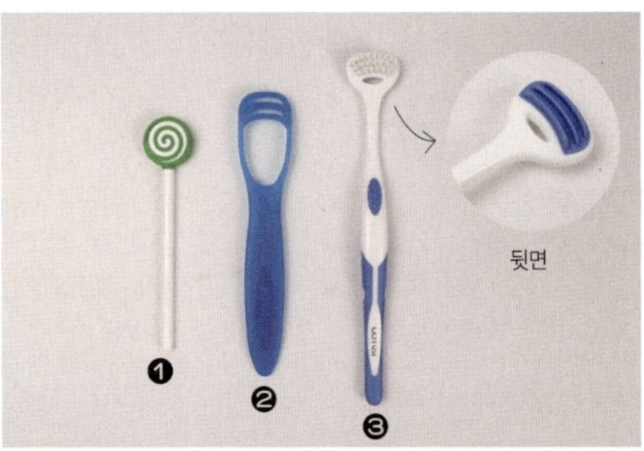

혀클리너는 칫솔을 처음 사용할 때부터 같이 구매해서 사용하는 법을 익혀주면 좋아요. 일반 칫솔로 혀를 닦으면 헛구역질이 많이 나고 혀에 있는 이물질이 잘 닦이지 않을 뿐만 아니라 혀에 남아 있는 백태는 입 냄새를 유발하기도 해요. 혀클리너를 사용하면 백태가 칫솔을 사용했을 때보다 효과적으로 닦을 수 있고, 아이도 혀클리너 사용 후 입 안의 상쾌함이 다르다고 느끼게 될 거예요.

귤을 먹고 난 뒤 주황색으로 물든 혓바닥을 칫솔로 깨끗하게 닦은 뒤 혀클리너를 사용해보았어요. 칫솔로 이미 한번 깨끗하게 닦았는데 노랗게 긁어져 나오는 모습을 보고 혀클리너는 정말 필수라고 생각하게 됐어요. 유아용 혀클리너 제품을 다양하게 사용해봤는데 처음 입문용으로는 ❶에디슨, 조금 익숙해지면 긁는 면적이 더 크고 효과적인 ❷트리사 제품을, 가장 효과적인 제품을 사용하고 싶으면 ❸로터스 듀얼 혀클리너를 추천드려요.

치실 사용

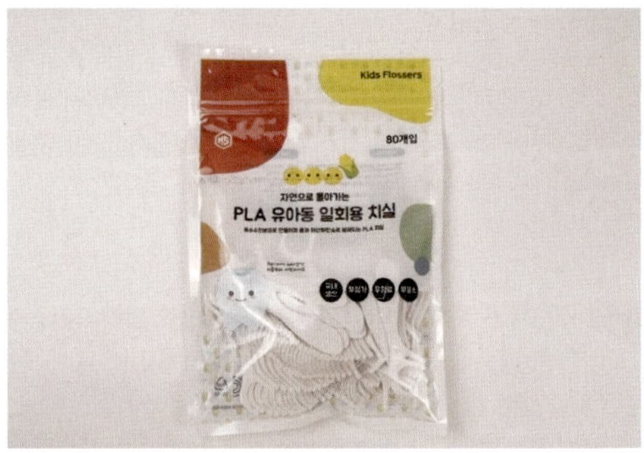

칫솔로 아무리 꼼꼼히 한다고 해도 치아 사이까지 완벽하게 닦는 것은 사실 힘들어요. 치실 사용은 치아에 음식이 꽉 껴서 잘 안 빠질 때는 꼭 사용하고 치실을 자주 해주려고 노력하고 있어요. 치과에서는 아이에 따라 매일 사용하라는 곳도 있더라고요. 전 못해도 최소 일주일에 한 번 정도는 꼭 해주고 있어요. 치실은 잘못하면 위험하기 때문에 아이가 하기 싫은데 억지로 시키기보다는 아이가 입을 벌리고 가만히 있을 수 있는 연령부터 하는 것을 추천드려요. 치실은 아이가 사용하는 것이기 때문에 이왕이면 친환경적이면서 향이나 불소 같은 코팅이 되어 있지 않은 제품을 구매해서 사용하고 있어요.

대슬이네 양치질 꿀팁: 다양한 칫솔 같이 사용하기

다양한 회사 칫솔을 사용해보니 한 가지 칫솔만 쓰기에는 장단점이 분명하다는 걸 느꼈어요. 어떤 칫솔이 제일 좋다!라고 추천하기에는 아이 치아 모양도 모두 다르고 사람이 느끼는 장점과 단점도 모두 다르기 때문에 조심스럽더라고요.

처음에는 A칫솔이 좋아서 주로 A칫솔을 사용하다가 A칫솔이 마모되었을 때, 별로라고 생각했던 B칫솔을 사용하니 B칫솔의 장점이 먼저 느껴지는 것을 보고 더욱 확신이 들었어요. 그 뒤로는 제가 가장 좋다고 생각하는 칫솔 두세 가지를 돌아가면서 모두 같이 사용하기 시작했어요.

아침, 점심, 저녁에 사용하는 칫솔을 나눠도 좋고 아이가 스스로 하는 칫솔, 엄마가 도와주는 칫솔 이렇게 나눠서 하셔도 좋아요. 여러 가지 칫솔을 함께 사용하면 칫솔이 마모되는 시기도 줄어들고 각 칫솔의 장점을 느낄 수 있는 양치질 방법인 것 같아요.

추가로 어금니 칫솔은 아침저녁으로(저녁은 필수) 사용하고 있어요. 물론 여러 개의 칫솔을 사용하다 보니 관리에 더욱 신경 써야 하는 단점은 있지만, 저는 앞으로도 이렇게 쭉 양치질을 할 예정이에요. 다음 사진에는 개월 수별로 추천하는 제품을 소개해드릴게요.

대슬이네가 추천하는 '36개월 이전' 칫솔 제품들

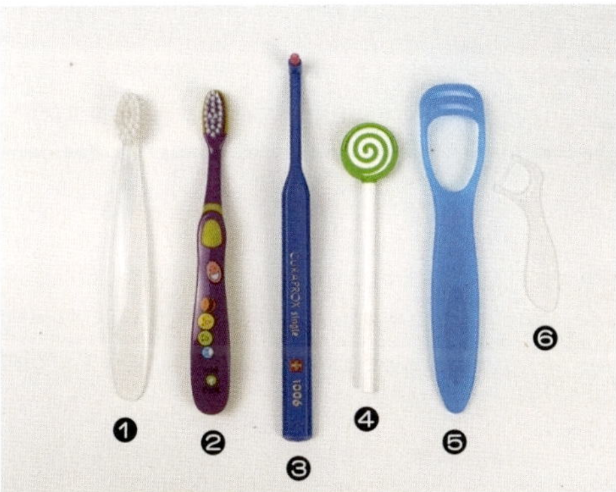

❶래디어스 토츠: 아이가 사용하는 칫솔

❷한살림 이웃음 칫솔

❸큐라덴 첨단칫솔: 엄마가 마무리하는 칫솔

❹에디슨 ❺트리사 혀클리너 중 1 택

❻치실

대슬이네가 추천하는 '36개월 이후' 칫솔 제품들

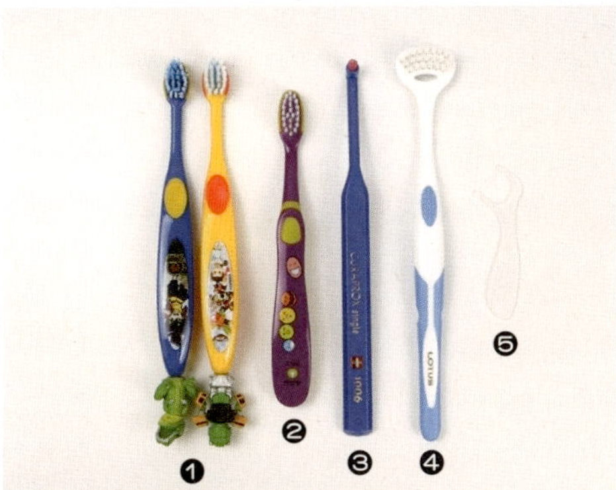

❶캐릭터 칫솔: 아이가 사용하는 칫솔

❷한살림 이웃음 칫솔

❸큐라덴 첨단칫솔: 엄마가 마무리하는 칫솔

❹로터스 듀얼 혀클리너

❺치실

평범한 재료로 만드는
한상차림

PART 7

둥굴레감자밥

p.112

연두부양송이소스

연두부에 간장, 참기름을 조금 넣어 비벼주기만 하다가 연두부를 잘 먹지 않기에 함께 먹을 소스를 만들어봤어요. 연두부에 소스만 올렸을 뿐인데 대슬이가 잘 먹어서 자주 만들어줬어요. 두부만 먹을 때보다 영양적으로도 좋은 소스입니다.

아이가 한두 번 먹을 양

조리시간
10분

난이도
★★☆☆☆

	무염	저염	일반염
	연두부 100g	연두부 100g	연두부 100g
	양송이 20g	양송이 20g	양송이 20g
	브로콜리 3g	브로콜리 3g	브로콜리 5g
	당근 10g	당근 10g	당근 10g
		국간장 1/3작은술	국간장 1작은술
	전분 1/3작은술	전분 1/3작은술	전분 1/3작은술
	물 4큰술	물 4큰술	물 4큰술
	참기름 1/3작은술	참기름 1/3작은술	참기름 1/3작은술
	통깨 1꼬집	통깨 1꼬집	통깨 1꼬집

생략 가능 브로콜리
선택 재료 참기름, 통깨

재료 손질

양송이, 브로콜리 먹기 좋은 크기로 잘라주세요.

당근 잘게 다져주세요.

만드는 방법

1. 달군 팬에 양송이, 브로콜리, 당근을 볶다가 간장을 넣고 볶아주세요(저염은 물로 볶고, 일반염은 기름을 두르고 볶아주세요. 무염은 간장 생략).

2. 찬물 4큰술에 전분을 잘 풀어 팬에 넣고 함께 끓이다가 1~2분 뒤 농도가 걸쭉해지면 불을 끄고 통깨를 뿌린 뒤 연두부에 올려주세요.

TIP

1. 새우나 닭고기를 다져 넣으면 더 맛있어요.
2. 연두부는 뒤집어서 네 귀퉁이에 칼집을 내고 바람이 들어가게 잠시 두면 봉지에서 부서지지 않고 잘 빠져요.

소고기오이볶음

어렸을 때 친정엄마가 자주 해주신 반찬이라 제가 무척 좋아하는 반찬 중 하나예요. 임신했을 때부터 자주 만들어 먹었는데 대슬이도 잘 먹고 좋아해서 참 신기했던 반찬이기도 합니다. 대슬이는 오이로 만든 반찬 중 이 소고기오이볶음을 가장 좋아한답니다.

아이가 여러 번 먹을 양

조리시간
15분

난이도
★★★☆☆

	무염	저염	일반염
재료	오이 100g 물 3큰술 소고기 30g	오이 200g 소금 1꼬집 소고기 80g	오이 200g 소금 1/2작은술 소고기 80g
소고기 양념	- 매실청 1/3작은술 - 다진 마늘 1/3작은술	- 매실청 1작은술 - 양조간장 1/2작은술 - 다진 마늘 1/3작은술	- 매실청 1작은술 - 양조간장 1.5작은술 - 다진 마늘 1작은술
	통깨 1/3작은술 참기름 1/3작은술	통깨 1/2작은술 참기름 1/2큰술	통깨 1/2작은술 참기름 1작은술

대체 가능 매실청→설탕, 소고기 양념→만능고기양념(p.84)

재료 손질

오이 칼이나 채칼을 사용해 일정한 두께로 얇게 썰어주세요.
소고기 키친타월로 핏물을 제거한 후에 양념에 버무려두세요.

만드는 방법

무염

1. 오이는 얇게 썰어주세요.
2. 오이는 팬에 넣고 물 3큰술과 함께 중강불에서 볶아주세요.
3. 오이 색이 변하면 잠시 팬 한쪽으로 밀어두고 양념한 소고기를 중강불에서 볶아요.
4. 소고기가 80% 익었을 때쯤 오이랑 같이 강불에서 수분을 날리며 볶아주세요.
5. 불을 끄고 참기름, 통깨를 뿌려주세요.

저염 · 일반염

1. 오이는 일정한 두께로 얇게 썰어 소금을 넣고 절여주세요.

2. 절인 오이에서 나온 물은 버리고 팬에 넣어 강불에서 재빨리 1분 정도 볶아주세요.

3. 오이는 잠시 한쪽으로 밀어두고 양념한 소고기를 중강불에서 볶아주세요.

4. 소고기가 80% 익었을 때쯤 오이와 잘 섞어 강불에서 수분을 날리며 볶아요 (간이 부족하면 소금 혹은 간장을 추가로 넣어주세요).

5. 불을 끄고 참기름, 통깨를 뿌려주세요.

TIP

1. 4번 과정 중 오이에서 물이 많이 나오면 고기와 오이를 잠시 덜어내고 수분만 팔팔 끓여 날린 뒤 오이와 고기를 다시 팬에 담고 섞어주세요.
2. 오이를 너무 오래 볶으면 아삭한 식감이 사라지고 푹 익기 때문에 오이를 강불에 재빨리 볶아요.
3. 소고기 양념은 만능고기양념(p.85)을 사용하면 더 맛있어요.
4. 참기름을 모두 섞은 뒤 냉장고에 들어가면 맛이 떨어져요. 완성된 음식에는 참기름을 뿌리지 않고 먹을 때마다 그릇에 조금씩 덜어서 참기름을 뿌려야 맛있어요.
5. 오이는 취청오이를 사용해도 좋아요.

북엇국

뽀얗게 우러난 북엇국은 한번 끓여두면 대부분 아이가 잘 먹는 대표적인 국이죠! 한입 크기로 썬 무와 간 무를 넣어 무 건더기를 줄이고 깊은 맛을 올린 북엇국이에요. 미리 만들어둔 멸치육수만 있다면 빠르게 끓일 수 있어요.

아이가 여러 번 먹을 양

조리시간
20분

난이도
★★☆☆☆

저염

북어 20g	멸치육수 500ml
참기름 1작은술	간 무 40g
무 40g	대파 10g
양파 10g	새우젓 1/3작은술
다진 마늘 1/3작은술	

일반염

북어 20g	간 무 40g
참기름 1작은술	대파 10g
무 40g	새우젓 1/3작은술
양파 10g	국간장 1작은술
다진 마늘 1/3작은술	후춧가루 1꼬집
멸치육수 500ml	

재료 손질

북어 가시를 최대한 제거하고 혹시 남아 있을지 모르기 때문에 가위로 잘게 잘라주세요.

간 무 간 무 큐브(p.66)를 준비하거나 무를 강판에 갈아주세요.

무 먹기 좋은 크기로 썰어주세요.

양파, 대파 잘게 다져주세요.

멸치육수 해물육수팩(p.82)으로 육수를 내거나 멸치육수를 준비해주세요.

만드는 방법

1. 북어는 멸치육수에 살짝 담가 바로 건져내 촉촉한 상태로 10초 정도 볶다가 참기름을 넣고 약불로 볶아주세요.

2. 썬 무, 다진 양파, 마늘을 넣고 볶아주세요.

3. 멸치육수와 새우젓을 넣어주세요(일반염은 국간장 추가).

4. 간 무를 넣고 끓이다가 팔팔 끓어오르면 뚜껑을 닫고 약한 불로 5분 정도 끓여주세요.

5. 5분 뒤 뚜껑을 열고 대파를 넣은 뒤 1~2분 정도만 더 끓여주세요(일반염은 그릇에 덜어 후추 1꼬집을 뿌려 드세요).

TIP

1. 북어를 볶은 뒤 육수를 넣을 때 여러 번 나눠 넣으면 한 번에 넣을 때보다 더 뽀얗게 국물이 우러나요.
2. 계란이나 두부를 넣어도 좋아요.

기장밥
p.121

도톰감자볶음

제 감자볶음 레시피의 신의 한 수는 바로 간 양파입니다. 그냥 양파를 넣고 볶는 것보다 훨씬 맛있어요. 양파즙이 감자마다 스며들어 감자 맛의 풍미를 높여주기 때문이에요. 감자볶음에 간 양파를 넣어서 만들어본 적이 없다면 지금 한번 해보세요. 냉장고에 들어갔다 나와도 맛있는 감자볶음이에요.

아이와 어른이 여러 번 먹을 양

조리시간
20분

난이도
★★☆☆☆

무염
감자채 250g
간 양파 20g
물 3큰술
참기름 1/3작은술
검은깨 2꼬집

저염
감자채 250g
간 양파 20g
기름 1/2작은술
소금 2꼬집
물 3큰술
참기름 1/3작은술
검은깨 2꼬집

일반염
감자채 250g
간 양파 20g
기름 1작은술
소금 1/3 작은술
물 3큰술
후춧가루 1꼬집
참기름 1/3작은술
검은깨 2꼬집

대체 가능 검은깨→통깨

재료 손질

감자 껍질을 벗겨 도톰하게 썰어서 물에 잠시 담가두세요.

양파 간 양파 큐브(p.67)를 해동하거나 강판에 양파를 갈아서 준비해주세요.

만드는 방법

1. 팬에 기름을 두르고 감자와 양파, 소금을 넣고 볶아주세요(무염은 물로 볶아주세요).

2. 감자와 양파가 어느 정도 볶아지면 물 3큰술을 넣고 감자가 익도록 볶아주세요.

3. 감자가 익으면 불을 끄고 먹을 만큼만 그릇에 담아 참기름, 검은깨를 뿌려 드세요.

TIP

1. 감자 전분을 뺄 시간이 없다면 감자를 흐르는 물에 한 번 씻거나 물에 담가서 사용해도 상관없어요.
2. 양파는 꼭 간 양파를 사용하기를 추천드려요. 간 것과 갈지 않은 것의 맛 차이가 크기 때문입니다. 간 양파는 20g만으로도 충분한 풍미를 느끼게 해줍니다.
3. 참기름은 완성된 요리 전체에 뿌리기보다는 먹을 만큼 덜어서 뿌린 뒤에 섞어 먹어야 훨씬 맛있게 먹을 수 있어요.

새우콩나물국

대슬 아빠가 제일 좋아하는 국이 콩나물국이어서일까요? 대슬이도 콩나물국을 아주 좋아해요. 새우살을 넣으면 훨씬 맛있는 콩나물국이에요. 간 양파와 간 무를 넣어 국물에 채소의 영양이 그대로 녹아 있어요. 쉽고 맛있는 새우콩나물국 끓여보세요.

아이와 어른이 여러 번 먹을 양

조리시간
10분

난이도
★★☆☆☆

무염	저염	일반염
새우살 30g	새우살 50g	새우살 50g
콩나물 300g	콩나물 300g	콩나물 300g
멸치육수 600ml	물 600ml	물 600ml
간 양파 20g	간 양파 20g	간 양파 20g
간 무 30g	간 무 30g	간 무 30g
대파 20g	대파 20g	대파 20g
다진 마늘 5g	다진 마늘 10g	다진 마늘 10g
	새우젓 1작은술	새우젓 1작은술
		국간장 1/3작은술
		소금 2꼬집

재료 손질

콩나물 흐르는 물에 깨끗하게 씻어서 준비해주세요.

간 양파, 간 무 간 무 큐브(p.66), 간 양파 큐브(p.67)를 준비하거나 강판 혹은 믹서에 갈아서 준비해주세요.

대파 콩나물처럼 길쭉하게 썰어주세요.

멸치육수(무염) 해물육수팩(p.82)으로 육수를 내거나 멸치육수를 준비해주세요.

만드는 방법

1. 물(무염은 멸치육수)과 간 양파, 간 무, 다진 마늘, 파를 넣고 끓여주세요.

2. 물이 끓어오르면 콩나물을 넣고 3분 뒤 절반은 건져내주세요.

3. 새우와 새우젓을 넣고 2분 정도 더 끓여주세요(무염은 새우만, 일반염은 국간장과 소금으로 간을 더해주세요).

TIP

1. 중간에 건진 콩나물은 나물로 무쳐 드시거나 들기름과 양파를 약간 넣고 볶아 드세요.
2. 새우 대신 바지락, 낙지 등으로 대체 가능해요.
3. 저염, 일반염도 멸치육수를 내서 끓이면 더욱 맛있어요.

브로콜리무침

브로콜리를 안 먹던 대슬이가 브로콜리를 아주 좋아하게 된 계기는 이 브로콜리무침 덕분이었어요. 깨폭탄소스는 브로콜리와 아주 잘 아울려요. 대슬이는 깨폭탄소스 덕분에 마트에서 브로콜리만 보면 사자고 할 정도로 좋아하는 식재료가 되었어요. 어른들은 브로콜리를 데쳐서 깨폭탄소스에 버무린 다음 초장을 찍어 먹으면 그냥 데쳐서 먹는 것보다 훨씬 맛있어요. 실제로 SNS에서 가장 많이 올라오는 깨폭탄소스 후기는 브로콜리 무침이랍니다. 꼭 한번 만들어보세요.

	무염	저염	일반염
아이가 한두 번 먹을 양 조리시간 10분 난이도 ★☆☆☆☆	브로콜리 20g 참기름 1/3작은술 통깨 1꼬집	브로콜리 20g 깨폭탄소스 1/2작은술	브로콜리 20g 깨폭탄소스 1작은술

선택 재료(일반염) 초고추장

재료 손질

브로콜리 아래 방법대로 손질한 뒤 한 송이씩 잘라 주세요.
깨폭탄소스 미리 만들어둔 소스를 사용합니다(p.78).

만드는 방법

1. 손질한 브로콜리는 팔팔 끓는 물에 30초에서 1분 정도 데치거나 찜기에 쪄서 익혀주세요.

2. 체에 밭쳐 물에 씻지 않고 그대로 식힌 후에 한 번 먹을 만큼만 덜어서 깨폭탄소스에 버무려주세요.

TIP

1. 브로콜리는 그릇에 송이 부분이 아래로 가도록 넣고 깨끗한 물에 2시간 정도 담가 사이사이 물이 스며들면 송이를 벌려가며 흐르는 물에 씻어 주세요. 브로콜리는 세척이 어려워 꼭 유기농 혹은 무농약 제품으로 구매해요.
2. 브로콜리를 데칠 때 소량의 소금을 넣고 데쳐도 좋아요.
3. 브로콜리는 한 송이씩 잘라서 줄기 사이와 촘촘한 잎 사이사이에 낀 이물질을 최대한 깨끗하게 닦아주세요.
4. 데친 브로콜리는 냉장 보관해두고 한 번 먹을 양만큼만 꺼내서 무쳐야 맛있어요.
5. 어른들은 깨폭탄소스에 버무린 브로콜리를 초장에 찍어 드세요.
6. 브로콜리 20g은 데치기 전 무게에요.

소고기두부조림

소고기와 채소가 듬뿍 들어간 소고기두부조림은 대슬이 돌 이후로 정말 자주 해주던 반찬이에요. 두부를 워낙 좋아하고 고기와 채소까지 함께 먹일 수 있어서 영양 면에서도 좋아요. 두부조림 국물에 밥을 비벼주면 참 잘 먹는답니다. 영양 만점 반찬을 찾으신다면 소고기두부조림 꼭 한 번 만들어보세요.

아이가 한두 번 먹을 양

조리시간
20분

난이도
★★★☆☆

무염	저염	일반염
두부 150g	두부 150g	두부 150g
양파 10g	양파 10g	양파 10g
당근 15g	당근 15g	당근 15g
애호박 20g	애호박 20g	애호박 20g
소고기 30g	소고기 30g	소고기 30g
다진 마늘 2g	다진 마늘 3g	다진 마늘 5g
멸치육수 50ml	양조간장 1/3작은술	양조간장 1작은술
조청 1/3작은술	물 50ml	물 50ml
	조청 1/3작은술	조청 1작은술
		소금 2꼬집

대체 가능 애호박, 당근, 양파→볶은모둠채소 큐브(p.71 참고)

재료 손질

두부 흐르는 물에 한 번 씻은 후에 키친타월로 물기를 제거하고 먹기 좋게 썰어주세요.

애호박, 당근, 양파 잘게 다져주세요.

소고기 키친타월로 핏물을 제거해주세요.

멸치육수(무염) 해물육수팩(p.82)으로 육수를 내거나 멸치육수를 준비해주세요.

만드는 방법

1. 팬에 기름을 두르고 두부를 앞뒤로 노릇노릇하게 구워주세요.

2. 노릇하게 구운 두부는 물에 씻어 기름기를 제거하거나 키친타월로 기름을 최대한 닦아주세요(생략 가능).

3. 양파, 당근, 애호박 순서로 넣고 다 익을 때까지 충분히 볶아주세요.

4. 소고기와 마늘을 넣고 볶다가 간장도 넣고 볶아주세요(무염은 간장 생략).

5. 구운 두부, 물, 조청을 넣고 국물이 자박하게 남을 때까지 졸여주세요(일반염은 간을 보고 부족하면 소금으로 간을 맞춰주세요. 무염은 물 대신 멸치육수 넣기).

TIP

1. 무염은 간을 하지 않는 대신 멸치육수를 사용했어요.
2. 두부를 한 번 기름에 구워야 두부가 부셔지지 않고 맛도 훨씬 좋아져요.
3. 아이들이 먹을 거라 기름을 최대한 제거하기 위해 구운 두부를 물에 씻었지만 생략 가능해요.
4. 무염은 조청 대신 호박즙을 넣어도 좋아요. 호박즙이 소고기두부조림과 맛 궁합이 좋아요. 호박즙을 넣는다면 즙이 졸아들 때까지 더 오래 끓여주세요.
5. 물이 부족하면 중간에 조금씩 넣어도 됩니다.
6. 소고기는 만능고기양념(p.84)으로 양념한 뒤 넣으면 더욱 맛있어요.

들기름콩나물볶음

항상 콩나물을 무치고 끓여 먹기만 해서 다른 조리법으로도 해보고 싶으셨다면 콩나물을 볶아보세요. 콩나물의 식감이 데쳤을 때보다 훨씬 더 아삭하고 콩나물 맛도 진하게 느낄 수 있어요. 들기름에 양파와 함께 볶기만 하면 끝이라 만들기도 아주 쉬워요.

아이가 한두 번 먹을 양

조리시간
5분

난이도
★☆☆☆☆

무염	저염	일반염
콩나물 70g	콩나물 70g	콩나물 100g
양파 10g	양파 10g	양파 20g
들기름 1/2작은술	들기름 1/2작은술	들기름 1작은술
물 3큰술	물 3큰술	물 3큰술
통깨1/3작은술	국간장 1/3작은술	국간장 1/3작은술
	통깨 1/3작은술	새우젓 1/3작은술
		통깨 1/3작은술

대체 가능 들기름→참기름이나 현미유

재료 손질

콩나물 흐르는 물에 깨끗하게 씻어주세요.

양파 콩나물보다 얇게 채썰어주세요.

만드는 방법

1. 팬에 들기름을 약간 두르고 중불에서 타지 않게 양파를 먼저 볶아주세요.

2. 양파에서 달큰한 향이 올라오면 콩나물을 넣고 중불로 2분 정도 볶아주세요

3. 국간장과 물을 넣고 콩나물이 익을 때까지 중불로 볶은 뒤 불을 끄고 통깨를 뿌려 마무리해요(무염은 국간장 생략, 일반염은 새우젓 추가).

TIP

1. 콩나물이 덜 익으면 비린 맛이 날 수 있으니 잘 익을 때까지 볶아주세요.
2. 콩나물은 자르지 않고 볶다가 그릇에 담을 때 먹기 좋은 크기로 잘라주세요.
3. 콩나물국(p.166, p.224)을 끓이고 건져낸 콩나물로 만들어도 상관없어요. 이 경우 센 불에 재빨리 볶아주세요.
4. 양파와 콩나물이 타지 않게 주의하세요.

고구마새우국

달콤한 고구마와 새우를 조합하면 아이들이 좋아하는 국을 만들 수 있어요. 달콤한 고구마가 짭조름한 새우와 잘 어울려요. 집에 고구마가 너무 많을 때 국에 넣어 만들면 좋아요. 달콤 짭짤한 고구마새우국 끓여보세요.

아이가 두 번 먹을 양

조리시간
15분

난이도
★★☆☆☆

무염	저염	일반염
멸치육수 300ml	멸치육수 300ml	멸치육수 300ml
고구마 80g	고구마 80g	고구마 80g
새우 40g	새우 40g	새우 40g
다진 대파 5g	다진 대파 5g	대파 10g
	소금 1꼬집	다진 마늘 3g
		국간장 1/3작은술
		소금 1꼬집

대체 가능 대파→쪽파나 부추, 미나리

재료 손질

멸치육수 해물육수팩(p.82)으로 육수를 내거나 멸치육수를 준비해주세요.

고구마 껍질을 벗긴 뒤 0.5cm 두께로 잘라 물에 담가두세요.

새우 껍질과 내장을 제거해주세요(p.58).

대파 (무염, 저염) 아주 잘게 다져주세요.
(일반염) 송송 썰어주세요.

만드는 방법

1. 멸치육수가 팔팔 끓으면 고구마를 넣고 익을 때까지 끓여주세요.

2. 고구마가 어느 정도 익으면 대파와 새우를 통째로 넣고 끓이다가 새우가 익으면 먹기 좋은 크기로 잘라주세요(저염과 일반염은 이때 간을 해주세요).

TIP

1. 새우를 맛있게 먹기 위해서 통째로 넣어서 끓이다가 마지막에 잘랐는데, 처음부터 잘라서 넣어도 상관없어요.
2. 고구마를 얇게 썰었기 때문에 너무 오래 익히면 고구마가 쉽게 부서져 국물이 지저분해져요.
3. 대파를 다져 넣어 파를 안 좋아하는 아이도 몰래 건더기와 함께 먹기 좋아요.

퀴노아밥

p.120

양송이조림

SNS에서 인기 있는 레시피 중 하나에요. 대슬이는 양송이조림을 만들면 앉은 자리에서 양송이버섯 7~8개는 거뜬히 먹어버린답니다. 양송이버섯의 영양 손실을 최소화하기 위해 자르지 않고 조리해요. 양송이즙이 그대로 살아 있어 아주 촉촉하고 맛있는 반찬이랍니다.

아이가 한두 번 먹을 양

조리시간
15분

난이도
★★☆☆☆

무염	저염	일반염
양송이버섯 80g	양송이버섯 120g	양송이버섯 120g
멸치육수 50ml	물 200ml	물 200ml
물 100ml	다진 마늘 1/3작은술	다진 마늘 1/2작은술
다진 마늘 1g	대파 5g	대파 10g
대파 5g	양조간장 1작은술	양조간장 2작은술
조청 1작은술	조청 1작은술	조청 2작은술

재료 손질

양송이버섯 밑동을 약간 자르고 흐르는 물에 재빨리 씻어주세요.

멸치육수(무염) 해물육수팩(p.82)으로 육수를 내거나 멸치육수를 준비해주세요.

만드는 방법

1. 모든 재료를 넣고 중불로 끓여주세요.

2. 수분이 거의 졸아들었을 때쯤 중강불로 타지 않게 빠르게 볶아주세요.

3. 수분이 다 증발되고 조청이 팬 바닥에 눌어붙기 시작하면 불을 끄고 휘리릭 섞은 후 마무리합니다.

TIP

1. 양송이버섯은 크기가 작은 것으로 만들면 시간도 단축되고 큰 버섯보다 더 맛있어요.
2. 양송이버섯은 조림하는 과정에서 크기가 많이 작아져요.
3. 수분이 거의 졸아들었을 때쯤 타지 않게 잘 볶아야 실패하지 않아요.
4. 먹기 전에 잘라 먹어야 양송이가 촉촉해요.
5. (무염) 멸치육수와 물을 섞어 연하게 만들어 넣어야 수분이 증발했을 때 짜지 않아요.

어묵백김치무침

어묵과 백김치, 깨폭탄소스 이 3가지가 만나면 정말 맛있는 반찬이 됩니다. 깨폭탄소스를 처음 만들고 깨폭탄소스와 잘 어울리는 조합을 찾기 위해 정말 다양한 재료에 무쳐봤어요. 이런저런 조합으로 많이 만들어봤지만 어묵과 백김치 조합이 손에 꼽을 정도로 잘 어울렸어요.

아이가 한두 번 먹을 양 조리시간 10분 난이도 ★☆☆☆☆	무염	어묵 45g 저염 백김치 15g 참기름 1/3작은술 통깨 1꼬집	저염	어묵 45g 저염 백김치 15g 깨폭탄소스 1/2작은술	일반염	어묵 45g 백김치 15g 깨폭탄소스 1작은술

재료 손질

깨폭탄소스 미리 만들어둔 것을 사용해요(p.78).

어묵 통째로 살짝 데쳐 물기를 완벽하게 제거하고 먹기 좋은 크기로 썰어주세요.

백김치 물기를 완전히 제거하고 먹기 좋은 크기로 썰어주세요(무염은 백김치를 물에 담가 짠기를 제거해주세요).

만드는 방법

1. 물기를 제거한 어묵은 깨폭탄소스에 버무려주세요(무염은 참기름과 통깨에 버무려주세요).

2. 어묵에 깨폭탄소스가 잘 버무려지면 물기를 제거한 백김치도 넣고 버무려주세요.

TIP

1. 수분을 최대한 제거해야 먹는 중에 물이 생기지 않아요.
2. 김치에 간이 배어 있기 때문에 간이 약한 어묵에 먼저 깨폭탄소스를 버무렸어요.
3. 일반염은 깨폭탄소스 대신 간장, 참기름, 다진 파 혹은 다진 마늘, 통깨를 넣고 버무려도 좋아요.
4. 어묵 45g은 어묵 1장 무게에요.

사골미역국

요리를 처음 시작하는 분들은 미역국 끓이기 어렵다고 느낄 수 있어요. 미역국을 쉽게 끓이면서 맛을 낼 수 있는 방법은 사골을 육수로 사용하는 거예요. 사골육수로 끓인 미역국은 뽀얗고 깊은 맛을 낼 수 있어요.

아이가 여러 번 먹을 양

조리시간
30분

난이도
★★☆☆☆

	미역 양념	소고기 (양지 국거리용)
저염	- 마른 미역 10g - 액젓 1작은술 - 국간장 1작은술 - 참기름 1작은술 - 다진 마늘 5g	150g 사골국 400ml 물 200ml
일반염	- 마른 미역 15g - 액젓1작은술 - 국간장 1작은술 - 참기름 2작은술 - 다진 마늘 10g	150g 사골국 400ml 물 200ml 소금 1/2작은술

대체 가능 액젓→국간장이나 소금

재료 손질

미역 충분히 불린 뒤 여러 번 헹궈서 물기를 빼주세요.

미역 양념 모든 재료는 씻은 미역에 넣고 잘 버무려 주세요.

소고기 국거리용 아이가 먹기 좋은 크기로 썰어주세요.

만드는 방법

1. 양념한 미역은 3분 이상 충분히 볶아주세요.

2. 미역이 초록색으로 변하면 소고기를 넣고 80퍼센트 정도 볶아지면 사골국을 넣고 끓여주세요.

3. 팔팔 끓어오르면 약한 불로 줄인 후에 뚜껑을 닫고 20~30분 정도 더 끓여주세요. 일반염은 마지막에 간을 보고 소금 간을 추가해주세요.

TIP

1. 미역에 양념을 해서 볶았기 때문에 국물에만 간을 한 것보다 미역이 더 맛있어요.
2. 물의 양은 사골국의 농도에 따라 약간 달라질 수 있으니 입맛에 맞게 조절해주세요.
3. 소고기 부위는 양지가 아니더라도 국거리 다른 부위로 사용 가능해요.

드라이 비빔카레

채소와 고기가 아주 듬뿍 들어가는 비빔카레는 평소 가지와 토마토 안 먹는 아이에게 몰래 먹이기 좋은 레시피에요. 갈아서 만들었기 때문에 고기를 잘 안 먹는 아이들도, 채소를 잘 안 먹는 아이들도 쉽게 먹을 수 있어요. 저희 집에서는 비빔카레를 만들면 소분해서 냉동해두었다가 치킨 찍어 먹는 소스로도 활용하고 있어요. 밥, 국수에 비벼 먹어도 좋고 만능으로 활용 가능한 비빔카레 꼭 만들어보세요.

아이와 어른이 여러 번 먹을 양

조리시간 35분

난이도 ★★★☆☆

무염, 저염

기름 1큰술	맛술 1큰술
양파 250g	물 300ml
당근 70g	카레가루 50g
가지 60g	
씨 뺀 토마토 100g	
다진 소고기 200g	

일반염

기름 2큰술	맛술 1큰술
양파 250g	물 400ml
당근 70g	카레가루 100g
가지 60g	
씨 뺀 토마토 100g	
다진 소고기 200g	

생략 가능 맛술

대체 가능 기름→버터

재료 손질

양파 잘게 썰어주세요.

토마토 팔팔 끓는 물에 30초 정도 데쳐 껍질을 벗긴 후 씨를 제거하고 잘게 썰어주세요.

소고기 키친타월을 이용해 핏물을 제거해주세요.

만드는 방법

1. 기름 혹은 버터를 약간 두르고 양파가 갈색이 될 때까지 볶아주세요.

2. 양파가 볶아지면 가지, 당근, 토마토를 넣고 볶아주세요.

3. 채소가 잘 볶아지면 소고기와 맛술을 넣고 재료가 잘 익을 때까지 볶아주세요.

4. 물과 카레가루를 넣고 핸드믹서로 곱게 갈아주세요.

5. 걸쭉하게 원하는 농도가 되면 불을 꺼주세요.

TIP

1. 무염, 저염 레시피로 만든 비빔카레는 치킨을 찍어 먹는 소스로도 좋아요.
2. 완성된 비빔카레는 소분해서 냉동해두었다가 사용해요.

웨지감자

대슬이 10개월 전후부터 자주 만들어준 메뉴입니다. 감자를 한번 데쳐서 굽기 때문에 그냥 오븐에만 구웠을 때보다 훨씬 촉촉하고 굽는 시간도 단축됐어요. 감자만 있으면 쉽게 만들 수 있는 메뉴라 반찬으로도, 간식으로도 좋아요.

아이와 어른이 한 번 먹을 양	무염	저염	일반염
조리시간 25분 난이도 ★★☆☆☆	감자 100g	감자 100g **양념 재료** - 올리브오일 1작은술 - 소금 1꼬집	감자 100g **양념 재료** - 올리브오일 1큰술 - 소금 2꼬집 - 허브 1꼬집

생략 가능 (일반염) 허브

대체 가능 올리브오일→다양한 기름

재료 손질

감자 껍질을 깨끗하게 씻어 껍질째 웨지 모양으로 잘라주세요.

양념 재료 잘 섞어주세요.

만드는 방법

1. 팔팔 끓는 물에 감자를 넣고 2분 정도 데쳐주세요.

2. 데친 감자는 체에 밭쳐 한 김 식힌 후에 양념 재료를 발라주세요. 무염은 양념을 바르지 않고 감자만 구워주세요.

3. 180도로 예열한 오븐(혹은 에어프라이어)에서 15분 정도 구워주세요.

TIP

1. 저염은 올리브오일을 최소로 바르고, 일반염은 올리브오일을 듬뿍 발라주세요.

물만두국

우리 아이 첫 만두로 시도하기 좋은 물만두! 멸치육수에 냉동 물만두만 퐁당 넣어서 끓이면 간단하고 빠르게 국을 만들 수 있어요. 카레, 짜장볶음밥 등과 참 잘 어울리는 국이에요.

아이와 어른이 한 번 먹을 양 조리시간 25분 난이도 ★★☆☆☆	무염	저염	일반염
	물만두 12알 멸치육수 400ml 계란 1개 파 5g	물만두 12알 멸치육수 400ml 계란 1개 파 5g 국간장 1/3작은술	물만두 12알 멸치육수 400ml 계란 1개 파 15g 국간장 1작은술 후춧가루 1꼬집

생략 가능 계란

재료 손질

육수 해물육수팩(p.82)으로 육수를 내거나 멸치육수를 준비해주세요.

계란 계란을 풀어주세요.

파 송송 잘게 썰어주세요.

만드는 방법

1. 멸치육수가 팔팔 끓으면 냉동 상태의 물만두를 넣고 3분 정도 끓여요.

2. 3분 뒤 풀어둔 계란을 넣고 잠시 불을 꺼서 계란이 너무 풀어지지 않고 덩어리지게 해주세요.

3. 계란이 덩어리지면 불을 켜고 대파와 국간장을 넣은 뒤 1분만 더 끓여주세요(무염 국간장 생략, 일반염은 후춧가루 추가).

TIP

1. 계란 알레르기가 있는 아이들은 계란을 생략해도 좋아요.
2. 물만두는 따로 해동하지 않아도 좋아요. 제품마다 익는 시간의 차이가 있을 수 있으니 제품 뒷면의 조리 시간을 참고해서 만들어 주세요.

간단 백김치

p.93

소고기볶음밥

볶음밥을 좋아하는 아이가 많죠. 볶은모둠채소 큐브만 있다면 볶음밥쯤은 5분 만에 쉽게 만들 수 있어요. 만능 볶음채소에 소고기만 더해서 든든한 소고기볶음밥을 만들어보세요.

아이가 한 번 먹을 양

조리시간
10분

난이도
★★☆☆☆

무염	저염	일반염
볶은모둠채소 큐브 30g	볶은모둠채소 큐브 40g	볶은모둠채소 큐브 40g
다진 소고기 20g	다진 소고기 30g	다진 소고기 30g
다진 마늘 1/3작은술	다진 마늘 1/3작은술	다진 마늘 1/3작은술
맛술 1/2작은술	양조간장 2/3작은술	양조간장 1.5작은술
	맛술 1작은술	맛술 1작은술
밥 60g	밥 100g	밥 130g
참기름 2~3방울	참기름 1/3작은술	참기름 1/2작은술
통깨 2꼬집	통깨 2꼬집	통깨 1/3작은술

생략 가능(무염) 마늘, 맛술, 참기름, 통깨

재료 손질

볶은모둠채소 큐브 미리 만들어둔 것을(p.71) 준비해주세요.

소고기 키친타월에 핏물을 빼서 준비해주세요.

만드는 방법

1. 미리 만들어둔 볶은모둠채소 큐브를 살짝 볶아주세요.

2. 채소를 한쪽으로 밀어두고 소고기와 맛술, 마늘을 넣고 볶아주세요.

3. 고기가 익으면 채소와 잘 섞은 뒤 간장을 넣고 볶아주세요(무염은 간장 생략).

4. 밥을 넣고 모든 재료를 잘 섞은 다음 불을 끄고 참기름과 통깨를 뿌려 잘 섞어주세요.

TIP

1. 채소에 간을 해야 채소만 골라내지 않고, 채소가 밥과 잘 섞이면서 간이 잘 배요.
2. 마지막에 참기름과 통깨를 뿌리면 더 고소하고 맛있으나 생략 가능해요.
3. 소고기는 만능고기양념(p.84)에 버무려 볶으면 훨씬 맛있어요.

방울토마토매실절임

방울토마토매실절임은 제가 20대 초반 주변 분들에게 병에 담아 선물용으로 자주 만들어 나눠드렸던 메뉴입니다. 초밥집에서 식후에 방울토마토를 매실에 절여 작은 잔에 주는 것을 먹어 보고 반해서 만들게 되었는데요. 대슬이에게 해주니 정말 잘 먹더라고요. 토마토와 매실청의 새콤달콤함이 만나 토마토만 먹어도 맛있어요. 토마토를 먹고 남은 매실청은 물에 희석해 주스로 마셔도 좋아요.

(무염, 저염)아이가 한 번 먹을 양
(일반염)아이와 어른이 여러 번 먹을 양

조리시간 10분

난이도
★★☆☆☆

	재료
무염·저염	방울토마토 5개 매실청 2/3작은술
일반염	방울토마토 200g 매실청 80ml

재료 손질

방울토마토 꼭지를 떼고 깨끗하게 씻어주세요.

만드는 방법

무염, 저염

1. 방울토마토는 팔팔 끓는 물에 껍질이 갈라질 때까지 30초 정도 데쳐주세요.
2. 깨끗한 냉수에 담가두면 껍질을 쉽게 벗길 수 있어요.
3. 껍질 벗긴 방울토마토에 매실청을 버무려주세요.
4. 냉장고에서 10~30분 차갑게 숙성시킨 후에 드세요.

일반염

1. 방울토마토는 팔팔 끓는 물에 껍질이 갈라질 때까지 30초 정도 데쳐주세요.

2. 깨끗한 냉수에 담가 껍질을 까면 껍질을 쉽게 깔 수 있어요.

3. 비닐봉지에 껍질 벗긴 방울토마토와 매실청을 넣고 공기를 최대한 뺀 후에 묶어주세요.

4. 냉장고에서 하루 숙성시킨 후에 드세요.

TIP

1. 방울토마토는 칼집을 내면 데치는 과정에서 토마토의 맛과 영양분이 일부 빠져나가서 칼집을 내지 않아요.
2. 칼집을 내지 않고 데쳐도 껍질은 충분히 잘 벗겨져요.
3. 비닐봉지에 방울토마토를 넣고 매실청을 넣어야 매실청 양을 줄일 수 있고 토마토가 매실청에 골고루 절여져요.
4. 무염, 저염은 매실청에 오래 절이는 것보다 매실청에 버무려서 잠깐 숙성시킨 후에 아이들이 먹었을 때 자극적이지 않고 더 맛있게 먹을 수 있어요.
5. 토마토를 건져서 먹고 남은 매실청은 물에 타서 드시면 좋아요.
6. 오래 두지 말고 최대한 빨리 드세요.

새우볶음밥

대슬이는 해산물 중에 새우를 가장 좋아하는 것 같아요. 저는 큰 크기의 새우를 사용했는데 한입 크기의 작은 새우로 만들어도 좋고 계란 스크램블을 따로 만들어 같이 볶아주면 더욱 맛있게 먹을 수 있어요. 볶은모둠채소 큐브를 이용해서 쉽고 빠르게 새우볶음밥을 만들어보세요.

아이가 한 번 먹을 양	무염	저염	일반염
조리시간 10분 난이도 ★★☆☆☆	새우 40g 볶은모둠채소 큐브 30g 밥 60g 참기름 1/3작은술 통깨 1/3작은술	새우 50g 볶은모둠채소 큐브 40g 양조간장 1/3작은술 밥 100g 참기름 1/3작은술 통깨 1/3작은술	새우 50g 볶은모둠채소 큐브 40g 양조간장 1.5작은술 밥 130g 참기름 1/3작은술 통깨 1/3작은술

생략 가능 참기름, 통깨

재료 손질

볶은모둠채소 큐브 미리 만들어둔 것을 준비해주세요(p.71).

새우 머리, 꼬리, 껍질과 내장을 제거해주세요(p.58).

만드는 방법

1. 미리 만든 볶은모둠채소 큐브를 살짝 볶아주세요.

2. 채소가 모두 잘 익으면 새우와 간장을 넣고 1분 정도 볶다가 밥을 넣고 볶아주세요(무염은 간장을 생략해주세요).

3. 새우가 다 익고 밥과 채소가 골고루 볶아지면 불을 끄고 새우를 먹기 좋은 크기로 자른 뒤 참기름, 통깨를 뿌려주세요.

TIP

1. 새우는 너무 오래 볶으면 질겨지기 때문에 다 익을 정도만 볶아요.
2. 채소에 간을 해야 채소만 골라내지 않고 먹는 데 도움이 되어요.
3. 새우는 냉동 제품을 사용하면 편하게 요리할 수 있어요.

단호박우유조림

단호박을 우유에 졸이면 달콤한 반찬이 만들어져요. 단호박은 껍질을 벗겨서 만들면 식감이 부드럽고 껍질을 깨끗하게 씻어 껍질째 조리하면 영양분이 많으니 우리 아이 입맛에 맞게 선택해서 조리해주세요.

아이가 두 번 먹을 양 조리시간 15분 난이도 ★★☆☆☆	무염	단호박 50g 물 2큰술 우유 4큰술	저염	단호박 100g 버터 5g 물 50ml 우유 100ml 시나몬가루 1꼬집	일반염	단호박 100g 버터 5g 물 50ml 우유 100ml 소금 1꼬집 시나몬가루 2꼬집

생략 가능 시나몬가루, 버터

재료 손질

단호박 깨끗하게 씻은 후에 먹기 좋은 크기로 잘라주세요.

만드는 방법

무염

1. 먹기 좋은 크기로 자른 단호박과 우유를 넣고 중강불에서 끓여주세요.

2. 우유가 끓어오르려고 하면 바로 약한 불로 줄이고, 뚜껑을 닫고 단호박이 익을 때까지 끓여주세요. 단호박이 다 익으면 시나몬가루를 뿌려주세요.

저염 · 일반염

1. 냄비에 버터를 넣고 먹기 좋은 크기로 자른 단호박을 볶아주세요.

2. 단호박에 버터가 골고루 잘 묻으면 물을 넣고 센 불로 끓이면서 익혀주세요.

2. 물이 거의 증발되면 우유를 넣고 약불로 끓이다가 단호박이 다 익으면 불을 끄고 시나몬가루를 뿌려주세요.

TIP

1. 우유는 끓어오르기 직전에 불을 줄여주세요. 너무 센 불로 계속 끓이면 덩어리와 막이 생겨요.
2. 뚜껑을 닫고 끓여야 익히는 시간을 단축할 수 있어요. 중간 중간에 저어주세요.
3. 시나몬가루는 생략 가능하지만 넣으면 더 맛있어요.

치킨알라킹

알라킹은 양송이, 피망, 양파 등을 일정한 크기로 썰어서 화이트크림소스에 끓여낸 프랑스 요리에요. 양식조리기능사 공부를 하면서 배웠던 메뉴 중에 쉽고 맛있어서 기억에 남아 있는 메뉴에요. 한국인이 자주 사용하는 재료와 방법에 맞게 레시피를 바꿔봤어요. 파프리카를 안 좋아하는 대슬이도 파프리카를 맛있게 먹은 레시피에요.

아이가 한두 번 먹을 양

조리시간
15분

난이도
★★☆☆☆

무염	저염	일반염
양파 15g	양파 15g	양파 20g
닭 안심 25g	닭 안심 25g	닭 안심 50g
무염버터 5g	무염버터 5g	무염버터 15g
양송이버섯 20g	양송이버섯 20g	양송이버섯 30g
파프리카 30g	파프리카 30g	파프리카 40g
브로콜리 10g	브로콜리 10g	브로콜리 10g
밀가루 1/3작은술	밀가루 1/2작은술	밀가루 1작은술
우유 200ml	우유 200ml	우유 300ml
	월계수 잎 1/2장	월계수 잎 1장
	소금 1꼬집	소금 2꼬집

생략 가능 브로콜리, 양송이버섯, 후춧가루, 월계수 잎 **대체 가능** 양파→간 양파 큐브(p.67) **선택 재료** (일반염) 후춧가루 1꼬집

재료 손질

파프리카, 양파, 양송이버섯, 브로콜리, 닭 안심 먹기 좋은 크기로 잘라주세요.

만드는 방법

1. 버터를 녹인 뒤 닭고기와 양파를 넣고 중불로 볶아주세요.

2. 양송이버섯과 파프리카, 브로콜리를 넣고 2분 볶다가 밀가루를 넣고 중불로 3분 정도 볶아주세요.

3. 우유를 넣고 끓이다가 우유가 끓어오르면 약한 불로 줄인 후에 월계수 잎과 소금을 넣고 모든 재료가 익도록 끓인 뒤 월계수 잎을 건져내 주세요(무염은 월계수 잎과 소금을 생략해주세요).

4. 5분 뒤 걸쭉한 농도가 되면 월계수 잎은 건져내고 일반염은 후추를 살짝 뿌려 드세요.

TIP

1. 닭은 어떤 부위를 사용해도 상관없어요.
2. 우유는 중약불로 조리해요. 너무 센 불로 끓이면 덩어리와 막이 생겨요.
3. 남은 것은 냉장고에 넣었다가 3일 이내로 약한 불에서 데워 드세요.
4. 월계수 잎이 없다면 정육점에서 고기 살 때 조금 챙겨달라고 이야기해보세요.
5. 닭 안심 25g은 닭 안심 한 덩이 무게에요.
6. 먹기 전에 후춧가루를 한 꼬집 뿌려 드셔도 좋아요.

토마토밥

p.119

1개폭탄소스

p.78

닭불고기

닭불고기는 닭 안심과 집에 있는 양념만으로 간단하게 만들 수 있으면서도 맛있는 메뉴에요. 약한 불로 촉촉하게 구운 닭불고기는 너무 부드러워 아이들이 먹기에 참 좋아요. 대슬이 단골 반찬인 닭불고기는 만능고기양념만 있다면 빠르고 쉽게 맛을 낼 수 있어요.

아이가 한두 번 먹을 양

조리시간
25분

난이도
★★☆☆☆

무염	저염	일반염
닭 안심 50g **양념 재료** - 만능고기양념 15g - 참기름 1/3작은술 기름 1/3작은술 통깨 2꼬집	닭 안심 100g **양념 재료** - 만능고기양념 30g - 양조간장 1/3작은술 - 참기름 1/2작은술 기름 1/2작은술 통깨 1/3작은술	닭 안심 100g **양념 재료** - 만능고기양념 30g - 양조간장 1작은술 - 참기름 1작은술 - 후춧가루 2꼬집 기름 1/2작은술 통깨 1/3작은술

생략 가능 통깨

재료 손질

닭 안심 깨끗하게 씻은 후에 힘줄을 제거해주세요(p.58).

만능고기양념 냉동실에 있는 만능고기양념을 꺼내 주세요(p.84).

만드는 방법

1. 닭 안심에 양념 재료를 넣고 잘 섞어 15분 이상 숙성시켜주세요.

2. 팬에 기름을 살짝 두르고 양념한 닭 안심을 약한 불에서 구워주세요.

3. 뒤집어서 속이 익을 때까지 아주 약한 불에서 익힌 뒤 먹기 좋은 크기로 잘라 통깨를 뿌려주세요.

TIP

1. 닭 안심 힘줄은 제거하지 않아도 무관해요.
2. 닭 안심은 덩어리로 구워야 속살이 더 부드러우니 다 구운 다음 먹기 좋은 크기로 잘라주세요.
3. 중불 이상에서는 양념이 쉽게 탈 수 있으니 처음부터 약한 불에서 익혀주세요.

찐 애호박나물

친근한 재료인 애호박을 다양한 방법으로 조리해 먹지만 쪄서 무쳐 먹는 애호박나물은 정말 맛있어요. 결혼하고 시어머니가 해주셨는데 너무 익숙한 맛인 거예요. 기억을 더듬어보니 옛날 시골에서 외할머니가 해주셨던 반찬이었어요. 어렸을 때 외할머니댁에서 먹었던 맛을 기억나게 해주신 시어머니에게 감사한 마음이 드는 레시피에요.

아이가 여러 번 먹을 양

조리시간
10분

난이도
★★☆☆☆

무염	저염	일반염
애호박 100g 편 썬 마늘 3g 참기름 약간 통깨 1/3작은술	애호박 200g 편 썬 마늘 3g 간 새우젓 1/3작은술 참기름 1/2작은술 통깨 1/3작은술	애호박 200g 다진 마늘 1/2작은술 간 새우젓 2/3작은술 참기름 1작은술 통깨 약간 1/3작은술

대체 가능 편 마늘→다진 마늘 1~2g, 간 새우젓(p.68)→갈지 않은 새우젓

재료 손질

애호박 채 썰어주세요.

만드는 방법

1. 편 썬 마늘(일반염은 다진 마늘)과 애호박을 잘 섞은 뒤 김이 오른 찜기에 호박이 부드럽게 익도록 3분 정도 쪄주세요(저염, 일반염은 4분).

2. 부드럽게 쪄진 호박과 마늘은 바로 볼에 옮겨 담아주세요.

3. 뜨거울 때 새우젓과 참기름, 통깨를 넣고 잘 섞어주세요(무염, 저염은 마늘을 건져내주세요. 무염은 새우젓 생략).

TIP

1. 아이들은 매운 마늘 맛을 안 좋아할 수 있기 때문에 애호박과 같이 쪄서 조리해요.
2. 마늘은 찜기에 찌지 않고 애호박만 찐 직후 뜨거울 때 같이 넣고 버무려도 좋아요.
3. 새우젓은 간 새우젓을 이용하면 더욱 간을 고르게 양념할 수 있으나 갈지 않은 새우젓으로 만들어도 무관해요.
4. 뜨거울 때 참기름을 넣고 버무려야 고소한 맛이 잘 퍼져요. 냉장고에 두고 먹는다면 먹기 전에 한두 방울씩 떨어트려 섞어 드세요.

김국

준비된 멸치육수만 있다면 5분 만에 만들 수 있는 초간단 국입니다. 멸치육수에 양파와 김만 들어가서 맛이 아주 깔끔해요. 쉽고 간단한 김국에 다양한 재료를 추가해도 좋아요. 계란, 해물, 육류, 떡, 만두 등 추가 재료를 넣어 다양하게 응용해서 끓여보세요.

아이가 한 번 먹을 양	무염	저염	일반염
조리시간 5분 난이도 ★☆☆☆☆	멸치육수 100ml 구운김 1장 양파 10g	멸치육수 100ml 구운김 1장 양파 10g 소금 1꼬집	멸치육수 100ml 구운김 1장 양파 10g 국간장 1/2작은술 소금 1꼬집

대체 가능 양파→간 양파 큐브(p.67)

재료 손질

육수 해물육수팩(p.82)으로 육수를 내거나 멸치육수를 준비해주세요.

김 구운 다음 크게 부셔서 준비해주세요.

양파 아주 얇게 채 썰어주세요.

만드는 방법

1. 멸치육수가 팔팔 끓으면 양파와 국간장을 넣고 뚜껑을 덮은 후에 3분 정도 끓여주세요(무염은 국간장 생략, 저염은 소금으로 대체).

2. 3분 뒤에 불을 끄고 구운 김을 넣어주세요.

TIP

1. 김을 구워서 넣지 않으면 생김의 비린 맛이 날 수 있어요.
2. 불을 끈 다음 김을 넣어야 김을 넣고 팔팔 끓였을 때보다 김의 구수한 맛이 살아나요.
3. 다른 재료를 추가하고 싶을 땐 멸치육수에 재료를 넣어 익을 때까지 끓이고 불을 끈 뒤 김을 넣어주세요. 김은 물 속에서 풀어지기 때문에 잘게 찢어서 준비할 필요가 없어요.

현미밥

p.122

새우까까

간식으로도, 밥 반찬으로도 너무 좋은 새우까까는 만드는 방법도 쉽고 맛이 좋아서 SNS에서 정말 많은 분이 좋아해주신 메뉴에요. 부드러운 보리새우로 만들어 건새우를 처음 먹는 아이들에게 추천하는 메뉴에요. 가끔은 어른 안주로도 좋답니다.

아이가 여러 번 먹을 양

조리시간
10분

난이도
★☆☆☆☆

무염	저염	일반염
보리새우 30g 통깨 1/2작은술 참기름 1/2작은술 조청 1작은술	보리새우 30g 통깨 1작은술 참기름 1작은술 조청 2작은술	보리새우 30g 통깨 1작은술 참기름 1작은술 양조간장 1/3작은술 조청 2작은술

재료 손질

보리새우 체로 쳐서 먼지와 가루를 털어내주세요.

만드는 방법

1. 보리새우를 마른 팬에 넣고 아주 약한 불에서 타지 않게 볶다가 색이 약간 갈색으로 변하면서 바삭하게 볶아지면 통깨를 넣고 1분 더 볶아주세요.

2. 넓은 그릇에 조청과 참기름을 최대한 골고루 바른 후에 볶아둔 보리새우를 넣고 양념이 골고루 배도록 버무려주세요(일반염은 간장 추가).

TIP

1. 넓은 그릇에 양념을 넓게 펴 바르면 적은 양념도 새우에 골고루 묻힐 수 있어요.
2. 냉장고에서 일주일 이상 보관 가능하나 가급적 빨리 드세요.
3. 잎만 따서 쪄서 말린 톳(p.53)을 살짝 볶아 같이 넣어도 좋아요.

애호박무침

익혀서 달콤해진 애호박에 깨폭탄소스를 버무려주니 대슬이가 너무 잘 먹었어요. 마땅한 반찬이 없을 때 애호박을 휘리릭 익혀서 깨폭탄소스만 무쳐주면 정말 쉽고 간편해요. 애호박은 큼직하게 썰어도 좋고 채 썰어도 좋아요. 우리 아이가 좋아하는 모양과 식감에 맞게 만들어보세요.

아이가 한두 번 먹을 양 조리시간 10분 난이도 ★☆☆☆☆	무염	저염	일반염
	애호박 50g 참기름 3~4방울 통깨 1/3작은술	애호박 50g 깨폭탄소스 1/2작은술	애호박 50g 깨폭탄소스 1작은술

재료 손질

깨폭탄소스 깨폭탄소스를 준비해주세요(p.78).

만드는 방법

1. 애호박은 두껍게 자른 후에 끓는 물에 데치거나 찜기에 쪄서 익혀주세요.

2. 익은 호박을 먹기 좋은 크기로 자른 후에 깨폭탄소스에 버무려주세요(일반염은 소금 추가, 무염은 참기름, 통깨를 넣고 버무려주세요).

TIP

1. 깨폭탄소스 양은 입맛에 맞게 조절해주세요. 싱거우면 국간장 혹은 소금을 소량 더 추가해주세요.
2. 물에 끓여서 익히는 경우에 호박을 너무 작게 자르면 맛있는 맛과 영양이 다 빠져나가기 때문에 최대한 덜 잘라 덩어리째 익힌 후에 자르는 게 좋아요.
3. 애호박 동그랗게 썰기, 부채꼴 모양으로 썰기, 채 썰기 등 아이가 좋아하는 식감과 모양대로 조리해주셔도 좋아요.

닭고기찜

달콤한 무의 맛이 정말 좋은 닭고기찜이에요. 대슬이가 아주 좋아해서 깔끔하게 먹어치우는 반찬이지만 국물이 있어 국 대신 줘도 좋아요. 무와 닭고기가 정말 잘 어울리고 만드는 방법도 너무 쉬워서 꼭 만들어보시라고 추천하고 싶은 메뉴 중 하나입니다.

엄마와 아이가 한 번 먹을 양 조리시간 20분 난이도 ★★☆☆☆	무염	닭 안심 75g 간 무 30g	저염	맛술 1큰술 닭다리살 150g 소금 1꼬집 간 무 50g	일반염	맛술 1큰술 닭다리살 150g 소금 1/3작은술 후춧가루 1꼬집 간 무 50g

생략 가능 맛술

재료 손질

닭 안심 (무염) 힘줄을 제거해주세요(p.58).

닭다리살 기름이 많은 껍질과 살에 있는 지방을 가위로 최대한 잘라주세요.

간 무 간 무 큐브(p.66)를 준비하거나 강판이나 믹서에 무를 갈아주세요.

만드는 방법

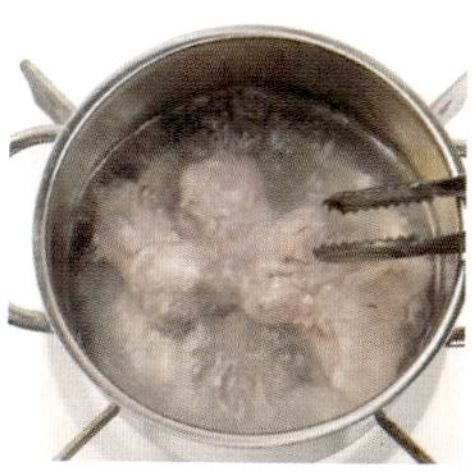

1. 팔팔 끓는 물(약 400~500ml)에 지방을 제거한 닭다리살과 맛술 1큰술을 넣고 30초 정도 데친 후에 체에 건져 한 김 식혀주세요. 데친 후에 물에 씻으면 안 됩니다(무염은 데치는 과정 생략).

2. 찜기용 그릇에 데친 닭다리살(무염은 닭 안심)을 넣고 소금을 뿌린 뒤 그 위에 간 무를 넣어 15분 정도 쪄주세요(무염은 소금 생략, 일반염은 후춧가루 추가).

3. 완성된 닭고기찜은 국물까지 모두 그릇에 담아주세요.

TIP

1. 무염으로 조리해서 먹는 영아들은 기름이 없는 닭 안심 부위를 사용해주세요.
2. 닭 부위는 안심, 닭가슴살, 뼈 있는 닭 등 어떤 부위도 상관없으나 닭다리살이 가장 맛있어요.
3. 남은 닭고기찜은 냉장고에 넣어뒀다가 찜기에 데워서 먹으면 처음과 맛이 같아요.
4. 닭 안심 75g은 닭 안심 세 덩이 무게에요.
5. 닭다리살 150g은 닭다리살 두 덩이 무게에요.

돼지고기애호박찌개

어른들은 얼큰한 김치찌개에 야들야들 고소한 돼지고기를 넣고 끓여 먹으면 정말 맛있죠? 아이들에게는 매운 김치 대신 달콤한 애호박을 듬뿍 넣어 맑은 찌개를 끓여봤어요.

아이가 여러 번 먹을 양

조리시간
20분

난이도
★★★☆☆

무염

돼지고기 양념
- 돼지고기 100g
- 맛술 1/2작은술
- 참기름 1/2작은술
- 다진 마늘 3g

대파 1큰술
애호박 150g
간 양파 30g

멸치육수 200ml

저염

돼지고기 양념
- 돼지고기 100g
- 맛술 1작은술
- 참기름 1작은술
- 다진 마늘 5g

대파 1큰술
애호박 150g
간 양파 30g

멸치육수 200ml
새우젓 1/2작은술

일반염

돼지고기 양념
- 돼지고기 100g
- 맛술 1작은술
- 참기름 1작은술
- 다진 마늘 10g
- 고춧가루 1작은술

대파 1큰술
애호박 150g
간 양파 30g

멸치육수 200ml
새우젓 1작은술

생략 가능 맛술
대체 가능 간 양파→먹기 좋게 자른 양파, 새우젓→국간장 혹은 소금

재료 손질

돼지고기 먹기 좋은 크기로 잘라주세요.

돼지고기양념 모든 재료를 잘 섞어 돼지고기에 버무려 주세요.

애호박 도톰하게 썰어주세요.

양파 간 양파 큐브(p.67)를 준비하거나 양파를 작게 썰어주세요.

대파 (저염) 잘게 다져주세요.
(일반염) 송송썰어주세요.

만드는 방법

1. 냄비에 양념한 돼지고기와 대파를 볶아주세요.

2. 돼지고기가 절반 정도 익으면 애호박과 간 양파도 넣고 볶아주세요.

3. 멸치육수와 새우젓을 넣고 모든 재료가 잘 익도록 끓여주세요(무염은 새우젓 생략).

TIP

1. 새우젓은 간 새우젓(p.68)을 넣으면 새우 건더기가 국에 뜨지 않고 소량만 넣어도 간이 잘 맞아요.
2. 일반염의 고춧가루는 안 매운 것을 사용하면 어린이들도 맛있게 먹을 수 있어요.
3. 애호박은 잘게 잘라주셔도 무관해요.

두부인절미

SNS에서 수많은 후기를 자랑하는 레시피에요. 대슬이 돌쯤 처음 만들어줬는데 아주 좋아하고 잘 먹어서 효자 반찬이었어요. 만드는 방법도 아주 간단한데 36개월쯤부터는 맛이 삼삼한지 잘 안 먹더라고요. 그 뒤로는 두부에 간도 하고 볶은 콩가루에 설탕도 약간 첨가하니 다시 잘 먹는 반찬, 간식이 되었어요. 어른들 간식으로도 좋은 두부인절미! 두부 안 좋아하는 아이들도 도전해보면 좋을 메뉴에요.

	무염	저염	일반염
아이가 한두 번 먹을 양 조리시간 10분 난이도 ★☆☆☆☆	두부 30g **가루 재료** - 볶은콩가루 1큰술	두부 40g **가루 재료** - 볶은콩가루 4작은술 - 설탕 1/2작은술	두부 50g 소금 1꼬집 **가루 재료** - 곱게 간 참깨 1작은술 - 볶은콩가루 5작은술 - 설탕 1작은술

재료 손질

두부 먹기 좋은 크기로 자른 뒤 키친타월로 물기를 제거해주세요.

통깨(일반염) 절구에 곱게 갈아주세요.

가루 재료 잘 섞어서 준비해주세요.

무염, 저염 만드는 방법

1. 두부는 기름을 두른 팬에 노릇하게 구워주세요.

2. 구운 두부는 정수 물에 담가 씻어 기름을 뺀 후 키친타월에 물기를 최대한 닦아주세요.

3. 물기와 기름을 최대한 제거한 두부는 가루 재료에 잘 버무려주세요.

일반염 만드는 방법

1. 두부에 소금을 뿌려 기름을 두른 팬에 노릇하게 구워주세요.
2. 구운 두부는 키친타월 위에 올려 기름을 제거해주세요.
3. 구워서 기름을 뺀 두부를 가루 재료에 잘 버무려주세요.

TIP

1. 꼭 볶은 콩가루를 준비해주세요(날 콩가루는 안 됨).
2. 두부의 수분과 기름을 잘 제거해야 겉에 묻은 콩가루가 눅눅해지지 않아요.
3. 가루를 너무 많이 묻히면 어린 아이들은 헛기침을 유발할 수 있으니 적당히 묻혀주세요.

슬기로운요리생활 꿀팁 3

계란 옷만 입으면 맛있어지는 전 13종 모음

계란 & 밀 알레르기 아이들을 위한 전 레시피

대슬이가 계란 알레르기로 많은 음식을 제한했을 때 저는 항상 성분표를 보며 먹을 수 있는 것, 먹을 수 없는 것을 가려내기 바빴어요. 대슬이가 먹고 싶은 것을 골라도 계란이 들어간 음식이라면 "여기에 계란이 들어갔대, 이건 다음에 먹어보자" 혹은 "계란 안 들어간 걸로 먹자~"라고 설명하곤 했어요. 두 살 세 살 어린 나이인데도 먹고 싶다고 떼쓰지 않고 꾹 참는 모습을 보니 얼마나 마음이 아팠는지 지금 생각해도 눈물이 찡합니다.
이번에는 계란 옷만 입으면 맛있어지는 전 13종을 소개해드리면서 전을 맛있게 부치는 방법과 계란이나 밀 알레르기가 있는 아이들을 위해 계란 없이 전을 붙이는 간단한 팁을 소개하려고 합니다.

전을 맛있게 부치는 방법

1. 각 재료에 밑간하기

전을 맛있게 부치는 팁은 각 재료에 간을 하는 거예요. 맛살이나 어묵, 굴, 새우 등 재료 자체에 나트륨 함량이 높은 재료는 밑간을 생략해도 되지만, 두부, 호박, 가지, 버섯, 동태 등 나트륨이 없거나 함량이 낮은 재료는 소금 간을 해서 부치면 더욱 맛있게 먹을 수 있어요.

2. 가루 묻혀서 굽기

재료에 가루를 묻히지 않고 구우면 재료에서 수분이 나와 계란 옷이 훌러덩 벗겨져요. 밀가루를 묻혀서 구우면 재료의 수분이 나오는 것을 막아주고 계란 옷과 재료가 착 달라붙는 역할을 해주기 때문에 꼭 가루를 묻힌 후에 구워주세요.

3. 다진 채소를 계란에 섞기

계란에 당근과 부추, 쪽파 등 알록달록한 재료를 섞어서 전을 부치면 더욱 보기 좋고, 부추나 쪽파를 넣으면 향도 좋아져요.

4. 적당한 두께로 썰기

재료가 너무 얇으면 부침 옷 맛만 강해지고, 재료가 너무 두꺼우면 속은 익지 않고 계란 옷은 타버릴 수 있어요. 너무 얇지도 두껍지도 않게 적당한 두께로 자르는 것도 중요해요.

대체 가능 밀가루→부침가루, 튀김가루

맛살전

1. 맛살은 포장지를 벗기고 먹기 좋은 크기로 잘라주세요.
2. 밀가루를 살짝 묻힌 뒤 탈탈 털어 기름을 두른 팬에 계란 옷을 입혀 구워주세요.

두부전

1. 두부는 먹기 좋은 크기로 잘라 키친타월에 올려 물기를 빼주세요
2. 밀가루를 살짝 묻혀 탈탈 털어낸 뒤 기름을 두른 팬에 계란 옷을 입힌 두부를 구워주세요.

애호박전

1. 애호박은 먹기 좋은 크기로 잘라주세요.
2. 밀가루를 살짝 묻혀 탈탈 털어낸 뒤 기름을 두른 팬에 계란 옷을 입혀 구워주세요.

연근전

1. 연근은 깨끗하게 껍질 벗겨 얇게 썰어 변색을 막기 위해 식초 물에 담가주세요.
2. 흐르는 물에 한번 씻은 후 채반에 밭쳐 물기를 빼주세요.
3. 밀가루를 살짝 묻혀 탈탈 털어낸 뒤 기름을 두른 팬에 계란 옷을 입혀 구워주세요.

가지전

1. 가지는 껍질을 깨끗하게 씻어 얇게 잘라주세요.
2. 밀가루를 살짝 묻혀 탈탈 털어낸 뒤 기름을 두른 팬에 계란 옷을 입혀 구워주세요.

표고버섯전

1. 표고버섯은 얇게 잘라주세요.
2. 밀가루를 살짝 묻힌 뒤 탈탈 털어 기름을 두른 팬에 계란 옷을 입혀 구워주세요.

느타리버섯전

1. 느타리버섯은 한 가닥씩 찢어주세요.

2. 밀가루를 살짝 묻힌 뒤 탈탈 털어 기름을 두른 팬에 계란 옷을 입혀 구워주세요.

굴전

1. 굴은 흐르는 물에 깨끗하게 씻은 뒤 체에 밭쳐서 물기를 제거해주세요(굴 비린내 제거는 70쪽을 참고해주세요).

2. 밀가루를 살짝 묻힌 뒤 탈탈 털어 기름을 두른 팬에 계란 옷을 입혀 구워주세요.

팽이버섯전

1. 팽이버섯은 밑동을 자르고 흐르는 물에 살짝 씻어주세요.

2. 팽이버섯을 1cm 길이로 썰어 계란과 잘 섞어주세요.

3. 기름을 두른 팬에 계란 옷을 입혀 구워주세요.

새우전

1. 새우는 껍질과 내장을 제거하고(p.58 참고) 반으로 포를 뜨듯이 잘라주세요.

2. 밀가루를 살짝 묻혀 탈탈 털어낸 뒤 기름을 두른 팬에 계란 옷을 입혀 구워주세요.

관자전

1. 관자는 얇게 썰어주세요.

2. 밀가루를 살짝 묻힌 뒤 탈탈 털어 기름을 두른 팬에 계란 옷을 입혀 구워주세요.

동태전

1. 동태포에 소금, 후추로 밑간을 해주세요.

2. 밀가루를 살짝 묻힌 뒤 탈탈 털어 기름을 두른 팬에 계란 옷을 입혀 구워주세요.

동글어묵전

1. 어묵 가운데 구멍에 맛살을 집어넣은 뒤 적당한 두께로 썰어주세요.

2. 밀가루를 살짝 묻힌 뒤 탈탈 털어 기름을 두른 팬에 계란 옷을 입혀 구워주세요.

※ 매운 것을 좋아하는 어른들은 청양고추를 가운데 넣고 썰어서 부쳐도 좋아요.

계란 알레르기 아이들을 위한 전 레시피

방법 1 **1.** 부침가루에 극소량의 강황가루 혹은 적정량의 카레가루를 섞어 노란색 가루를 만들어주세요.

2. 노랗게 만든 가루와 물의 비율을 1:1로 섞어 반죽물을 만들어주세요.

3. 전 부칠 재료에 부침가루를 살짝 묻힌 후 탈탈 털어 반죽물을 입히고 기름을 두른 팬에 구워주세요.

방법 2 **1.** 치자는 따뜻한 물에 넣어 노랗게 우려내주세요.

2. 노랗게 우려낸 치자 물과 부침가루를 1:1 비율로 섞어 반죽물을 만들어주세요.

3. 전 부칠 재료에 부침가루를 살짝 묻힌 후 탈탈 털어 반죽물을 입히고 기름을 두른 팬에 구워주세요.

* 부침가루는 밀가루, 튀김가루 등으로 대체 가능해요.
* 전을 노랗게 만들어주는 강황가루, 카레가루, 치자 물은 생략 가능해요.
* 강황가루는 많이 넣으면 매운맛이 느껴지기 때문에 아주 소량씩 넣으며 색을 봐주세요.

밀 알레르기 아이들을 위한 전 레시피

방법 1 **1.** 쌀부침가루(밀가루 0%)에 극소량의 강황가루 혹은 적정량의 카레가루를 섞어 노란색 가루를 만들어주세요.

2. 노랗게 만든 가루와 물의 비율을 1:1로 섞어 반죽물을 만들어주세요.

3. 전 부칠 재료에 쌀부침가루를 살짝 묻힌 후 탈탈 털어 반죽물을 입히고 기름을 두른 팬에 구워주세요.

방법 2 **1.** 치자는 따뜻한 물에 넣어 노랗게 우려내주세요.

2. 노랗게 우려낸 치자 물과 쌀부침가루(밀가루 0%)를 1:1 비율로 섞어 반죽물을 만들어주세요.

3. 전 부칠 재료에 쌀부침가루(밀가루 0%)를 살짝 묻힌 후 탈탈 털어 반죽물을 입히고 기름을 두른 팬에 구워주세요.

방법 3 **1.** 전분에 강황가루를 아주 소량 섞어 노란색 가루를 만들어주세요.

2. 전 부칠 재료에 노랗게 만든 가루를 살짝 묻힌 뒤 탈탈 털어 기름을 두른 팬에 구워주세요.

* 밀 알레르기 아이들을 위한 밀 0% 쌀부침가루가 판매되고 있어요. 농협 '쌀부침가루' 혹은 한살림 '쌀튀김가루' 외 다양한 제품이 있어요.
* 전을 노랗게 만들어주는 강황가루, 카레가루, 치자 물은 생략 가능해요.
* 강황가루는 많이 넣으면 매운맛이 느껴지기 때문에 아주 소량씩 넣으며 색을 봐주세요.

맛있는 재료들로 조합한 볶음밥 한 그릇

PART 8

들깨오리볶음밥

예전에 우연히 들린 오리고기 전문 음식점에서 통들깨와 오리고기가 잘 어우러져 맛있게 먹은 기억이 있어요. 톡톡 씹히는 들깨가 너무 좋더라고요. 그래서 이 조합을 볶음밥으로 만들어봤어요. 톡톡 씹히는 통들깨와 깻잎 향, 그리고 오리고기와 양배추가 매우 잘 어울려요.

아이가 한 번 먹을 양	무염	저염	일반염
조리시간 15분 난이도 ★★☆☆☆	훈제오리 30g 통들깨 1/2작은술 양파 20g 양배추 40g 깻잎 1장 밥 60g 들기름 1/3작은술	훈제오리 40g 통들깨 1/2작은술 양파 20g 양배추 40g 연근굴소스 1작은술 깻잎 1장 밥 100g 들기름 1/3작은술	훈제오리 50g 통들깨 1/2큰술 양파 30g 양배추 50g 연근굴소스 1작은술 양조간장 1작은술 깻잎 2장 밥 130g 들기름 1/2작은술

생략 가능 들기름
대체 가능 훈제오리→생오리, 연근굴소스→시판 굴소스 1/2작은술

재료 손질

훈제오리 흐르는 물에 여러 번 씻은 후 잘게 다져주세요.
양파, 양배추, 깻잎 잘게 다져주세요.
통들깨 흐르는 물에 재빨리 씻어주세요.
연근굴소스 미리 만들어둔 것을 사용했어요(p.80).

만드는 방법

1. 기름을 두르지 않은 팬에 훈제오리와 양파를 볶아주세요.

2. 오리에서 기름이 나오고 양파가 익으면 양배추를 넣고 볶아주세요.

3. 통들깨와 굴소스를 넣고 통들깨가 타지 않고 바삭해지도록 약한 불에서 2분 정도 볶아주세요(무염은 굴소스 생략, 일반염은 양조간장 추가).

4. 밥과 깻잎을 넣고 잘 볶은 뒤 불을 끄고 들기름을 넣어주세요.

TIP

1. 통들깨는 타기 쉬우니 꼭 약한 불에서 볶아주세요.
2. 깻잎은 향을 내기 위해 마지막에 넣는데 오리고기를 볶을 때 미리 같이 볶아도 상관없어요.

추억의 감자볶음밥

친정엄마가 어렸을 때 자주 해주던 메뉴가 몇 가지 있어요. 그중 하나인 감자볶음밥이에요. 볶음밥에 잘게 다져 전분기를 뺀 감자가 들어가면 볶음밥의 고소함이 확 달라지더라고요. 짭조름한 김치와 고소한 감자가 들어가 고기가 없어도 참 맛있어요. 김치를 생략하고 소고기, 닭고기, 돼지고기 등을 넣어도 맛있는 볶음밥이 되어요. 감자! 볶음밥에 꼭 넣어보세요.

아이가 한 번 먹을 양

조리시간
20분

난이도
★★☆☆☆

무염	저염	일반염
기름 1/3작은술	기름 1/2작은술	기름 1작은술
아기김치 30g	아기김치 30g	어른김치 40g
감자 30g	감자 40g	감자 50g
양파 20g	양파 30g	양파 30g
당근 10g	당근 10g	당근 15g
애호박 10g	애호박 10g	애호박 15g
	연근굴소스 1작은술	연근굴소스 1작은술
		양조간장 1작은술
밥 60g	밥 100g	밥 130g
참기름 1/3작은술	참기름 1/3작은술	참기름 1/2작은술
통깨 1꼬집	통깨 1꼬집	통깨 2꼬집

대체 가능 연근굴소스→시판 굴소스 1/2작은술, 김치→깍두기, 양파·당근·애호박→볶은모둠채소 큐브

재료 손질

감자 잘게 썰어 물에 담가 최소 5분 이상 전분을 뺀 후 물기를 최대한 제거해주세요.

양파, 애호박, 당근 잘게 다져주세요.

김치 흐르는 물에 한 번 씻어 잘게 다져주세요.

연근굴소스 미리 만들어둔 것을 사용했어요(p.80).

만드는 방법

1. 기름을 두른 팬에 김치와 감자를 넣고 감자가 익을 때까지 충분히 볶아주세요.

2. 감자가 익으면 양파를 넣고 볶아주세요.

3. 양파가 익으면 당근, 애호박을 넣고 볶아주세요.

4. 모든 재료가 익으면 굴소스를 넣고 볶아주세요(무염은 굴소스 생략, 일반염은 양조간장 추가).

5. 밥을 넣고 잘 섞은 뒤 불을 끄고 참기름과 통깨를 뿌려주세요.

TIP

1. 감자와 양파가 덜 익으면 식감이 예민한 아이들은 입에 걸려 잘 안 먹을 수 있으니 감자와 양파를 오래 볶아 완전 익히는 게 중요해요.
2. 감자만 볶으면 전분 때문에 팬에 눌어붙기 쉬운데 김치와 함께 볶으면 덜 눌어붙어요.

떡갈비볶음밥

시판 떡갈비로 쉽게 만드는 레시피에요. 떡갈비에는 갖은 양념과 채소가 들어 있어 그냥 구워 먹어도 맛있지만 볶음밥에 넣어도 참 맛있어요. 떡갈비는 보통 기름기가 많기 때문에 볶음밥 조리 시 따로 기름을 사용하지 않았어요.

죽집 동치미
p.100

아이가 한 번 먹을 양

조리시간
20분

난이도
★★☆☆☆

무염	저염	일반염
떡갈비 30g 표고버섯 10g 양파 10g 당근 10g 애호박 10g 밥 60g 참기름 2~3방울 통깨 1꼬집	떡갈비 50g 표고버섯 20g 양파 15g 당근 10g 애호박 10g 연근굴소스 1작은술 밥 100g 참기름 1/3작은술 통깨 1꼬집	떡갈비 100g 표고버섯 20g 양파 30g 당근 15g 애호박 15g 연근굴소스 1작은술 양조간장 1작은술 밥 130g 참기름 1/3작은술 통깨 1꼬집

생략 가능 표고버섯

대체 가능 양파·당근·애호박→볶은모둠채소 큐브(p.71), 연근굴소스→시판 굴소스 1/2작은술

재료 손질

떡갈비 시판 냉동 떡갈비는 완전히 해동해주세요.

표고버섯, 양파, 당근, 애호박 잘게 다져주세요.

연근굴소스 미리 만들어둔 것을 사용했어요(p.80).

만드는 방법

1. 해동된 떡갈비는 으깨듯 구워주세요.

2. 떡갈비에 따라 다르지만 기름이 너무 많이 나온다면 최대한 닦아내 주세요.

3. 떡갈비는 잠시 빼두고 팬에 양파, 당근, 애호박 순서로 재료가 익을 때까지 볶아주세요.

4. 재료가 잘 익으면 표고버섯과 굴소스를 넣고 볶아주세요(무염은 굴소스 생략, 일반염은 양조간장 추가).

5. 밥과 떡갈비를 넣고 잘 섞은 뒤 불을 끄고 참기름과 통깨를 뿌려주세요.

TIP

1. 떡갈비는 하루 전날 냉장고 가장 앞부분에 놓고 해동해주세요. 완전히 해동해서 만들어야 편리해요.
2. 떡갈비를 오븐이나 에어프라이어에서 조리 후 기름을 빼고 넣어도 좋아요.

닭안심깍두기볶음밥

잘 익은 깍두기로 만든 볶음밥은 아주 새콤하고 맛있어요. 깍두기를 만들었는데 너무 익어서 잘 안 먹거나 집에 잘 익은 깍두기가 있으면 다져서 만들어보세요. 잘 익은 깍두기는 볶으면 더욱 맛있어진답니다.

아이가 한 번 먹을 양

조리시간
15분

난이도
★★☆☆☆

무염	저염	일반염
기름 1/3작은술	기름 1/2작은술	기름 1작은술
닭 안심 30g	닭 안심 60g	닭 안심 60g
깍두기 20g	깍두기 40g	깍두기 40g
다진 파3g	다진 파 5g	다진 파 5g
당근 5g	당근 5g	당근 5g
	연근굴소스 1작은술	연근굴소스 1작은술
		양조간장 1작은술
밥 60g	밥 100g	밥 130g
참기름 2~3방울	참기름 1/3작은술	참기름 1/3작은술
통깨 1꼬집	통깨 1꼬집	통깨 2꼬집

대체 가능 깍두기→김치, 다진 파→다진 마늘, 연근굴소스→시판 굴소스 1/2작은술

재료 손질

닭 안심 힘줄을 제거하고(p.58), 먹기 좋은 크기로 다져주세요.

깍두기 밥알보다 약간 큰 크기로 다져주세요.

당근, 파 잘게 다져주세요.

연근굴소스 미리 만들어둔 것을 사용했어요(p.80).

만드는 방법

1. 기름을 두른 팬에 대파를 넣고 약한 불로 볶아 파기름을 내주세요.

2. 다진 깍두기와 당근을 넣고 볶다가 어느 정도 익으면 닭 안심, 굴소스도 넣고 볶아주세요(무염은 굴소스 생략, 일반염은 양조간장 추가).

3. 밥을 넣고 잘 섞은 뒤 불을 끄고 참기름과 통깨를 뿌려주세요.

TIP

1. 파기름을 낼 때 다진 파가 타지 않도록 약한 불에서 볶아주세요.
2. 깍두기는 충분히 볶아야 맛있어요.

차돌박이숙주볶음밥

차돌박이는 얇아서 바쁜 육아 중에 해동과 조리도 빨리 되는 데다가 구웠을 때 맛도 아주 구수하고 좋아서 대슬이가 잘 먹는 부위였어요. 그래서 우리 집 냉동실에 항상 있는 재료예요. 차돌박이는 숙주와 맛 궁합이 좋다는 점, 많은 분이 알고 계시죠? 볶음밥으로 만들어 먹어도 맛있답니다. 재료도 차돌, 양파, 숙주 3가지로 간단해요. 집에 차돌박이가 있다면 꼭 한번 만들어보세요.

간단 백김치
p.93

아이가 한 번 먹을 양

조리시간
10분

난이도
★★☆☆☆

무염	저염	일반염
차돌박이 20g	차돌박이 30g	차돌박이 50g
숙주 15g	숙주 30g	숙주 60g
양파 10g	양파 15g	양파 30g
	연근굴소스 1작은술	연근굴소스 1작은술
		양조간장 1작은술
밥 60g	밥 100g	밥 130g
참기름 2~3방울	참기름 1/3작은술	참기름 1/3작은술
통깨 1꼬집	통깨 1꼬집	통깨 2꼬집

생략 가능 참기름, 통깨
대체 가능 연근굴소스→시판 굴소스 1/2작은술

재료 손질

숙주, 양파 깨끗하게 씻어 먹기 좋은 크기로 잘라주세요.
연근굴소스 미리 만들어둔 것을 사용했어요(p.80).

만드는 방법

1. 차돌박이는 살짝 구운 뒤 그릇에 담아 가위로 잘게 잘라두세요. 기름이 너무 많다면 살짝 닦아주세요.

2. 차돌박이 구운 팬에 양파를 볶다가 노릇해지면 숙주나물과 굴소스를 넣고 볶아주세요(무염은 굴소스 생략, 일반염은 양조간장 추가).

3. 밥과 잘게 자른 차돌박이를 넣고 잘 섞은 뒤 불을 끄고 참기름과 통깨를 뿌려주세요.

TIP

1. 다진 당근을 추가해도 좋아요.
2. 차돌박이는 너무 오래 볶으면 질겨지니 익을 정도로만 살짝 구웠다가 마지막에 밥과 섞을 때 넣어야 질기지 않아요.

삼겹살가지볶음밥

집에서 삼겹살 구워 먹고 남은 삼겹살 처리하려고 만들어 먹었다가 대슬이가 아주 맛있게 잘 먹어서 넣게 된 레시피에요. 삼겹살을 살짝 구운 뒤 기름이 나오면 그 기름에 가지와 양파를 충분히 볶아요. 가지는 기름에 조리하면 우리 몸에 더 많은 양의 영양소가 흡수된다고 해요. 그리고 무엇보다 아주 맛있어져요. 가지가 들어갔다고 말하지 않으면 모를 거예요.

아이가 한 번 먹을 양	무염	저염	일반염
조리시간 20분 난이도 ★★☆☆☆	삼겹살 20g 가지 30g 양파 20g 밥 60g 참기름 2~3방울 통깨 1꼬집	삼겹살 40g 가지 50g 양파 30g 연근굴소스 1작은술 밥 100g 참기름 1/3작은술 통깨 1꼬집	삼겹살 50g 가지 60g 양파 40g 연근굴소스 1작은술 양조간장 1작은술 밥 130g 참기름 1/3작은술 통깨 2꼬집

대체 가능 연근굴소스→시판 굴소스 1/2작은술

재료 손질

가지, 양파 잘게 다져주세요.

연근굴소스 미리 만들어둔 것을 사용했어요(p.80).

만드는 방법

1. 팬에 삼겹살을 굽다 기름이 나오면 가지와 양파를 넣고 충분히 볶아주세요.

2. 가지와 양파가 완전히 익으면 굴소스를 넣고 볶아주세요(무염은 굴소스 생략, 일반염은 양조간장 추가).

3. 밥을 넣고 잘 섞은 뒤 불을 끄고 참기름과 통깨를 뿌려주세요.

TIP

1. 삼겹살은 취향에 맞게 대패삼겹살이나 도톰한 삼겹살 어떤 것이든 상관없어요.
2. 가지와 양파를 기름에 충분히 볶아야 맛있어요.
3. 구워 먹고 남은 삼겹살로 만들어 먹어도 좋아요.
4. 여행이나 캠핑 후 숯불에 구워 먹고 남은 삼겹살로 만들면 숯불 향 가득한 볶음밥이 되어요.

전복우엉볶음밥

전복의 고소함과 우엉 향이 잘 어울리는 볶음밥이에요. 우엉 향은 꼭 전복이 아니더라도 다른 재료와도 너무나 잘 어울려요. 전복이 없다면 소고기, 돼지고기, 닭고기 모두 잘 어울리니 대체해서 만드셔도 좋아요. 영양 가득한 한 그릇 전복우엉볶음밥이랍니다.

유자배추절임김치
p.96

아이가 한 번 먹을 양 조리시간 20분 난이도 ★★☆☆☆	무염	저염	일반염
	기름 1/3작은술 전복 20g 우엉 10g 양파 20g 당근 10g 애호박 10g 밥 60g 참기름 1~2방울 통깨 1꼬집	기름 1/2작은술 전복 40g 우엉 20g 양파 20g 당근 10g 애호박 10g 연근굴소스 1작은술 밥 100g 참기름 1/3작은술 통깨 1꼬집	기름 1작은술 전복 50g 우엉 20g 양파 30g 당근 10g 애호박 10g 연근굴소스 1작은술 양조간장 1작은술 밥 130g 참기름 1/3작은술 통깨 2꼬집

대체 가능 양파·당근·애호박→볶은모둠채소 큐브(p.71), 연근굴소스→시판 굴소스 1/2작은술, 전복→다른 육류

재료 손질

전복 손질 후 먹기 좋은 크기로 잘라주세요(전복 손질은 p.57 참고).

양파, 당근, 애호박, 우엉 잘게 다져주세요.

연근굴소스 미리 만들어둔 것을 사용했어요(p.80).

만드는 방법

1. 팬에 기름을 약간 두르고 양파, 우엉, 당근을 약한 불에서 10분 정도 충분히 볶아주세요.

2. 재료가 잘 익으면 전복과 애호박, 굴소스를 넣고 전복과 호박이 익을 때까지 볶아주세요(무염은 굴소스 생략, 일반염은 양조간장 추가).

3. 밥을 넣고 잘 섞은 뒤 불을 끄고 참기름과 통깨를 뿌려주세요.

TIP

1. 전복 손질이 어려운 분들은 손질되어 나오는 냉동 손질 전복을 구매하면 편리해요.
2. 전복 대신 소고기, 돼지고기, 닭고기, 새우 등으로 재료를 바꿔서 만들어도 좋아요.

오징어버터마늘볶음밥

오징어, 버터, 마늘 조합은 말하지 않아도 아시겠죠? 향긋한 버터에 마늘을 볶아 향을 낸 뒤 오징어를 볶으면 오징어의 고소한 향이 참 좋은 오징어버터마늘볶음밥이 완성됩니다. 대슬이는 마늘만 골라 먹을 정도로 좋아하는데 마늘을 안 좋아하는 아이들은 다진 마늘로 만들어줘도 좋을 것 같아요. 최강 조합 오징어버터마늘볶음밥을 추천합니다.

간단 백김치

p.93

아이가 한 번 먹을 양

조리시간
20분

난이도
★★☆☆☆

무염	저염	일반염
오징어 30g 편 마늘 5g 양파 20g 당근 10g 버터 3g 밥 60g 통깨 1꼬집	오징어 50g 편 마늘 15g 양파 20g 당근 10g 버터 5g 연근굴소스 1작은술 밥 100g 통깨 1꼬집	오징어 60g 편 마늘 20g 양파 30g 당근 10g 버터 10g 연근굴소스 1작은술 양조간장 1작은술 밥 130g 통깨 2꼬집

생략 가능 통깨
대체 가능 버터→현미유, 연근굴소스→시판 굴소스 1/2작은술

재료 손질

양파, 당근 잘게 썰어주세요.

오징어 껍질을 벗긴 후에 먹기 좋은 크기로 썰어주세요(오징어 손질법은 p.58 참고).

마늘 얇게 편 썰어주세요.

연근굴소스 미리 만들어둔 것을 사용했어요(p.80).

만드는 방법

1. 버터를 녹인 팬에 양파, 마늘, 당근을 넣고 볶다 아주 약한 불에서 1~2분에 한 번씩만 저으면서 10분 정도 굽듯이 볶아주세요.

2. 양파와 당근, 마늘이 노릇해지면 오징어와 굴소스를 넣고 볶아주세요(무염은 굴소스 생략, 일반염은 양조간장 추가).

3. 밥을 넣고 잘 섞으며 볶은 후에 불을 끄고 통깨를 뿌려주세요.

TIP

1. 마늘, 양파, 당근이 버터로 코팅되면 약한 불로 줄이고 1~2분에 한 번씩 저으면서 타지 않고 노릇노릇하게 익도록 볶아야 맛있어요.
2. 아이들은 마늘을 흐르는 물에 한 번 씻은 후 물기를 제거하고 볶으면 매운맛과 향이 덜해요.

슬기로운요리생활 꿀팁
4

육수 없이 쉽고 맛있게 끓이는 콩나물국

육수 없이 맛있게 끓이는 콩나물국

대슬 아빠는 국 중에서 콩나물국을 제일 좋아해요. "뭐 해줄까?" 하고 물어보면 대부분 콩나물국이라고 대답하지요. 그런데 대슬 아빠는 멸치를 싫어해서 멸치육수가 들어간 국은 기가 막히게 알고 먹지 않아요. 콩나물국을 육수도 없이 맛있게 끓이기가 처음엔 너무나 힘들었어요. 하지만 정말 여러 번의 시도 끝에 찾은 방법이에요. 육수 없이 콩나물국 맛있게 끓이는 방법은 한 가지 조건이 있어요. 냉장고에서 하루 지나고 먹어야 한다는 조건이에요. 끓여서 바로 먹는 것도 좋지만 하루 지나고 나면 깊은 맛이 더 우러나 육수 없이도 맛있는 콩나물국을 드실 수 있답니다.

저염
콩나물 300g
물 600ml
간 양파 20g
간 무 30g
마늘 10g
대파 20g
새우젓 1작은술

일반염
콩나물 300g
물 600ml
간 양파 20g
간 무 30g
마늘 10g
대파 20g
새우젓 1작은술
국간장 1/3작은술
소금 2꼬집

재료 손질

콩나물 흐르는 물에 깨끗하게 씻어서 준비해주세요

간 양파, 간 무 간 무 큐브(p.66), 간 양파 큐브(p.67)를 준비하거나 강판 혹은 믹서에 갈아서 준비해주세요.

대파 콩나물처럼 길쭉하게 채 썰어주세요.

만드는 방법

1. 물과 간 양파, 간 무, 다진 마늘을 넣고 끓여주세요.

2. 물이 끓어오르면 콩나물과 파를 넣고 끓여주세요.

3. 콩나물이 익으면 절반은 건져내서 무치거나 볶아 드세요.

4. 새우젓과 국간장, 소금을 넣고 1분 정도 더 끓인 뒤 식혀주세요(저염은 국간장, 소금 생략).

5. 냉장고에 넣어두었다가 다음날 드세요.

TIP

1. 무, 양파를 갈아서 넣었기 때문에 건더기로 넣는 것보다 맛이 훨씬 더 진해요.
2. 콩나물 건더기가 많은 걸 좋아하면 콩나물을 따로 건져내지 않아도 좋아요.
3. 입맛에 맞게 소금을 약간 추가하거나 청양고추와 고춧가루를 조금 넣으면 어른이 먹기 좋아요.

한 그릇 뚝딱 잘 먹는
한상차림

PART 9

도토리묵무침
검은콩밥
p.124
전복새우매생이국

바지락두부찜
오이무침

도토리묵무침

깨폭탄소스를 처음 만들게 된 계기가 이 도토리묵무침이었어요. 도토리묵에 무쳐보니 너무 잘 어울려서 다른 재료에도 무쳐보기 시작하면서 깨폭탄소스가 탄생했어요. 이 도토리묵무침은 대슬이가 너무 좋아하는 메뉴 중 하나입니다. 주방에서 묵을 무치고 있으면 어느새 제 옆에 와서 아기 새처럼 입을 쩍 벌리고 있답니다.

	무염	저염	일반염
아이가 한 번 먹을 양 조리시간 10분 난이도 ★★☆☆☆	도토리묵 50g 오이 10g 당근 5g 구운 전장 김 1/6장 참기름 1/3작은술 통깨 1/3작은술	도토리묵 100g 오이 20g 당근 5g 구운 전장 김 1/6장 깨폭탄소스 1작은술	도토리묵 100g 오이 20g 당근 5g 구운 전장 김 1/6장 깨폭탄소스 2작은술 국간장 1/3작은술

생략 가능 당근, 오이

재료 손질

도토리묵 정수 물에 씻은 후에 먹기 좋은 크기로 잘라주세요.

오이, 당근 모양틀로 찍어내거나 먹기 좋은 크기로 잘라주세요.

김 불에 살짝 구운 뒤 가위로 얇게 잘라주세요.

만드는 방법

1. 김을 뺀 모든 재료를 골고루 섞어주세요(무염은 참기름과 통깨로 섞어주세요).

2. 재료가 골고루 섞이면 마지막에 김을 넣고 버무려 주세요.

TIP

1. 김은 양념을 흡수하면 잘게 풀어져 지저분해지기 때문에 가장 마지막에 넣어요.
2. 오래 두고 먹을 거라면 김은 먹을 때마다 조금씩 넣어 버무려 먹으면 더 맛있어요.
3. 도토리묵이 미끄러워 아이가 잡기 힘들어하니 적당한 크기로 자르거나 숟가락으로 먹을 수 있게 도와주세요.
4. 당근이나 오이 대신 브로콜리를 넣어서 같이 무쳐도 좋아요.

전복새우매생이국

돌쯤 매생이국을 처음 끓여줬을 때는 잘 먹었는데 두 돌 지나서 끓여주니 잘 안 먹더라고요. 어떻게 하면 매생이국을 먹일 수 있을지 고민하다가 좋아하는 전복과 새우를 넣어서 끓여보았어요. 전복과 새우를 먹기 위해 국을 한두 숟가락 먹다보니 맛이 괜찮았는지 매생이까지 잘 먹더라고요. 저와 같은 고민이 있는 분들은 아이가 좋아하는 재료와 안 좋아하는 재료를 잘 조합해서 음식을 만들어보세요.

아이가 두세 번 먹을 양

조리시간 10분

난이도 ★★★☆☆

무염	저염	일반염
전복 25g	전복 25g	전복 25g
새우 20g	새우 20g	새우 20g
다진 마늘 2g	다진 마늘 3g	다진 마늘 5g
참기름 1/3작은술	참기름 1/3작은술	참기름 1작은술
멸치육수 300ml	물 300ml	물 400ml
간 무 20g	간 무 20g	간 무 20g
동결건조 매생이 4g	동결건조 매생이 4g	동결건조 매생이 4g
	국간장 1/2작은술	국간장 1작은술
		액젓 1/2작은술

재료 손질

매생이 깨끗하게 씻어 체에 밭쳐 준비해주세요.

간 무 간 무 큐브(p.66)를 사용하거나 강판에 갈아주세요.

전복 껍데기와 내장, 이빨을 제거하고 얇게 썰어주세요(p.57).

새우 껍질과 내장을 제거하고 흐르는 물에 깨끗하게 씻어주세요(p.58).

멸치육수(무염) 해물육수팩(p.82)으로 육수를 내거나 멸치육수를 준비해주세요.

만드는 방법

1. 냄비에 참기름을 약간 두른 후에 전복, 새우, 마늘을 넣고 1분 정도만 살짝 볶아주세요.

2. 간 무와 물(무염은 멸치육수)을 넣고 무가 익을 때까지 뚜껑을 닫고 3분 정도 끓여주세요.

3. 무가 익으면 매생이를 넣고 2분만 더 끓여주세요(저염과 일반염은 추가 간을 해주세요).

TIP

1. 전복을 넣고 끓일 때 전복 껍데기도 넣고 끓이면 맛이 더 우러나요. 전복 껍데기는 솔로 깨끗하게 씻어 끓는 물에 3분 정도 소독한 뒤 육수에 넣어 사용해요.
2. 매생이는 오래 끓이지 않는 재료라 2분 정도만 끓였어요.
3. 무염은 간을 하지 않기 때문에 멸치육수를 사용했어요.
4. 저염과 일반염도 멸치육수를 사용하면 더욱 맛있게 끓일 수 있어요.
5. 동결건조 매생이 4g은 1봉에 2g짜리 2봉지에요.

바지락두부찜

어른들의 밥도둑이 간장게장이라면, 아이들의 밥도둑은 이 바지락두부찜이라 할 수 있어요. 바지락의 짭조름한 맛 덕분인지 밥도 잘 먹는 메뉴예요. 제가 7~8년 전부터 청양고추 팍팍 넣고 자주 만들던 메뉴인데 아이용으로 바꿔서 만들어봤어요. 짭조름한 바지락과 담백한 두부가 매우 잘 어울린답니다.

아이와 어른이 한 번 먹을 양

조리시간
15분

난이도
★★★☆☆

무염·저염
- 두부 200g
- 바지락 200g
- 맛술 1작은술
- 물 150ml
- 다진 마늘 1/3작은술
- 대파 10g

일반염
- 두부 200g
- 바지락 200g
- 맛술 1작은술
- 물 150ml
- 다진 마늘 1/2작은술
- 대파 15g
- 국간장 1/3작은술

선택 재료 (일반염) 청양고추

재료 손질

바지락 해감해서 준비해주세요(p.60 참고).

두부 키친타월로 물기를 제거한 후 먹기 좋은 크기로 잘라주세요.

대파 잘게 썰어주세요.

만드는 방법

1. 두부는 기름에 구운 뒤 물에 씻어 기름을 제거하거나 키친타월로 기름을 닦아주세요.

2. 마른 팬에 바지락과 맛술을 넣고 중불로 2~3분 정도 볶아주세요.

3. 기름을 제거한 두부와 물, 다진 마늘을 넣고 끓여주세요.

4. 바지락이 입을 벌리면 대파를 넣고 1분 정도 더 끓여주세요(일반염은 간을 보고 싱거우면 국간장으로 간을 해주세요).

TIP

1. 바지락은 상품이 출고되어 나올 때 세척과 해감된 정도에 따라 짠기가 달라요.
2. 세척 및 해감이 덜 된 바지락은 많이 짠 편이에요. 물을 레시피보다 더 많이 넣거나 바지락 양을 줄여주세요.
3. 청양고추를 넣으면 어른들 손님 초대 요리로도 손색없어요.

오이무침

대슬이에게 정말 자주 해주는 메뉴 중 하나입니다. 오이를 잘라서 깨폭탄소스에 버무리기만 하면 끝이거든요. 일반염 레시피는 오이를 한 번 절여서 만들면 더욱 맛있게 먹을 수 있어요.

아이가 한 번 먹을 양	무염	저염	일반염
조리시간 5분	오이 50g 참기름 1/3작은술 통깨 1/3작은술	오이 50g 깨폭탄소스 1작은술	오이 50g 소금 1꼬집 깨폭탄소스 1작은술
난이도 ★☆☆☆☆			

재료 손질

오이 먹기 좋은 크기로 잘라주세요.

깨폭탄소스 미리 만들어둔 것을 사용합니다(p.78).

만드는 방법

무염 · 저염

1. 오이를 무염은 참기름과 통깨에, 저염은 깨폭탄소스에 버무려주세요.

일반염

1. 먹기 좋은 크기로 자른 오이는 소금을 뿌려 흐물흐물해질 때까지 10분 정도 절여주세요.

2. 오이에서 나온 물기를 꼭 짜고 깨폭탄소스를 버무려주세요.

TIP

1. 생오이를 사용해서 시간이 지나면 물이 생기니 한 번 먹을 만큼만 만드는 게 좋아요.

p.121

드라이 비빔짜장

계란국

표고버섯부추전

표고버섯과 부추를 넣어 전을 만들어봤어요. 별다른 재료가 들어가지 않아도 맛있는 전이에요. 저희 집에서 아이용은 기름을 최소한 사용해서 굽고, 어른용은 기름을 넉넉하게 넣어 튀기듯 구워 먹어요. 안 매운 고추장을 넣어 장떡으로 먹으면 더욱 색다른 맛을 느낄 수 있어요. 어른들은 청양고추 송송 썰어 같이 구워도 맛있답니다.

아이와 어른이 한 번 먹을 양

조리시간
15분

난이도
★★☆☆☆

무염·저염

표고버섯 20g
부추 50g

반죽물
- 부침가루 150ml
- 찬물 160ml

기름 1작은술

일반염

표고버섯 20g
부추 50g

반죽물
- 부침가루 150ml
- 찬물 160ml
- 고추장 1.5큰술

기름 2큰술

선택 재료 간 양파 큐브 30g(p.67)

재료 손질

표고버섯 흐르는 물에 한 번 씻어 잘게 다져주세요.

부추 깨끗하게 씻어 송송 썰어주세요.

반죽물 반죽물 재료를 잘 섞어주세요.

만드는 방법

1. 만들어둔 반죽물에 표고버섯과 부추를 넣고 섞어주세요.

2. 팬에 기름을 두르고 노릇하게 구워주세요.

일반염

반죽에 맵지 않은 고추장을 섞어 장떡을 만들어도 좋아요.

TIP

1. 간 양파 큐브(p.67) 혹은 다진 양파를 조금 넣으면 더욱 맛있는 전을 만들 수 있어요.
2. 일반염 레시피는 기호에 맞게 변경하시면 됩니다.
3. 새우나 오징어, 조갯살 등을 넣으면 더 맛있어요.

해물된장찌개

냉동실에 넣어둔 꽃게 다리가 있다면 더욱 시원한 맛을 낼 수 있는 해물된장찌개에요. 이름은 찌개지만 많이 짜지 않게 만들었어요. 들어가는 재료가 많아 복잡해보이지만 집에 있는 채소로 충분히 대체 가능해요. 냉장고 속 자투리 채소들을 활용하기 좋은 해물된장찌개입니다.

아이가 여러 번 먹을 양

조리시간
20분

난이도
★★☆☆☆

저염	쌀뜨물 400ml	꽃게다리 4개 (집게 2개, 다리 2개)	일반염	쌀뜨물 400ml	꽃게다리 4개 (집게 2개, 다리 2개)
	다시마 1장(3x5cm)	모둠해물 50g		다시마 1장(3x5cm)	모둠해물 50g
	두부 70g	맛술 1작은술		두부 70g	맛술 1작은술
	애호박 40g	다진 대파 5g		애호박 40g	송송 썬 대파 15g
	감자 50g			감자 50g	
	양파 15g			양파 15g	
	간무 15g			간무 15g	
	다진 마늘 1/3작은술			다진 마늘 1작은술	
	된장 15g			된장 25g	

생략 가능 꽃게 다리, 다시마, 맛술 **대체 가능** 모둠해물→한두 가지 해물

재료 손질

모둠해물 맛술에 버무려두세요(p.70 방법 참고해도 좋아요).

두부, 애호박, 감자, 양파 먹기 좋은 크기로 썰어주세요.

간 무 간 무 큐브를 준비하거나 무를 강판에 갈아주세요(p.66 참고).

멸치육수(일반염) 해물육수팩(p.82)으로 육수를 내거나 멸치육수를 준비해주세요.

만드는 방법

1. 멸치육수(저염은 쌀뜨물)에 된장을 잘 푼 뒤에 해물과 꽃게 다리, 대파를 제외한 모든 재료를 넣고 끓여주세요.

2. 재료가 약간 익으면 맛술을 버무려둔 해물과 꽃게 다리, 대파를 넣고 모든 재료가 잘 익을 때까지 끓여주세요.

TIP

1. 해물과 채소는 한두 가지로 통일시키거나 다른 것으로 변경 가능해요.

드라이 비빔짜장

각종 채소를 다져서 고기와 함께 볶다가 갈아서 만드는 비빔짜장이에요. 비빔카레와 마찬가지로 채소와 고기가 듬뿍 들어갔지만 곱게 갈았기 때문에 채소나 고기를 안 좋아하는 아이들이 먹기 좋은 레시피입니다. 냉동 보관 가능하니 넉넉하게 만들어두면 좋아요.

아이와 어른이
여러 번 먹을 양

조리시간 35분

난이도
★★★☆☆

저염

돼지고기 양념
- 다진 돼지고기 200g
- 맛술 1작은술
- 다진 마늘 1큰술

양파 150g
양배추 150g
애호박 100g
당근 100g
물 300ml

짜장가루 50g

일반염

돼지고기 양념
- 다진 돼지고기 200g
- 맛술 1작은술
- 다진 마늘 1큰술

양파 150g
양배추 150g
애호박 100g
당근 100g
물 400ml

짜장가루 100g

생략 가능 맛술

재료 손질

양파, 애호박, 당근, 양배추 깨끗하게 손질한 후에 다져주세요.

돼지고기 맛술, 다진 마늘에 버무려주세요.

만드는 방법

1. 기름을 약간 두른 팬에 양파를 볶다가 돼지고기를 넣고 볶아주세요.

2. 당근과 애호박을 넣고 볶다가 양배추도 넣고 볶아주세요.

3. 모든 재료가 다 익으면 물을 넣고 핸드믹서를 이용해 곱게 간 다음 짜장가루를 넣고 잘 섞어주세요.

TIP

1. 모든 재료를 갈아 만들어서 고기를 안 먹거나 채소를 안 먹는 아이들도 맛있게 먹을 수 있어요.
2. 완성된 비빔짜장은 소분해서 냉동실에 넣어두었다가 필요할 때 꺼내 드세요.

계란국

계란국은 어떤 요리와도 잘 어울리지만 짜장밥에 잘 어울리는 국이라 만들어봤어요. 대슬이는 4살이 되어 처음 계란국을 먹어서 그런지 더욱 잘 먹었던 메뉴입니다.

아이가 두세 번 먹을 양

조리시간
20분

난이도
★★☆☆☆

무염	저염	일반염
멸치육수 500ml	멸치육수 500ml	멸치육수 500ml
계란 2개	계란 2개	계란 2개
대파 15g	맛술 1/3작은술	맛술 1/3작은술
양파 30g	대파 15g	대파 15g
간 무 20g	양파 30g	양파 30g
	간 무 20g	간 무 20g
	간 새우젓 1/3작은술	간 새우젓 1작은술
		소금 1꼬집
		후춧가루 1꼬집

생략 가능 간 무, 맛술, 후춧가루

대체 가능 양파 30g→간 양파 큐브 20g(p.67), 간 새우젓→갈지 않은 새우젓이나 국간장, 소금

재료 손질

멸치육수 해물육수팩(p.82)으로 육수를 내거나 멸치육수를 준비해주세요.

계란 그릇에 담아 맛술과 함께 잘 풀어주세요(무염은 맛술 생략).

대파, 양파 길쭉하게 채 썰어주세요.

간 무 무를 갈거나 간 무 큐브(p.66)를 준비해주세요.

간 새우젓 새우젓을 다지거나 간 새우젓(p.68)을 준비해주세요.

만드는 방법

1. 멸치육수에 양파, 대파, 간 무를 넣고 끓여주세요.

2. 양파와 대파, 무가 익으면 계란을 넣고 계란이 덩어리져서 익도록 젓지 않고 약한 불로 줄여서 익혀주세요.

3. 계란이 덩어리로 익으면 새우젓을 넣고 2~3분만 더 끓여주세요. 무염은 새우젓을 생략하고, 일반염은 소금과 후춧가루를 추가해주세요.

TIP

1. 기호에 맞게 두부나 해물 등을 넣어도 좋아요.
2. 대파와 양파는 다른 모양으로 썰거나 잘게 다져도 좋아요.

완두콩밥

p.123

밀크버터콘

매일 옥수수를 쪄서 주다가 특별한 방법이 없을까 해서 우유와 버터를 넣고 졸여봤어요. 옥수수심까지 쪽쪽 빨면서 열심히 먹는 것을 보니 뿌듯하더라고요. 우유를 잘 안 먹는 아이들에게도 좋은 메뉴가 될 것 같아요.

아이와 어른이 한 번 먹을 양

조리시간 20분

난이도
★☆☆☆☆

무염	저염	일반염
옥수수 150g	옥수수 150g	옥수수 150g
브로콜리 3g	버터 3g	버터 5g
우유 100ml	브로콜리 3g	브로콜리 5g
	우유 100ml	우유 100ml
	소금 1꼬집	소금 2꼬집

재료 손질

옥수수 깨끗하게 세척한 뒤 아이가 먹기 좋은 크기로 잘라주세요.

브로콜리 깨끗하게 세척한 뒤 한 송이씩 작게 잘라주세요.

만드는 방법

1. 팬을 달군 뒤 버터를 녹이고 옥수수를 볶아주세요. 무염은 1번 과정을 생략해주세요.

2. 옥수수에 우유를 넣고 약한 불로 우유가 뭉근하게 졸아들 때까지 끓여주세요.

3. 우유가 졸아들면 브로콜리를 넣고 부르르 끓인 뒤에 불을 꺼주세요(저염, 일반염은 소금으로 간을 더해주세요).

TIP

1. 우유에 막이 생겨도 걷어내지 않고 먹어도 괜찮아요.
2. 옥수수 150g은 옥수수 1개 무게에요.
3. 옥수수 1개의 그램 수가 달라도 ±50g까지는 괜찮아요.

2가지 방법의 초간단 닭곰탕

기름기가 적은 닭 안심으로 아주 쉽고 빠르게 만드는 닭곰탕이에요. 닭곰탕이 어렵다고 생각하시는 분이 많으시죠? 닭 안심과 간단한 재료들을 넣고 끓이기만 하면 쉽고 빠르게 금방 만들 수 있답니다. 대슬이네 닭곰탕은 무가 많이 들어가 국물이 시원하며 마늘 대신 생강을 넣어 깔끔한 맛이 좋답니다. 두 가지 버전의 닭곰탕을 소개해드릴 텐데요. 미리 만들어둔 간 무 큐브, 간 양파 큐브가 있는 분들은 10분 만에 빠르게 끓일 수 있고, 없다면 재료 준비부터 완성까지 30분이면 충분히 만들 수 있는 간단한 국이에요. 이제 닭곰탕 어렵게 생각하지 마시고 쉽게 만들어보세요.

아이가 여러 번 먹을 양

조리시간
30분

난이도
★★☆☆☆

무염	저염	일반염
물 500ml	물 500ml	물 500ml
닭 안심 100g	닭 안심 100g	닭 안심 100g
무 100g	무 100g	무 100g
양파 50g	양파 50g	양파 50g
생강 조각 3g	생강 조각 3g	생강 조각 3g
통후추 3알	통후추 3알	통후추 3알
	소금 1/3작은술	소금 1/3작은술
		국간장 1/3작은술

대체 가능 닭 안심→다양한 닭 부위, 생강 1조각→통마늘 3알, 통후추→후춧가루

선택 재료 당근, 송송 썬 대파

재료 손질

닭 안심 힘줄을 제거해주세요(p.58).

무 얇게 썰어주세요.

양파 큼직하게 썰어주세요.

생강 조각 냉동실에 넣어둔 생강 조각(p.69)을 꺼내거나 생강을 얇게 썰어 사용하세요.

만드는 방법

1. 냄비에 모든 재료를 넣고 팔팔 끓어오르면 중약불로 줄인 후에 뚜껑을 닫고 20분 정도 끓여주세요.

2. 닭 안심은 건져서 잘게 자르고, 무 일부도 건져 먹기 좋은 크기로 잘라주세요.

3. 건더기를 걸러낸 육수에 잘게 자른 닭 안심과 무를 넣고 끓여주세요(저염은 소금 추가, 일반염은 소금과 국간장을 추가해주세요).

간 무 큐브, 간 양파 큐브로 10분 만에 닭곰탕 끓이는 방법

아이가 여러 번 먹을 양

조리시간
10분

난이도
★☆☆☆☆

무염	저염	일반염
물 500ml	물 500ml	물 500ml
닭 안심 100g	닭 안심 100g	닭 안심 100g
간 무 50g	간 무 50g	간 무 50g
간 양파 20g	간 양파 20g	간 양파 20g
생강 조각 3g	생강 조각 3g	생강 조각 3g
통후추 3알	통후추 3알	통후추 3알
	소금 2꼬집	소금 1/3작은술
		국간장 1/3작은술
대파 5g	대파 5g	대파 10g

선택 재료 당근

재료 손질

닭 안심 힘줄을 제거해주세요(p.58).

간 무 간 무 큐브(p.66)를 준비해주세요.

간 양파 간 양파 큐브(p.67)를 준비해주세요.

생강 조각 냉동실에 넣어둔 생강 조각(p.69)을 사용했어요.

대파 얇게 송송 썰어주세요.

만드는 방법

1. 냄비에 파를 제외한 모든 재료를 넣고 팔팔 끓어오르면 중약불로 줄인 후에 뚜껑을 닫고 10분 정도 끓여주세요.

2. 통후추와 생강 조각은 건져내고 닭 안심은 잘게 찢거나 잘라주세요.

3. 닭 안심과 송송 썬 파, 소금을 넣고 끓여주세요(무염은 소금 생략, 일반염은 국간장 추가).

TIP

1. 먹기 전에 송송 썬 대파, 혹은 다진 쪽파, 부추, 모양낸 당근 등을 넣고 끓여도 좋아요.
2. 닭 안심은 힘줄을 제거하지 않아도 괜찮아요. 고기 찢을 때 잘 떨어져요.
3. 당면을 불려놨다가 먹을 만큼 덜어 놓은 후에 당면을 넣고 끓여 드셔도 좋아요.
4. 일반염은 먹기 전에 후춧가루를 약간 뿌려 드세요.
5. 덩어리 채소를 넣고 끓이는 닭곰탕은 국물이 맑고 깨끗하며, 요리 시간은 재료 준비까지 총 30분 정도 걸려요.
6. 간 무 큐브와 간 양파 큐브를 넣고 끓인 닭곰탕은 국물이 걸쭉하며, 미리 준비해둔 재료들로 만들어서 10분 만에 끓일 수 있어요.

양파미니돈가스

남녀노소 누구나 좋아하는 돈가스! 다진 돼지고기를 사용해서 만든 미니 돈가스에요. 양파가 듬뿍 들어가 덩어리 고기로 만들었을 때보다 맛있고 부드러워요. 일반 돈가스를 만드는 것보다 손은 많이 가지만 한번 만들어두면 아주 든든해요.

크기에 따라 15~25개

조리시간 40분

난이도
★★★★☆

무염	저염	일반염
다진 돼지고기 300g 양파 80g 후춧가루 1꼬집 생강 조각 3g	다진 돼지고기 300g 양파 80g 후춧가루 1꼬집 생강 조각 3g 소금 1꼬집	다진 돼지고기 300g 양파 80g 후춧가루 3꼬집 생강 조각 5g 소금 1/3작은술

돈가스 튀김 옷 재료
- 튀김가루 1컵
- 계란 2개
- 빵가루 1컵

NO 계란 돈가스 튀김 옷 재료
- 튀김가루 1컵
- 물 1컵
- 빵가루 1컵

대체 가능 생강→생강가루, 생강즙, 생강술

재료 손질

양파, 생강 함께 믹서에 넣고 갈아주세요(냉동실에 있는 생강 조각을 사용했어요. p.69 참고).

돈가스 튀김옷 재료 계란은 잘 풀어주고 3개의 그릇에 각각 담아주세요.

NO 계란 돈가스 튀김 옷 재료 튀김가루와 물을 잘 섞어주세요.

만드는 방법

1. 신선한 돼지고기 다짐육에 양파와 생강 간 것, 후춧가루, 소금을 넣고 조물조물 반죽해주세요(무염은 소금 생략).

2. 양념한 돼지고기는 동그랗게 모양을 잡아 튀김가루, 계란, 빵가루 순서대로 입혀주세요.

3. 넉넉한 기름에 속이 잘 익을 때까지 노릇하게 튀겨주세요.

NO 계란 돈가스 레시피

1. 신선한 돼지고기 다짐육에 양파와 생강 간 것과 후춧가루, 소금을 넣고 조물조물 반죽해주세요. 무염은 소금을 생략합니다.

2. 양념한 돼지고기는 동그랗게 모양을 잡아 반죽물을 바른 뒤에 빵가루를 입혀주세요.

3. 넉넉한 기름에 노릇하게 튀겨주세요.

TIP

1. 남은 돈가스는 냉동실에 보관해두었다가 꺼내 드세요.
2. 돈가스는 기름을 뿌려 에어프라이어 혹은 오븐에 구워도 좋아요.
3. 계란 알레르기가 있는 아이들은 빵가루에 계란 성분이 없는 것으로 고르세요.
4. 빵가루를 입힌 뒤 빵가루가 고기에 착 붙도록 잠시 두었다가 튀겨주세요.

크림수프

양파, 밀가루, 버터, 우유 4가지로 만드는 쉬운 크림수프에요. 들어가는 재료에 비해 맛도 좋은데, 만드는 방법도 매우 쉽고, 돈가스와 함께 주면 수프에 찍어 먹을 수도 있어요. 수프를 어렵게 생각하는 분이나 한 번도 만들어보지 않은 분들에게 추천드립니다.

아이가 여러 번 먹을 양

조리시간
15분

난이도
★★☆☆☆

무염	저염	일반염
버터 15g	버터 20g	버터 20g
밀가루 15g	밀가루 20g	밀가루 20g
양파 50g	양파 50g	양파 50g
우유 250ml	우유 300ml	우유 300ml
파슬리가루 1꼬집	소금 1꼬집	소금 2꼬집
	파슬리가루 1꼬집	후춧가루 1꼬집
		파슬리가루 1꼬집

생략 가능 파슬리가루

재료 손질

양파 껍질을 벗긴 후에 깨끗하게 씻어서 채 썰어주세요.

만드는 방법

1. 냄비에 버터를 2g만 넣고 양파가 타거나 갈색이 되지 않게 약불로 볶다가 숨이 죽으면 잠시 덜어 두세요.

2. 양파를 볶던 냄비에 남은 버터와 밀가루를 넣고 잘 섞이도록 약한 불에서 볶아주세요. 수프의 기본인 루를 만드는 과정입니다.

3. 밀가루와 버터가 잘 섞이면 우유와 소금, 양파를 넣고 재료가 잘 익도록 끓여주세요.

4. 핸드믹서로 곱게 간 후 약한 불에 3~5분 끓인 뒤 먹을 만큼 그릇에 담아 파슬리가루를 뿌려주세요(일반염은 후춧가루 추가).

TIP

1. 핸드믹서로 너무 강하게 오래 갈면 우유가 분리될 수 있어요.
2. 우유는 중불 아래로 조리해요. 너무 센 불로 끓이면 덩어리와 막이 생겨요.
3. 2~3일간 냉장 보관 가능해요.

당근사과샐러드

이 레시피를 처음 만들고 어른인 제가 먹어도 맛이 좋아서 뿌듯해했던 기억이 납니다. 영양분이 많은 사과 껍질과 생당근을 아이에게 먹이기란 쉽지 않은 일이죠. 아주 얇게 채 썰어서 참기름과 통깨에 버무리면 이게 당근인지 사과인지 잘 모르고 먹더라고요. 사과의 새콤함과 당근의 달콤함, 참기름의 고소함이 잘 어울리는 반찬이에요. 돈가스와도 아주 잘 어울려요. 대슬이는 이 당근사과샐러드를 보면 한 접시 가득 줘도 금방 먹어 치운답니다.

아이가 여러 번 먹을 양

조리시간
15분

난이도
★★☆☆☆

무염	저염	일반염
사과 20g 당근 20g 참기름 1/3작은술 통깨 1/3작은술	사과 20g 당근 20g 소금 1꼬집 참기름 1/3작은술 통깨 1/3작은술	사과 20g 당근 20g 소금 2꼬집 참기름 1/3작은술 통깨 1/3작은술

재료 손질

당근, 사과 깨끗하게 씻은 후 당근, 사과 순서대로 채칼을 이용해서 최대한 얇게 채 썰어주세요.

만드는 방법

1. 재빨리 비닐봉지에 사과와 당근, 소금을 넣고 꽉 묶어 5분 정도 절여주세요(무염은 절이기 생략).

2. 5분 뒤 당근과 사과가 흐물흐물해지면 참기름과 통깨를 넣고 버무려주세요.

TIP

1. 사과는 갈변하기 쉽기 때문에 재빨리 만들어요.
2. 사과와 당근을 두껍게 채 썰면 5분 안에 절여지지 않고 부러지기 때문에 최대한 얇게 썰어주세요.
3. 새콤한 사과로 만들면 맛이 덜해요. 달콤한 사과로 만들어주세요.

김치즈말이
p.126

(NO 식초) 과일오이계란냉국

제가 싫어하는 음식 중 하나가 오이미역냉국인데요. 결혼하고 시어머니께서 계란지단과 과일이 들어간 오이냉국을 해주셨는데 너무 맛있어서 두 그릇이나 먹었던 음식이에요. 이후로 저는 냉국을 좋아하게 되었고, 더운 여름에 시원하게 만들어 먹곤 합니다. 식초가 안 들어가서 아이가 먹기에도 좋아요. 참외나 복숭아를 넣으면 더 맛있어요. 다양한 과일을 넣어 만들어보세요.

아이가 한두 번 먹을 양

조리시간 20분

난이도 ★★☆☆☆

저염

- 사과 20g
- 오이 50g
- 계란 1개
- 참기름 1/3작은술
- 통깨 2꼬집
- 국간장 1/2작은술
- 설탕 1/2작은술

다시마물
- 생수 200ml
- 다시마 5g

일반염

- 사과 20g
- 오이 50g
- 계란 1개
- 참기름 1/3작은술
- 통깨 1/3작은술
- 소금 1/3작은술
- 국간장 1/2작은술
- 설탕 2/3작은술
- 편마늘 3g

다시마물
- 생수 200ml
- 다시마 5g

대체 가능 다시마물→생수

재료 손질

사과, 오이 깨끗하게 씻어서 얇게 채 썰어주세요.

계란 지단을 부쳐서 얇게 썰어주세요.

다시마물 생수에 다시마를 넣고 냉장고에서 1시간 이상 불려주세요.

만드는 방법

1. 다시마물을 뺀 모든 재료를 잘 섞고 간이 배도록 5~10분 정도 냉장고에 넣고 기다려주세요.

2. 먹기 직전 시원한 다시마물을 섞어서 먹어요.

TIP

1. 참외나 딱딱한 복숭아 같은 과일을 채 썰어서 추가하면 더 맛있어요.
2. 한 번 먹을 만큼만 만들어 먹어야 맛있게 먹을 수 있어요.
3. 어른들은 청양고추를 약간 썰어 넣어도 맛있어요.
4. 다시마물을 사용하지 않고 생수로 만들어도 되지만 다시마물로 만드는 것을 추천드려요.

등갈비조림

'등갈비'라는 식재료를 막연하게 어렵다고 생각하시는 분이 많은 것 같아요. 이 레시피는 들어가는 재료는 아주 간단하지만 최대한 맛있게 만들 수 있는 레시피에요. 배, 양파를 갈아서 만들지 않고 집에 있는 양념으로 만들기 때문에 어렵지 않습니다. 대슬이는 등갈비조림을 너무 좋아해서 자주 만들어주는 반찬이에요.

아이와 엄마가 한 번 먹을 양

조리시간 15분

난이도 ★★★☆☆

저염

등갈비 400g
생강 조각 5g

물 300ml
설탕 1작은술
양조간장 2작은술
다진 마늘 2/3작은술
식초 1작은술
조청 1작은술

일반염

등갈비 450g
통후추 8~10알
월계수 잎 1장

물 300ml
설탕 1작은술
양조간장 2큰술
다진 마늘 2작은술
식초 1큰술
조청 1큰술

생략 가능 통후추 **대체 가능** 월계수 잎→생강, 생강→월계수 잎

재료 손질

등갈비 물에 담가 냉장고에서 1~2시간 이상 핏물을 빼주세요.

생강 조각(저염) 냉동실에 있는 생강 조각(p.69)을 꺼내거나 생강을 얇게 썰어 사용하세요.

만드는 방법

1. 팔팔 끓는 물에 등갈비와 생강 조각을 넣고 중약불로 3분 정도 끓여주세요 (생강 조각 대신 통후추나 월계수 잎을 넣어도 좋아요).

2. 뼈 절단면을 깨끗하게 씻어 남아 있는 뼛가루를 제거하고 뼈 한 대씩 자른 뒤 고기에 간이 잘 배도록 칼집을 넣어주세요.

3. 물 300ml와 데친 등갈비를 냄비에 넣은 후 설탕과 물을 넣고 중약불로 끓여주세요.

4. 끓어오르면 다진 마늘과 간장, 식초를 넣은 뒤 고기가 익고 수분이 졸아들 때까지 끓여주세요.

5. 수분이 거의 줄어들면 조청을 넣고 중불로 올려 타지 않게 노릇해지도록 볶아주세요.

TIP

1. 식초를 넣으면 고기의 남아 있는 잡내를 잡아주고 육질은 부드럽게 하며 새콤한 맛은 날아가고 감칠맛만 남아요.
2. 고기를 찬물에서부터 넣지 않고 팔팔 끓는 물에 넣고 데쳐야 고기 육즙이 덜 빠져나가요.
3. 뼈 절단면에 뼛가루가 생각보다 많이 나오니 꼼꼼하게 씻어주세요.
4. 마지막에 중불로 유지하면서 타지 않게 볶아야 예쁜 갈색이 되고 타지 않아요.
5. 수분이 거의 졸아들었는데 고기가 덜 익었다면 물을 추가해서 더 끓여주세요.
6. 오랜 시간 센불로 조리 시 고기가 질겨질 수 있으니 중약불로 끓여주세요.
7. 어른들은 일반염 양념에 청양고추를 추가하면 더욱 맛있어요.

마밥

p.115

배오이무침

처음 대슬이에게 만들어줬을 때 반응이 생각나요. 한입 먹는 순간 콧구멍이 벌렁벌렁 하던 모습을요. 배만 골라 먹지 않을까 걱정했는데 오이부터 골라 먹어서 신기했던 기억이 남아 있어요. 식초가 들어가 새콤한 반찬이지만 소량만 들어가서 전혀 자극적이지 않아요. 어린 아이들을 위해 식초가 들어가지 않는 레시피도 있어요.

아이가 한 번 혹은 여러 번 먹을 양

조리시간 20분

난이도 ★★☆☆☆

무염	저염	일반염
오이 20g	오이 100g	오이 100g
당근 10g	당근 10g	당근 10g
배 50g	소금 1꼬집	소금 1/3작은술
참기름 1/3작은술	배 50g	배 50g
통깨 2꼬집	사과식초 1/2작은술	사과식초 1작은술
	설탕 2/3작은술	설탕 1작은술
	참기름 1/3작은술	참기름 1/2작은술
	통깨 1/3작은술	통깨 1/3작은술

생략 가능 당근, 식초

재료 손질

오이 아이가 먹기 좋은 크기로 잘라주세요.

배, 당근 모양틀로 찍거나 먹기 좋은 크기로 잘라주세요.

만드는 방법 저염 · 일반염

1. 비닐봉지에 오이와 소금을 넣고 봉지를 꽉 묶어 절여주세요(무염은 절이는 과정 생략).

2. 오이에서 나온 수분은 꽉 짜서 버리고 배와 식초, 설탕을 넣고 버무려주세요.

* 통에 담아 냉장 보관하고 먹을 때마다 덜어서 참기름과 통깨를 뿌려주세요.

무염

1. 오이와 당근, 배를 얇게 채 썬 뒤 참기름과 통깨에 버무려주세요.

TIP

1. 오래 두지 말고 2~3일 이내로 먹는 게 좋아요.
2. 참기름과 통깨는 미리 버무리면 맛이 떨어져요.
3. 먹기 전에 먹을 만큼 덜어 참기름과 통깨를 뿌리면 더 맛있게 드실 수 있어요.

고등어강정

고등어뿐만 아니라 다양한 생선으로 만들면 정말 맛있는 강정이에요. 튀겨서 졸이기 때문에 번거로울 수 있지만 아이들이 잘 먹는 모습을 보면서 자주 만들게 되는 메뉴랍니다.

아이가 한두 번 먹을 양

조리시간 20분

난이도 ★★☆☆☆

무염	저염	일반염
고등어 100g 전분 2큰술 양파 1/6개 20g 기름 3큰술 통깨 1꼬집	고등어 100g 양파 20g 전분 2큰술 기름 4큰술 **강정 양념** - 다시마 1장(3×5cm) - 양조간장 2/3작은술 - 조청 1작은술 - 맛술 1/2작은술 - 생강 조각 3g - 다진 마늘 3g - 물 3큰술 통깨 1꼬집	고등어 150g 양파 20g 전분 3큰술 기름 5큰술 **강정 양념** - 다시마 1장(3×5cm) - 양조간장 2작은술 - 조청 2작은술 - 맛술 1작은술 - 생강 조각 3g - 다진 마늘 3g - 물 3큰술 통깨 1꼬집

생략 가능 생강, 다시마, 맛술 **대체 가능** 조청→설탕, 꿀

재료 손질

고등어 너무 작지 않게 먹기 좋은 크기로 잘라주세요.

양파 큼직하게 잘라주세요.

생강 조각 냉동실에 있는 생강 조각(p. 69)을 사용했어요.

만드는 방법

1. 고등어에 전분을 골고루 묻힌 뒤에 탈탈 털어주세요.

2. 전분 옷을 입은 고등어는 양파와 함께 기름에 튀겨주세요.

3. 강정 양념을 깨끗한 팬에 바글바글 끓이다가 고등어를 넣고 뒤적뒤적 졸인 후에 통깨를 뿌려주세요. 무염은 이 과정을 생략합니다.

TIP

1. 생선을 구울 때는 향신 채소와 함께 넣으면 생선 비린내를 잡아주어 훨씬 향긋해져요.

우유짬뽕

생우유를 아직 못 먹는 돌 전부터 우유를 끓여서 대슬이 음식 만들 때 많이 활용했어요. 우유를 육수로 해서 해물과 채소를 넣어 짬뽕을 끓여보니 생각보다 느끼하지 않고 색다르게 맛있더라고요. 대슬이에게 우유짬뽕을 해주는 날에는 많이 만들어 저도 같이 먹는답니다. 애정이 많이 가는 메뉴 중 하나입니다.

아이가 한 번 먹을 양	무염·저염		일반염	
조리시간 20분	모둠해물 50g	애호박 15g	모둠해물 50g	애호박 15g
난이도 ★★★☆☆	맛술 1작은술	양송이버섯 25g	맛술 1작은술	양송이버섯 25g
	다진 마늘 2g	우유 150ml	다진 마늘 5g	소금 1꼬집
	다진 파 3g	우동면 1/2봉지(90g)	다진 파 5g	우유 150ml
	양파 5g		양파 5g	우동면 1/2봉지(90g)
	당근 10g		당근 10g	

대체 가능 우동면→소면, 칼국수, 쌀국수

재료 손질

모둠해물 깨끗하게 씻어 물기를 제거한 후에 맛술과 마늘에 버무려서 준비해주세요.

양파, 당근, 애호박 얇게 채 썰어주세요.

양송이버섯 4~6등분으로 잘라주세요.

다진 파 잘게 다져주세요.

우동면 끓는 물에 3분 익힌 뒤 찬물에 헹궈 체에 밭쳐 물기를 빼주세요.

만드는 방법

1. 팬에 기름을 약간 두르고 다진 파와 손질해둔 모둠해물을 넣고 볶아주세요.

2. 볶은 해물은 잠시 건져두고 양파, 당근, 애호박, 버섯을 볶아주세요.

3. 우유를 넣고 약한 불에서 우유가 보글보글 끓을 때까지 5분 정도 끓여주세요.

4. 볶아둔 해물과 익힌 면을 넣고 1~2분 더 끓인 뒤 간이 부족하면 소금 간을 해주세요(무염은 소금 생략).

TIP

1. 해물은 오래 볶으면 질겨지기 때문에 잠시 빼두었다가 넣었어요.
2. 해물은 여러 종류 넣으면 맛있지만 한 가지로 통일하거나 변경 및 가감도 가능해요.

고구마우유조림

달콤한 고구마를 우유에 졸이면 더욱 달콤하고 맛있어요. 만들기도 쉽고 달콤하고 맛있어서 반찬이지만 간식으로도 추천하는 메뉴에요.

아이가
한두 번 먹을 양

조리시간
15분

난이도
★☆☆☆☆

무염, 저염	일반염
고구마 100g	고구마 100g
버터 3g	버터 5g
물 3큰술	물 3큰술
우유 150ml	우유 150ml
파슬리가루 1꼬집	소금 2꼬집
	파슬리가루 1꼬집

생략 가능 버터, 파슬리가루

재료 손질

고구마 먹기 좋은 크기로 잘라주세요.

만드는 방법

1. 팬에 버터를 두른 뒤 중약불에 고구마를 넣고 살짝 구워주세요.

2. 물을 넣고 센 불로 끓여 수분을 날리며 익혀주세요 (일반염은 소금 간을 해주세요).

3. 수분이 날아가면 우유를 넣고 절반으로 졸아들 때까지 끓여주세요. 먹을 만큼 그릇에 덜어 파슬리가루를 뿌려주세요.

TIP

1. 버터로 고구마를 살짝 구워서 끓이면 고구마가 덜 으스러져요
2. 물을 넣고 먼저 익히면 고구마를 빨리 익힐 수 있어요.
3. 우유에 졸이다 보면 막이 생길 수 있어요. 걷어내도 되고 잘 섞어서 먹어도 무관해요.

소고기두부덮밥

든든한 소고기와 달콤한 양배추, 대슬이가 좋아하는 두부를 넣어 한 그릇 뚝딱 잘 먹이기 위해 만든 메뉴입니다. 예상대로 해줄 때마다 한 그릇 뚝딱 비우는 효자 메뉴입니다. 여행갈 때 이 소스를 만들어서 이유식 팩에 넣어 가면 어디서든 간편하게 데워서 밥을 먹이기도 좋아서 여행갈 때 자주 만들어갑니다.

아이가 한 번 먹을 양

조리시간 20분

난이도 ★★★☆☆

무염	저염	일반염
소고기 30g 양배추 15g 두부 20g 당근 5g 전분 1/3작은술 찬물 5큰술 참기름 1/3작은술 통깨 2꼬집	**소고기 양념** - 소고기 40g - 후춧가루 1꼬집 - 다진 마늘 1g - 양조간장 1/2작은술 - 참기름 2~3방울 양배추 25g 당근 5g 두부 20g 전분 1/2작은술 찬물 100ml 참기름 1/3작은술 통깨 2꼬집	**소고기 양념** - 소고기 50g - 후춧가루 1꼬집 - 다진 마늘 3g - 양조간장 1작은술 - 설탕 1/3작은술 - 참기름 1/3작은술 양배추 30g 당근 10g 두부 30g 전분 1/2작은술 찬물 100ml 국간장 1/3작은술 참기름 1/3작은술 통깨 2꼬집

생략 가능 전분

재료 손질

양배추, 당근 깨끗하게 씻어 먹기 좋은 크기로 다져주세요.

두부 작게 깍둑 썰어주세요.

소고기 키친타월에 핏물을 제거한 뒤 양념 재료를 섞어두세요(무염은 생략).

전분물 찬물과 전분을 잘 섞어주세요.

만드는 방법

1. 달군 팬에 기름을 약간 두르고 양배추를 볶다가 당근도 넣고 볶아주세요.

2. 양배추와 당근이 잘 익으면 팬 한쪽으로 밀어두고 양념한 소고기를 볶아주세요.

3. 고기와 채소를 섞어서 볶다가 전분물과 두부를 넣고 끓여주세요. 일반염은 국간장도 넣어주세요.

4. 걸쭉하게 원하는 농도가 되면 불을 끄고 참기름과 통깨를 뿌려 밥과 섞어 드세요.

TIP

1. 소고기는 신선한 것으로 사용하면 누린내가 나지 않아요.
2. 너무 걸쭉하면 물을 추가해주시고, 너무 묽으면 전분을 더 추가해 조절해주세요.

해물누룽지탕

고소한 누룽지와 시원한 해물의 조합! 대슬이가 코 박고 먹는 메뉴 중 하나예요. 재료도 많이 들어가고 손이 좀 가지만 냉장고 사정에 맞게 채소나 해물 종류를 바꿔서 만들어도 좋아요. 후루룩 넘어가는 식감이라 아침에 따뜻하게 먹이기도 좋고 특별식으로 저녁에도 먹기 좋은 메뉴에요.

아이가
두세 번 먹을 양

조리시간
25분

난이도
★★★☆☆

무염

물 400ml	청경채 20g
누룽지 20g	표고버섯 20g
다진 마늘 2g	양송이버섯 15g
대파 5g	당근 10g
오징어 35g	양파 10g
새우 50g	

저염

물 400ml	청경채 20g
누룽지 20g	표고버섯 20g
다진 마늘 5g	양송이버섯 15g
대파 5g	당근 10g
오징어 35g	양파 10g
새우 50g	국간장 1/3작은술
	소금 1꼬집

재료 손질

누룽지 물 400ml에 누룽지를 넣고 약한 불에서 뚜껑을 닫고 8분 끓이거나 30분 이상 물에 불려주세요.

오징어 껍질을 제거해주세요(p.58).

새우 껍질과 내장을 제거해주세요(p.58).

청경채 먹기 좋은 크기로 잘라주세요.

양파, 표고, 양송이 채 썰어주세요.

당근 모양틀로 찍거나 채 썰어주세요.

대파 건져내기 좋게 길쭉하게 썰어주세요.

만드는 방법

1. 팬에 기름을 살짝 두르고 대파를 볶아 기름에 파 향을 입혀주세요.

2. 해물과 채소, 마늘을 넣고 볶다가 대파는 건져주세요.

3. 누룽지와 물을 넣고 재료가 잘 익도록 끓이다가 간장을 넣어주세요(무염은 국간장 생략).

4. 청경채를 넣고 한두 번 섞은 뒤에 불을 꺼주세요.

TIP

1. 무염 레시피는 재료를 기름으로 볶지 않고 물로 볶아도 좋아요.
2. 해물은 한 가지로 통일하거나 모둠해물을 사용해도 좋아요.

크림소스떡볶이

떡은 목에 걸릴 위험 때문에 되도록 늦게 주는 식재료 중 하나인데요. 처음부터 아이 목에 걸리지 않는 크기로 작게 잘라 만들면 걱정하지 않아도 됩니다. 대슬이는 돌 전부터 잘게 자른 떡을 먹였어요. 크림소스떡볶이는 아이의 첫 떡볶이 레시피로 좋아요. 우유와 치즈가 들어가서 고소하면서 걸쭉해서 숟가락질을 스스로 연습하기 좋은 메뉴에요. 물론 어른들 메뉴로도 손색없답니다.

아이가
한두 번 먹을 양

조리시간
20분

난이도
★★☆☆☆

무염·저염	일반염
새우 35g	새우 35g
대파 10g	대파 10g
당근 10g	당근 10g
양송이 30g	양송이 30g
우유 200ml	우유 200ml
떡 50g	떡 50g
브로콜리 3g	브로콜리 3g
아기치즈 반 장	슬라이스 치즈 반 장
	소금 2꼬집

생략 가능 브로콜리, 당근, 치즈

재료 손질

새우 냉동 손질 새우를 해동해주세요.

떡 아기가 먹기 좋은 크기로 잘게 잘라주세요.

대파 건져내야 하기 때문에 크게 잘라주세요.

브로콜리 한 번 살짝 데쳐서 준비해주세요(데치는 과정 생략 가능).

당근 모양틀에 찍어 준비하거나 먹기 좋은 크기로 잘라주세요.

양송이 먹기 좋은 크기로 자르거나 슬라이스 해주세요.

만드는 방법

1. 팬에 기름을 두르고 대파와 새우를 넣고 볶아주세요.

2. 파에서 향긋한 향이 나기 시작하면 당근과 양송이 버섯도 넣고 볶아주세요.

3. 우유와 떡을 넣고 떡이 말랑말랑해질 때까지 중약불로 끓이다가 대파는 건져내주세요.

4. 모든 재료가 다 익으면 브로콜리와 치즈를 넣고 치즈가 녹을 때까지 잘 섞은 후에 불을 꺼주세요.

TIP

1. 무염 조리 시 기름이 너무 적어서 잘 안 볶아지면 물을 한 큰술씩 넣고 볶아도 좋아요.
2. 우유는 중약불로 조리해요. 너무 센 불로 끓이면 덩어리와 막이 생겨요.
3. 치즈를 넣지 않아도 농도가 걸쭉하지만 치즈를 넣으면 더욱 걸쭉해서 아이들이 먹기 편해요.

잡곡밥
p.122

닭봉조림

등갈비조림과 같이 식초를 넣어서 잡내는 잡고 감칠맛은 올렸어요. 육류 조림할 때 식초를 소량 넣어보세요. 특히 유아식은 간을 적게 하기 때문에 육류 조림할 때 간이 부족해서 맛 내기가 쉽지 않은데, 모자란 맛을 식초가 채워줘서 신의 한 수가 되기도 해요.

아이와 어른이 한 번 먹을 양

조리시간 30분

난이도
★★☆☆☆

저염
닭봉 350g
양조간장 1작은술
식초 1작은술
설탕 1작은술
다진 마늘 1/3작은술
대파 5g
물 200ml

일반염
닭봉 350g
양조간장 2큰술
식초 2작은술
설탕 2작은술
마늘 2/3작은술
대파 10g
물 200ml

생략 가능 대파

재료 손질

닭봉 흐르는 물에 깨끗하게 씻어 너덜너덜한 껍질 일부와 기름을 제거해주세요.

대파 큼직하게 잘라주세요.

만드는 방법

1. 팔팔 끓는 물에 손질한 닭봉을 넣고 1분만 데친 뒤 찬물에 깨끗하게 씻어 물기를 빼주세요.

2. 닭봉과 물, 설탕을 넣고 센 불로 끓여주세요.

3. 팔팔 끓어오르면 중약불로 줄인 뒤 마늘, 대파, 간장, 식초를 넣고 뚜껑 열고 끓여주세요.

4. 닭봉이 푹 익고 수분이 다 날아가면 불을 꺼주세요.

TIP

1. 닭봉 무게는 손질 전 무게에요(닭봉 1팩, 350g).
2. 국물을 좀 남겨도 되지만 수분을 다 날리는 게 더욱 맛있어요.
3. 식초를 넣으면 고기의 남아 있는 잡내를 잡아주고 육질은 부드럽게 하며 시큼한 맛은 날아가고 감칠맛만 남아요.
4. 자투리 당근, 양파 등이 있으면 같이 졸여도 좋아요.

우엉들깨국

한정식 집에서 우엉이 들어간 들깨국을 먹어본 적이 있는데 생각보다 훨씬 맛이 좋아 깜짝 놀랐던 기억이 있어요. 그때 먹어본 맛을 기억해서 만든 레시피에요. 우엉과 들깨가 너무 잘 어울리고 국물 맛이 참 좋아요. 재료도 아주 간단하고 육수 없이 쌀뜨물로 쉽게 만드는 레시피입니다.

	무염	저염	일반염
아이가 여러 번 먹을 양	멸치육수 200ml	쌀뜨물 400ml	쌀뜨물 400ml
조리시간 20분	우엉 20g	우엉 35g	우엉 35g
난이도 ★★☆☆☆	표고버섯 15g	표고버섯 30g	표고버섯 30g
	들기름 1/2작은술	들기름 1작은술	들기름 2작은술
	들깨가루 2작은술	국간장 1/2작은술	국간장 1작은술
		들깨가루 1큰술	소금 2꼬집
			들깨가루 1.5큰술

대체 가능 멸치육수→쌀뜨물

재료 손질

우엉 껍질에 흙이 남아 있지 않도록 문질러서 깨끗하게 씻은 후에 먹기 좋은 크기로 채 썰어주세요.

표고버섯 우엉보다 약간 두껍게 썰어주세요.

만드는 방법

1. 냄비에 들기름을 두르고 표고버섯과 우엉, 간장을 넣고 볶아주세요(무염은 간장 생략).

2. 재료가 숨이 죽으면 쌀뜨물(무염은 멸치육수)을 넣고 뚜껑을 닫아 20분 정도 끓여주세요.

3. 재료가 잘 익으면 들깨가루를 넣고 1분 이내로 불을 꺼주세요(일반염은 소금 추가).

TIP

1. 무염은 간을 하지 않아 멸치육수를 사용했는데 쌀뜨물로 만들어도 무관해요.
2. 우엉과 표고버섯은 채 썰지 않아도 상관없어요.
3. 연근이나 느타리버섯, 두부, 새우살 등 다양한 재료를 추가해도 좋아요.
4. 영양소 파괴를 줄이려면 들깨가루를 넣고 너무 오래 끓이지 않는 게 좋아요.
5. 어른들이 먹을 땐 청양고추를 약간 추가해주세요.

시금치무침

유치원 교사로 일하던 시절에 시금치무침은 아이들이 좋아하지 않는 메뉴였어요. 대표적으로 안 좋아하는 메뉴들이 몇 가지 있는데, 저는 그런 메뉴들을 기억해두었다가 대슬이가 아주 어렸을 때부터 노출시켜주려고 노력했어요. 그래서일까요? 대슬이는 시금치무침을 매우 좋아한답니다.

아이가
한 번 혹은 여러 번 먹을 양

조리시간
20분

난이도
★★☆☆☆

무염	저염	일반염
시금치 한 뿌리 15g	시금치 2뿌리 30g	시금치 1단 350g
시금치 양념 - 참기름 1/3 작은술 - 통깨 1/3작은술	**시금치양념** - 깨폭탄소스 1/3작은술	**시금치양념** - 다진 마늘 1/2작은술 - 다진 파 1/2작은술 - 국간장 1/3작은술 - 소금 2꼬집 - 통깨 1작은술 - 참기름 1작은술

재료 손질

시금치 흐르는 물에 깨끗하게 씻어서 준비해주세요.

깨폭탄소스 미리 만들어둔 것을 사용합니다(p.78).

만드는 방법

1. 시금치는 자르지 않고 뿌리째로 팔팔 끓는 물에 소금을 약간 넣고 30초 정도 데쳐주세요.

2. 재빨리 찬물에 담가 깨끗하게 헹군 후에 샐러드 스피너나 손으로 물기를 꽉 짜주세요.

3. 시금치 양념 재료를 모두 넣고 버무려주세요.

TIP

1. 시금치는 데치기 전 무게에요.
2. 무침용 시금치는 길이가 너무 길지 않고 뿌리가 붉은색이 선명한 것으로 골라요.
3. 시금치를 잘라서 데치면 영양소가 빠져나가기 때문에 자르지 않고 데친 후 뿌리도 함께 먹거나 또는 잘라주세요.
4. 시금치 물기를 제거할 때 샐러드 스피너(채소 탈수기)를 이용하면 편해요.

순댓국

사골국에 들깨가루를 넣고 간단하게 끓이는 순댓국이에요. 정통 순댓국은 아니지만 뽀얀 사골 국물에 구수한 들깨와 순대가 들어가니 제법 순댓국 맛이 난답니다. 순대를 얇게 썰어 넣어도 터지지 않고 예쁘게 끓이는 팁을 알려드릴게요.

백김치
p.89

아이가 한 번 먹을 양
혹은 어른이 한 번 먹을 양

조리시간
20분

난이도
★★☆☆☆

저염
순대 50g
사골육수 200ml
다진 대파 1작은술
들깨가루 1큰술
새우젓 1/3작은술

일반염
순대 100g
사골육수 400ml
대파 10g
부추 10g
들깨가루 3큰술
새우젓 2/3작은술
다대기 적당량

순댓국 다대기
- 고춧가루 3큰술
- 국간장 1큰술
- 새우젓 1큰술
- 다진 마늘 1/2큰술
- 후춧가루 2꼬집

재료 손질

순대 (저염) 덩어리째 찜기에 찐 다음 식혀주세요.
(일반염) 도톰하게 썰어주세요.

대파 저염은 다지고, 일반염은 송송 썰어주세요.

만드는 방법

저염

1. 사골육수에 대파와 새우젓을 넣고 끓여주세요.

2. 한 김 식은 순대는 아이 한 입 크기로 얇게 썰어주세요.

3. 사골육수가 끓어오르면 약한 불로 줄인 후에 얇게 썬 순대와 들깨가루를 넣고 아주 약한 불에서 1분만 더 끓여주세요.

일반염

1. 사골육수가 팔팔 끓으면 모든 재료를 넣고 끓이다가 다대기도 취향에 맞게 넣어주세요.

TIP

1. 순대를 찜기에 완전히 익힌 후에 뜨거울 때 썰지 않고 한 김 식혀 얇게 썰면 터지지 않아요.
2. 순대를 쪄서 익힌 다음에 넣기 때문에 오래 끓이지 않고 1분만 끓여요.
3. 처음부터 삶지 않은 순대를 넣어 익혀도 상관없으나 순대가 터질 수 있어요.

어묵국수

어묵국보다 2배는 더 잘 먹는 어묵국수예요. 어묵을 단순히 얇고 길게 잘라 끓이기만 했는데 맛있어서 엄지 척 해주는 효자 메뉴랍니다. 미리 준비해둔 멸치육수와 무 큐브, 양파 큐브만 있다면 5분 만에 완성하는 초간단 국이에요. 갈아서 넣는 것과 썰어서 넣는 것은 맛의 차이가 크답니다. 간 양파와 간 무를 넣어 맛의 깊이는 더하고 편식하는 아이들은 국물만 먹어도 채소를 섭취할 수 있는 레시피에요.

새우오이콩나물밥
p.108

아이가 한번 먹을 양

조리시간
5분

난이도
★☆☆☆☆

무염	저염	일반염
멸치육수 200ml	멸치육수 200ml	멸치육수 200ml
간 양파 10g	간 양파 10g	간 양파 10g
간 무 20g	간 무 20g	간 무 20g
어묵 45g	어묵 45g	어묵 45g
당근 5g	당근 5g	당근 5g
	소금 1꼬집	새우젓 1/3작은술

생략 가능 당근 **대체 가능** 새우젓→국간장 혹은 소금

재료 손질

어묵 미지근한 물에 여러 번 헹궈 기름기를 최대한 제거해주세요.

멸치육수 해물육수팩(p.82)으로 육수를 내거나 멸치육수를 준비해주세요.

양파, 무 간 무 큐브, 간 양파 큐브를 준비하거나 믹서에 갈아서 준비해주세요.

당근 모양틀로 찍어서 준비해주세요.

만드는 방법

1. 어묵은 돌돌 말아 칼로 최대한 얇게 국수 모양처럼 썰어 흐르는 물에 여러 번 씻어주세요.

2. 당근, 간 무, 간 양파를 멸치육수에 넣고 뚜껑 닫아 3분 끓여주세요

3. 어묵과 소금을 넣고 2분만 더 끓여주세요(무염은 소금 생략, 일반염은 새우젓 넣기).

TIP

1. 어묵은 돌돌 말지 않고 반 접어 썰어도 좋아요.
2. 양파와 무는 갈고, 어묵은 얇게 썰었기 때문에 5분 안에 모든 재료가 익어요.
3. 어묵은 국수 모양 말고 다른 모양으로 잘라도 좋아요.
4. 어묵 45g은 어묵 1장 무게에요.

슬기로운요리생활 꿀팁

5

유아식 초기에 찾아온 변비

대슬이네 변비 탈출 비법

대슬이가 심하게 변비가 찾아온 적이 있었어요. 모유를 많이 먹던 시절에는 변비 걱정이 없었는데 모유를 먹는 양보다 음식을 먹는 양이 점점 많아지다 보니 적응하는 과정에서 변비가 찾아왔어요.

대슬이가 영유아 검진을 받는 날이었는데, 의사 선생님께 평소 변을 보기 힘들어한다고 말씀드리니 섬유질을 많이 먹여야 한다고 하셨어요. 그래서 제가 사과즙을 먹이고 있다고 말하니 사과즙이 변비에 도움되는 게 아니라 사과의 섬유질까지 먹어야 한다고 말씀하셨어요. 그래서 그날부터는 사과를 잘라서 열심히 먹였는데 몇 조각 먹어서는 눈에 띄는 효과가 없었어요. 어떻게 하면 좋을까 하다가 유산균이 풍부한 요거트에 사과를 듬뿍 갈아서 섞어 줘야겠다 생각했어요. 섬유질도 많이 먹일 수 있을뿐더러 맛도 아주 좋아서요.

그날부터 하루에 사과 반 개씩 강판에 갈아서 요거트에 섞어줬어요. 매일 아침 혹은 간식으로 먹였어요. 꾸준히 먹이니 3일째부터 효과가 있었고, 변비가 거짓말처럼 사라졌어요. 변비로 고민하시는 분들에게 사과 요거트가 도움이 되었으면 좋겠어요.

아이에게 변비가 있을 때 알아두면 좋은 점

1. 섬유질이 부족한 음식을 많이 먹으면 변비가 생길 가능성이 높아요.
2. 우유나 요구르트, 바나나, 익힌 사과 등은 변비를 더 심하게 한다고 해요.
3. 아이들은 특별한 이유 없이도 변비가 잘 생기기도 합니다.
4. 변비가 있는 아이들은 물을 많이 먹을 수 있게 도와주세요.
5. 과일즙은 변비에 큰 도움이 되지 않습니다. 과일의 섬유질까지 먹여야 변비에 도움이 됩니다.
6. 변비가 있을 때는 의사 선생님과 꼭 상담해보세요.

사과 요거트 만드는 방법

요거트(무가당) 1통
사과 반 개

만드는 방법

1. 사과는 깨끗하게 씻어 반으로 잘라 껍질을 벗겨주세요.

2. 강판에 갈아 주세요.

3. 요거트와 섞어주세요.

※ 강판에 간 사과는 수분이 많기 때문에 묽은 요거트에 섞는 것보다는 꾸덕한 요거트에 섞는 게 좋아요. 사과는 강판에 갈면 빠르게 갈변하므로 참고하세요.

꾸덕한 질감의 요거트 추천

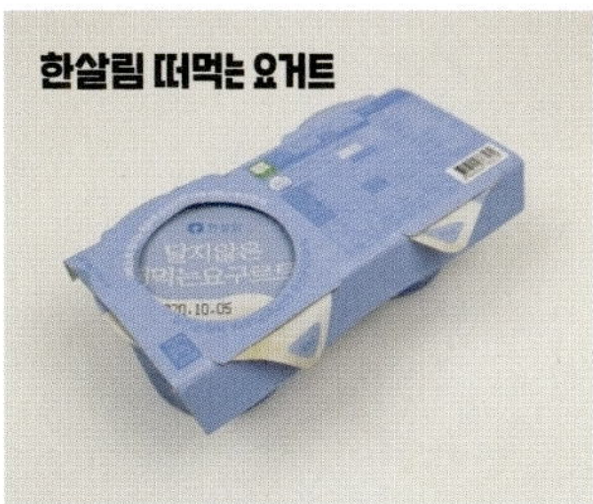

한살림 떠먹는 요거트

후디스 유기농 그릭요거트

두 제품은 NON-GMO 사료로 키운 무항생제 소의 원유로 만든 첨가물이 없는 요거트예요. 맛도 좋고 몸에도 좋은 꾸덕한 식감이라 사과 요거트 만드는 데 아주 좋아요. 꼭 사과 요거트 해먹는 용도가 아니더라도 농도가 진해서 아이가 숟가락 연습을 할 때도 좋고, 외출 시 밖에서 먹을 때도 꾸덕하다 보니 잘 흘리지 않아요. 무설탕은 정말 단맛 없이 신맛이 약간 있지만 플레인은 달콤하고 아주 맛있어요. 저는 대슬이가 5살인 현재도 무설탕 요거트를 구매해서 여러 가지 잼 혹은 토핑을 섞어서 먹여요.

부드러운 음식 한상차림

PART 10

채소듬뿍새우죽

채소 듬뿍 들어간 새우죽은 냉동실에 넣어둔 찰밥과 볶은모둠채소 큐브로 10분 만에 만드는 새우죽이에요. 바쁜 아침에 휘리릭 끓여 따뜻하게 먹기 좋답니다.

아이가 한두 번 먹을 양

조리시간 15분

난이도 ★☆☆☆☆

무염	저염	일반염
물 400ml	물 400ml	물 400ml
찹쌀밥 120g	찰쌀밥 120g	찰쌀밥 120g
새우 50g	새우 50g	새우 50g
볶은모둠채소 큐브 40g	볶은모둠채소 큐브 40g	볶은모둠채소 큐브 40g
	국간장 1/3작은술	국간장 1작은술
참기름 1/3작은술	참기름 1/3작은술	참기름 1/2작은술
김가루 1/3작은술	김가루 1/3작은술	김가루 1/3작은술
통깨가루 1/3작은술	통깨가루 1/3작은술	통깨 1/3작은술

생략 가능 김가루, 통깨가루

재료 손질

볶은모둠채소 큐브 미리 만들어둔 것(p.71)을 사용합니다.

찹쌀밥 미리 냉동해둔 것을 사용합니다(p.121).

새우 손질냉동새우를 해동해둡니다.

만드는 방법

1. 냄비에 물과 찹쌀밥, 볶은모둠채소 큐브를 넣고 밥이 잘 풀어지도록 끓여주세요(저염과 일반염은 국간장 추가).

2. 밥이 잘 풀어지면 새우를 넣고 익을 때까지 끓이다가 그릇에 담아 참기름, 통깨, 김가루를 뿌려 주세요.

TIP

1. 새우는 오래 끓이면 질겨지기 때문에 볶아서 익힌 뒤 잠시 빼두세요.
2. 해물육수팩(p.82)으로 육수를 내면 더 맛있어요.
3. 김가루와 통깨가루는 미리 만들어두면 좋아요(p.299).

밤타락죽

이 책에 실린 죽 중에서 개인적으로 가장 좋아하는 죽이에요. 손님이 오셨을 때 식전에 내어드리면 누구나 엄지 척 하는 메뉴에요. 유명한 요리 선생님께 배운 메뉴인데 아이 입맛에 맞게 레시피를 바꿔보았어요. 이 죽은 달콤한 밤 맛이 일품이에요. 깐 밤을 구매해서 만드는 방법도 어렵지 않아요. 꼭 추천드리고 싶어요.

아이와 어른이 여러 번 먹을 양	무염	저염	일반염
조리시간 25분	밤 200g	밤 300g	밤 300g
난이도 ★★☆☆☆	쌀밥 80g	쌀밥 100g	쌀밥 100g
	물 100ml	물 100ml	물 100ml
	우유 300ml	우유 400ml	우유 400ml
	계피가루(생략 가능)	소금 1꼬집	소금 1/3작은술
		설탕 1/2작은술	설탕 1작은술
		계피가루 1꼬집	계피가루 1꼬집

생략 가능 계피가루 **대체 가능** 설탕→꿀, 쌀밥→찹쌀밥(p.121)

선택 재료 맛밤 50g 1봉지

재료 손질

밤 신선한 깐 밤을 준비해주세요.

만드는 방법

1. 냄비에 물 100ml와 깐 밤을 넣고 밤이 익도록 끓인 후에 핸드믹서로 갈다가 쌀밥도 넣고 충분히 곱게 갈아주세요.

2. 우유를 넣고 중약불로 끓이면서 잘 섞어주세요. 저염과 일반염은 소금, 설탕을 넣어주세요.

3. 완성된 밤타락죽은 그릇에 담고 선택 재료인 맛밤을 넣고 계피가루를 살짝 뿌려주세요.

TIP

1. 껍질 벗긴 지 오래 된 밤은 특유의 향이 나기 때문에 신선한 것으로 구매해주세요.
2. 생밤을 구매한 후에 쪄서 속을 파내거나 속껍질까지 직접 벗겨서 만들면 더욱 맛있어요.
3. 밤을 잘라서 익히면 조리시간이 줄어들어요.
4. 우유는 중약불로 조리해요. 너무 센 불로 끓이면 덩어리와 막이 생겨요.
5. 구운 밤과 계피가루는 생략 가능하지만, 넣어 먹는 것을 추천드려요.

닭죽

닭고기 살만 이용해서 빠르게 끓이는 닭죽이에요. 삼계탕을 끓이듯 만드는 닭죽과는 다르게 깔끔한 맛이에요.
냉동 찹쌀밥과 볶은모둠채소 큐브로 10분 만에 빠르게 만들어보세요.

	무염	저염	일반염
아이가 한두 번 먹을 양 조리시간 10분 난이도 ★★☆☆☆	닭다리살 70g 볶은모둠채소 큐브 40g 찹쌀밥 120g 물 400ml 참기름 1/3작은술 통깨가루 1/3작은술 김가루 1/3작은술	닭다리살 70g 맛술 1큰술 볶은모둠채소 큐브 40g 찹쌀밥 120g 물 400ml 국간장 1/3작은술 참기름 1/3작은술 김가루 1/3작은술 통깨가루 1/3작은술	닭다리살 70g 맛술 1큰술 볶은모둠채소 큐브 40g 찹쌀밥 120g 물 400ml 국간장 1작은술 참기름 1/2작은술 김가루 1/3작은술 통깨가루 1/3작은술

생략 가능 맛술, 김가루, 통깨가루

재료 손질

닭다리살 기름과 껍질을 제거해주세요.

볶은모둠채소 큐브 미리 만들어둔 것(p.71)을 사용합니다.

찹쌀밥 미리 냉동해둔 것(p.121)을 사용합니다.

만드는 방법

1. 냄비에 물, 찹쌀밥, 볶은모둠채소 큐브를 넣고 끓이는 동안 한쪽에서 닭다리살과 맛술을 넣고 1분만 데쳐주세요.

2. 1분 정도 데친 닭다리살은 잘게 다져서 찹쌀밥과 볶은모둠채소 큐브를 끓이던 냄비에 넣어주세요(저염과 일반염은 국간장 추가).

3. 원하는 농도가 되면 불을 끄고 참기름, 통깨가루, 김가루를 뿌려주세요.

TIP

1. 닭다리살은 기름기와 잡내를 제거하기 위해 맛술을 넣은 물에 한 번 데쳐서 사용했으나 이 과정은 생략 가능해요.
2. 닭고기는 닭 안심, 닭가슴살 등으로 대체 가능하나 닭다리살로 끓였을 때 가장 맛이 좋아요.
3. 김가루와 통깨가루는 미리 만들어두면 좋아요(p.299).

전복듬뿍전복죽

전복이 요즘은 비교적 쉽게 구할 수 있는 식재료가 되었어요. 몸이 아프거나 원기 회복에 전복죽은 아주 좋은 음식이에요. 전복은 대슬이가 아주 좋아하는 식재료여서 냉동실에 항상 구비해놓는답니다. 내장을 넣고 만드는 법과 빼고 만드는 법을 함께 소개할게요.

아이가
한두 번 먹을 양

조리시간
40~50분

난이도
★★★☆

무염	저염	일반염
전복 4마리(껍데기 포함 마리당 55~60g)	전복 4마리(껍데기 포함 마리당 55~60g)	전복 4마리(껍데기 포함 마리당 55~60g)
참기름 1/3작은술	참기름 1/2작은술	참기름 1작은술
전복 내장 2개	전복 내장 3개	전복 내장 4개
찹쌀밥 120g	찹쌀밥 120g	찹쌀밥 120g
멸치육수 400ml	생수 400ml	생수 400ml
	국간장 1/3작은술	국간장 1작은술
참기름 1/3작은술	참기름 1/3작은술	참기름 1/2작은술
김가루 1/3작은술	김가루 1/3작은술	김가루 1/3작은술
통깨가루 1/3작은술	통깨가루 1/3작은술	통깨가루 1/3작은술

생략 가능 김가루, 통깨가루

재료 손질

전복 껍질과 내장을 제거한 뒤(p.57) 먹기 좋은 크기로 잘라주세요.

전복 내장 가위로 잘게 자르거나 믹서에 곱게 갈아주세요.

찹쌀밥 미리 냉동해둔 것(p.121)을 사용합니다.

만드는 방법

1. 냄비에 참기름을 넣고 중약불로 전복을 볶아주세요.

2. 전복이 살짝 익으면 잘게 다진 내장을 넣고 비린내가 날아갈 때까지 볶아주세요.

3. 물과 찹쌀밥을 넣고 끓여주세요(저염과 일반염은 국간장 추가).

4. 원하는 농도가 되면 불을 끄고 참기름, 통깨가루, 김가루를 뿌려주세요.

TIP

1. 무염 레시피는 간을 하지 않기 때문에 짭조름한 멸치육수를 사용했으나 생수로 변경 가능해요.
2. 전복 내장은 입맛에 맞게 가감 가능해요.
3. 해물육수팩(p.82)으로 육수를 내서 만들면 더욱 맛있어요.
4. 김가루와 통깨가루는 미리 만들어두면 좋아요(p.299).
5. 전복 내장이 안 들어간 전복죽 레시피에 사용되는 볶은모둠채소 큐브는 71쪽에 나와 있어요.

전복내장이 안 들어간 전복죽 레시피

재료 전복 4마리, 볶은모둠채소 큐브 40g, 찹쌀밥 120g, 물 400ml, 국간장, 참기름, 통깨가루, 김가루 약간씩

1. 냄비에 참기름을 넣고 전복을 볶다가 볶은모둠채소 큐브도 넣고 볶아주세요.
2. 물과 찹쌀밥, 국간장을 넣고 원하는 농도가 될 때까지 끓인 뒤 참기름, 통깨가루, 김가루를 뿌려주세요.

낙지콩나물죽

해물과 콩나물이 만난 시원한 맛의 죽이에요. 김치와 청양고추를 추가해서 칼칼하게 끓여내면 어른 레시피로도 너무 좋아요. 콩나물국으로 간단하게 끓이는 방법도 소개해드릴게요. 저는 낙지콩나물죽을 끓일 때 레시피의 2배로 끓여서 반은 덜어놓고, 반은 매콤하게 끓여서 온가족이 함께 먹어요.

메추리알장조림
p.296

아이가 한두 번 먹을 양

조리시간 15분

난이도 ★★☆☆☆

	무염	저염	일반염
콩나물	콩나물 100g	콩나물 100g	콩나물 100g
참기름	참기름 1/3작은술	참기름 1/2작은술	참기름 1/2작은술
다진 마늘	다진 마늘 1g	다진 마늘 1/3작은술	다진 마늘 1/2작은술
찹쌀밥	찹쌀밥 120g	찹쌀밥 120g	찹쌀밥 120g
볶은모둠채소 큐브	볶은모둠채소 큐브 40g	볶은모둠채소 큐브 40g	볶은모둠채소 큐브 40g
물	물 400ml	물 400ml	물 400ml
국간장		국간장 1/3작은술	국간장 1작은술
낙지	낙지 100g	낙지 100g	낙지 100g
김가루	김가루 1/3작은술	김가루 1/3작은술	김가루 1/3작은술
통깨가루	통깨가루 1/3작은술	통깨가루 1/3작은술	통깨가루 1/3작은술

생략 가능 김가루, 통깨가루 **대체 가능** 물→멸치육수, 낙지→오징어

재료 손질

콩나물 깨끗하게 씻어주세요.

낙지 손질한 냉동 낙지를 해동해서 먹기 좋은 크기로 썰어주세요.

볶은모둠채소 큐브 미리 만들어둔 것(p.71)을 사용합니다.

찹쌀밥 미리 냉동해둔 것(p.121)을 사용합니다.

만드는 방법

1. 참기름과 다진 마늘, 콩나물을 중약불로 냄비에서 살짝 볶아주세요(무염은 이 과정을 생략해주세요).

2. 콩나물 볶던 냄비에 물을 넣고 3분 정도 끓인 뒤 콩나물을 건져 먹기 좋은 크기로 썰어주세요.

3. 콩나물 데친 물에 찹쌀밥과 볶은모둠채소 큐브를 넣고 찹쌀밥이 잘 풀어질 때까지 끓여주세요(저염과 일반염은 국간장 추가).

4. 원하는 농도가 되면 낙지와 콩나물을 넣고 낙지가 익을 만큼만 끓인 뒤 그릇에 담아 참기름, 통깨가루, 김가루를 뿌려 드세요.

콩나물국으로 끓이는 방법

1. 콩나물은 건져 먹기 좋은 크기로 썰어주세요.
2. 콩나물을 건져낸 콩나물국에 찹쌀밥과 채소를 넣고 끓여주세요.
3. 원하는 농도가 되면 콩나물과 낙지를 넣고 낙지가 익을 때까지 끓인 뒤 참기름, 통깨, 김가루를 뿌려 드세요.

TIP

아이 것은 덜어내고 볶은 김치와 다진 청양고추를 넣으면 어른용 얼큰한 낙지콩나물죽이 됩니다.

게살죽

대슬이가 죽 집에서 가장 좋아하는 게살죽이에요. 그래서 집에서도 게살 듬뿍 넣고 끓여주었어요. 붉은 홍게살이 듬뿍 들어 있는 게살죽을 보면 대슬이가 아주 좋아한답니다.

아이가 한두 번 먹을 양	무염	저염	일반염
조리시간 15분	멸치육수 400ml 게살 70g 볶은모둠채소 큐브 40g 찹쌀밥 120g	멸치육수 400ml 게살 70g 볶은모둠채소 큐브 40g 찹쌀밥 120g 국간장 1/3작은술	멸치육수 400ml 게살 70g 볶은모둠채소 큐브 40g 찹쌀밥 120g 국간장 1작은술
난이도 ★★☆☆☆	참기름 1/3작은술 통깨가루 1/3작은술	참기름 1/3작은술 통깨가루 1/3작은술	참기름 1/2작은술 통깨가루 1/3작은술

생략 가능 통깨가루

재료 손질

멸치육수 해물육수팩(p.82)으로 육수를 내거나 멸치육수를 준비해주세요.

게살 냉장 게살은 씻지 않고 체에 밭쳐 준비해주세요.

볶은모둠채소 큐브 미리 만들어둔 것을 사용합니다(p.71).

찹쌀밥 미리 냉동해둔 것(p.121)을 사용합니다.

만드는 방법

1. 팔팔 끓는 멸치육수에 게살을 제외한 모든 재료를 넣고 잘 저으며 끓여주세요.

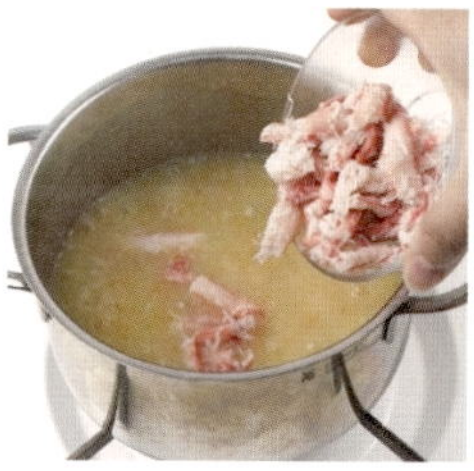

2. 찹쌀밥과 채소가 잘 익으면 게살을 넣고 잘 섞어 3분 정도 더 끓인 뒤 그릇에 담아 참기름, 통깨가루를 뿌려 드세요.

TIP

1. 게살은 냉장 게살을 사용했어요(p.43). 냉동 게살을 사용하시는 분들은 미리 해동해서 준비해주세요. 게살의 짠맛을 빼려면 물에 살짝 씻어서 사용하세요.
2. 계란을 잘 풀어서 넣어도 좋아요.
3. 통깨는 미리 절구에 빻아두면 좋아요(p.299).

불고기죽

양념한 고기를 볶아 넣은 고기 향 가득한 불고기죽이에요. 무염은 만능고기양념을 이용해서 간을 안 하는 대신 불고기 맛이 최대한 나도록 레시피를 만들어봤어요. 만능고기양념이 없다면 저염, 일반염 레시피대로 간장만 생략하고 만들어주셔도 좋아요. 든든한 한 끼 죽으로 추천하는 불고기죽이에요.

아이가 한두 번 먹을 양

조리시간
15분

난이도
★★☆☆☆

무염

소고기 양념
- 소고기 50g
- 만능고기양념 15g

물 400ml
찹쌀밥 혹은 밥 120g
볶은모둠채소 큐브 40g

참기름 1/3작은술
김가루 1/3작은술
통깨가루 1/3작은술

저염

소고기 양념
- 소고기 50g
- 다진 마늘 1/2작은술
- 간장 1/3작은술
- 참기름 1/3작은술

물 400ml
찹쌀밥 혹은 밥 120g
볶은모둠채소 큐브 40g
국간장 1/3작은술

참기름 1/3작은술
김가루 1/3작은술
통깨가루 1/3작은술

일반염

소고기 양념
- 소고기 50g
- 다진 마늘 1/2작은술
- 간장 1/2작은술
- 참기름 1/2작은술

물 400ml
찹쌀밥 혹은 밥 120g
볶은모둠채소 큐브 40g
국간장 1작은술

참기름 1/2작은술
김가루 1/2작은술
통깨가루 1/2작은술

생략 가능 김가루, 통깨가루 대체 가능 저염, 일반염 마늘→만능고기양념 15g(p.84)

재료 손질

소고기 양념 잘 섞어주세요.

볶은모둠채소 큐브 미리 만들어둔 것을 사용합니다.

찹쌀밥 미리 냉동해둔 밥(p121)을 사용합니다.

만드는 방법

1. 냄비에 물과 찹쌀밥, 볶은 모둠채소 큐브를 넣고 밥이 잘 풀어지도록 끓여주세요.

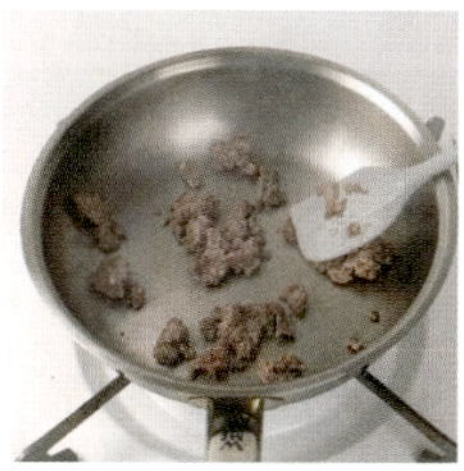

2. 밥이 끓는 동안 양념해둔 소고기를 볶아주세요.

3. 볶은 소고기와 국간장을 넣고 끓이다가 원하는 농도가 되면 불을 끄고 참기름, 통깨가루, 김가루를 뿌려주세요(무염은 국간장 생략).

TIP

1. 양념해둔 소고기를 냄비에 넣고 볶다가 물, 찹쌀밥, 볶은모둠채소 큐브를 넣고 끓여도 좋아요.
2. 만능고기양념이 없다면 소량의 마늘이나 간 양파 큐브(p.67)로 대체 가능해요.
3. 김가루와 통깨가루는 미리 만들어두면 좋아요(p.299).

닭안심장조림
메추리알장조림
소고기장조림
돼지고기장조림

장조림 4종

대슬이가 원래는 죽과 같은 질척한 식감을 즐기지 않았는데 우연히 들른 죽 집에서 죽을 너무 잘 먹어서 종종 죽 집에 데려가게 되었어요. 밖에서 죽 먹는 것을 좋아하게 된 이후부터 동치미와 장조림을 좋아하고 집에서도 찾더라고요. 그런 대슬이를 위해 집에서 짜지 않고 맛있고 촉촉한 장조림 레시피를 10번 넘는 테스트를 통해 만들었어요. 여러 번 먹어도 질리지 않는지 대슬이가 최근 들어 가장 좋아하는 반찬은 바로 이 장조림이랍니다.
장조림 레시피를 만들면서 가장 중요한 조건은 국물이 자박하고 짜지 않아서 국물까지 먹을 수 있게 만드는 거였어요. 바쁜 아침에는 장조림을 꺼내서 국물과 건더기를 같이 밥에 비벼 깍두기랑 같이 주면 한 그릇 뚝딱 해치운답니다.

대슬이는 메추리알 장조림을 가장 좋아하고 소고기, 돼지고기, 닭고기는 어느 것 하나 빠짐없이 좋아해요. 소고기장조림은 기름기가 없는 부위를 사용하더라도 소고기 자체에 기름기가 많다보니 손이 가장 많이 가는 편입니다. 돼지고기와 닭고기, 메추리알 장조림은 가격도 저렴하고 가성비 좋은데 보관 기간까지 넉넉해 오랜 기간 보관할 수 있어서 좋아요. 혹 냉장고에서 장조림이 오래되었다면 국물과 함께 한 번 살짝 끓여 식힌 뒤 다시 냉장 보관하면 더 오래 보관할 수 있어요.

소고기장조림

아이가 여러 번 먹을 양

조리시간 1시간 이상

난이도
★★★★☆

저염
- 소고기 장조림용 300g
- 물 700ml
- 양파 100g
- 대파 40g
- 파뿌리 1개
- 통후추 5알
- 생강 조각 3g
- 조청 1큰술
- 양조간장 1큰술

일반염
- 소고기 장조림용 300g
- 물 700ml
- 양파 100g
- 대파 40g
- 파뿌리 1개
- 통후추 5알
- 생강 조각 3g
- 조청 1.5큰술
- 양조간장 2큰술

대체 가능 파뿌리→대파 10g, 생강 조각→통마늘 15g, 조청→설탕 **선택 재료** (일반염) 꽈리고추

재료 손질

소고기 물에 10분 정도 담가 핏물을 제거해주세요.

양파, 대파 큼직하게 썰어주세요.

생강 조각 냉동실에 있는 생강 조각(p.69)을 꺼내거나 생강을 얇게 썰어주세요.

만드는 방법

1. 냄비에 간장과 조청을 제외한 모든 재료를 넣고 센 불로 끓여주세요.

2. 물이 끓어오르면 떠오르는 불순물을 건져내고 뚜껑 닫아 아주 약한 불로 50분 정도 끓여주세요.

3. 50분 뒤 소고기는 건져내고 육수는 면보나 고운 체에 걸러주세요.

4. 소고기를 먹기 좋은 크기로 찢어주세요. 끓이고 난 육수의 양은 400ml예요.

5. 육수와 소고기, 조청, 간장을 넣고 간이 잘 배도록 중약불로 10분 정도 끓여주세요(일반염은 꽈리고추 추가).

TIP

1. 소고기는 우둔살을 사용했어요. 기름기가 없는 부위는 다 좋아요.
2. 양지로 만들면 더욱 맛이 좋으나 기름기가 많기 때문에 면보에 거르고 냉장고에 굳혀 깨끗이 걸러줘야 해요.
3. 완성된 육수는 면보에 한 번 걸러야 깨끗하게 완성되지만 고운 체에 거르거나 생략 가능해요.
4. 파뿌리를 넣으면 훨씬 맛있어서 넣는 걸 추천드리지만, 파 10g으로도 대체 가능해요.
5. 다 식으면 용기에 넣고 냉장 보관해주세요.
6. 선택 재료인 꽈리고추는 장조림이 완성되기 5분 전에 넣으세요.

돼지고기장조림

아이가 여러 번 먹을 양

조리시간 50분

난이도
★★★☆☆

저염
- 돼지고기 300g
- 물 600ml
- 양파 100g
- 대파 40g
- 파뿌리 1개
- 통후추 5알
- 생강 조각 3g
- 조청 1큰술
- 양조간장 1큰술

일반염
- 돼지고기 300g
- 물 600ml
- 양파 100g
- 대파 40g
- 파뿌리 1개
- 통후추 5알
- 생강 조각 3g
- 조청 1.5큰술
- 양조간장 2큰술

대체 가능 파뿌리→대파 10g, 생강 조각→통마늘 15g, 조청→설탕 **선택 재료** (일반염) 꽈리고추

재료 손질

돼지고기 흐르는 물에 깨끗하게 씻어주세요.

양파, 대파 큼직하게 썰어주세요.

생강 조각 냉동실에 있는 생강 조각(p.69)을 꺼내거나 생강을 얇게 썰어주세요.

만드는 방법

1. 냄비에 간장과 조청을 제외한 모든 재료를 넣고 센 불로 끓여주세요.

2. 물이 끓어오르면 떠오르는 불순물을 건져내고 뚜껑을 닫아 약불로 30분 정도 끓여주세요.

3. 30분 뒤 돼지고기는 건져내고 육수는 면보나 고운 체에 걸러주세요.

4. 돼지고기를 먹기 좋은 크기로 찢어주세요. 끓이고 난 육수의 양은 400ml예요.

5. 육수와 돼지고기, 조청, 간장을 넣고 간이 잘 배도록 중약불로 10분 정도 끓여주세요(일반염은 꽈리고추 추가).

TIP

1. 돼지고기는 기름이 없는 장조림용 안심을 사용했어요.
2. 완성된 육수는 면보에 한 번 걸러야 깨끗하게 완성되지만 고운 체에 거르거나 생략 가능해요.
3. 다 식으면 용기에 넣고 냉장 보관해주세요.
4. 선택 재료인 꽈리고추는 장조림이 완성되기 5분 전에 넣으세요.

메추리알장조림

아이가 여러 번 먹을 양

조리시간 40분

난이도

★★★☆☆

저염	메추리알 1판(28알) **채수 재료** -물 400ml -양파 100g -대파 40g	-파뿌리 1개 -통후추 5알 -생강 조각 3g 조청 1큰술 양조간장 1큰술
일반염	메추리알 1판(28알) **채수 재료** -물 400ml -양파 100g -대파 40g	-파뿌리 1개 -통후추 5알 -생강 조각 3g 조청 1.5큰술 양조간장 2큰술

대체 가능 메추리알→깐 메추리알, 파뿌리→대파 10g, 생강 조각→통마늘 15g, 조청→설탕 **선택 재료** 꽈리고추

재료 손질

메추리알 깨끗하게 여러 번 씻어주세요.

양파, 대파 큼직하게 썰어주세요.

생강 조각 냉동실에 있는 생강 조각(p.69)을 꺼내거나 생강을 얇게 썰어주세요.

만드는 방법

1. 냄비에 찬물과 메추리알을 넣고 팔팔 끓여요. 중간에 한 번씩 저으며 10분 정도 삶아주세요.

2. 삶은 메추리알은 바로 찬물에 담가 껍질에 금이 가도록 살짝 부순 후에 껍질을 벗겨주세요. 깨진 껍질 사이로 물이 들어가 더욱 쉽게 벗길 수 있어요.

3. 메추리알을 삶고 껍질을 벗기는 동안 채수 재료를 모두 넣고 뚜껑을 덮은 후에 15분 정도 끓여주세요.

4. 완성된 채수는 고운 체나 면보에 국물만 걸러주세요. 끓이고 난 육수의 양은 200ml입니다.

5. 냄비에 껍질 벗긴 메추리알과 간장, 조청을 넣고 볶아주세요.

6. 메추리알에 색이 배면 완성된 육수를 넣고 중약불로 10분 정도 끓여주세요.

초간단 버전

깐 메추리알 1봉은 깨끗하게 씻은 후에 간장 1작은술, 조청 1작은술에 볶아서 졸여주세요.

TIP

1. 하루 지나고 먹으면 채수 향이 메추리알에 배서 더욱 맛있어요.
2. 다 식으면 용기에 넣고 냉장 보관해주세요.
3. 번거로워도 깐 메추리알보다 직접 삶아 껍질을 벗긴 메추리알이 더 맛있어요.
4. 선택 재료인 꽈리고추는 장조림이 완성되기 5분 전에 넣으세요.

닭안심장조림

아이가 여러 번 먹을 양

조리시간 40분

난이도
★★★☆☆

저염	닭 안심 300g	통후추 5알
	물 500ml	생강 조각 3g
	양파 100g	조청 1큰술
	대파 40g	양조간장 1큰술
	파뿌리 1개	
일반염	닭 안심 300g	통후추 5알
	물 500ml	생강 조각 3g
	양파 100g	조청 1.5큰술
	대파 40g	양조간장 2큰술
	파뿌리 1개	

대체 가능 닭 안심→닭가슴살, 파뿌리→대파 10g, 생강 조각→통마늘 15g, 조청→설탕 **선택 재료** 꽈리고추

재료 손질

닭 안심 흐르는 물에 깨끗하게 씻어주세요.

양파, 대파 큼직하게 썰어주세요.

생강 조각 냉동실에 있는 생강 조각(p.69)을 꺼내거나 생강을 얇게 썰어주세요.

만드는 방법

1. 냄비에 간장과 조청을 제외한 모든 재료를 넣고 센 불로 끓여주세요.

2. 물이 끓어오르면 떠오르는 불순물을 건져내고 뚜껑을 닫아 약불로 20분 정도 끓여주세요.

3. 20분 뒤 닭 안심은 건져내고 육수는 면보나 고운 체에 걸러주세요.

4. 닭 안심을 먹기 좋은 크기로 찢어주세요. 끓이고 난 육수의 양은 400ml입니다.

5. 닭 안심과 고기, 조청, 간장을 넣고 간이 잘 배도록 중약불로 10분 정도 끓여주세요. 다 식으면 용기에 넣고 냉장 보관해주세요.

TIP

1. 닭고기는 부드러운 안심을 사용했으나 닭가슴살을 사용해도 무관해요.
2. 완성된 육수는 면보에 한 번 걸러야 깨끗하게 완성되지만 생략 가능해요.
3. 당근을 모양내서 썬 후에 5번 과정에 넣어도 좋아요.
4. 선택 재료인 꽈리고추는 장조림이 완성되기 5분 전에 넣으세요.

슬기로운요리생활 꿀팁
6

죽을 쉽고 빠르게 끓이는 팁

대슬이네처럼 죽을 쉽고 빠르게 끓이는 2가지 팁

죽을 끓이는 건 보통 기본 30분 이상은 시간이 걸린다 생각하시죠? 2가지만 미리 준비해주시면 오래 걸리는 죽을 10분 만에 끓일 수 있답니다.

1. 냉동 찹쌀밥

쌀과 찹쌀의 비율을 1:1로 넣고 밥을 지은 뒤 120g씩 소분해주세요. 이렇게 소분한 찹쌀밥을 넣어서 끓이면 10분 만에 죽을 끓일 수 있어요(p.121). 두껍게 얼리면 해동 시간이 길어지므로 얇게 펴서 얼려주세요.

2. 볶은모둠채소 큐브

미리 볶아서 냉동했기 때문에 더 이상 익을 시간이 필요하지 않아요. 다른 재료만 익으면 되기에 죽 끓이는 시간을 단축할 수 있어요(p.71).

선택사항

죽과 잘 어울리는 육수를 미리 준비해놓면 좋아요. 채수, 멸치육수, 고기육수, 해물육수 어떤 것이든 좋아요.

미리 만들어두면 좋은 고명

김가루

1. 3~4장의 마른 전장 김을 4등분해서 에어프라이어에 넣고 돌려요(김이 날아다니면서 열선에 붙을 수 있기 때문에 쿠키틀이나 스텐 제품으로 김을 눌러주세요).
2. 김을 큼직하게 찢어서 믹서에 넣고 갈아주세요. 곱게 갈린 김은 밀폐 용기에 보관하면 오랜 시간 먹을 수 있어요.

통깨가루

1. 죽이 끓는 동안 통깨를 먹을 만큼 절구에 넣고 곱게 갈아주세요.

애호박수프

아주 담백한 맛의 애호박수프! 애호박 하나가 통째로 듬뿍 들어갔지만 애호박 맛이 나지 않아 애호박을 안 좋아하는 아이들도 모르고 먹을 맛이에요. 쉽게 구할 수 있는 식재료라 계절에 상관없이 언제나 부담 없이 만들 수 있는 메뉴에요.

아이가 여러 번 먹을 양

조리시간 20분

난이도 ★★☆☆☆

무염·저염		일반염	
애호박 150g	아기치즈 1장	애호박 150g	꿀 1작은술
양파 50g	파슬리가루 1꼬집	양파 50g	슬라이스 치즈 1장
대파 흰대 10g		대파 흰대 10g	파슬리가루 1꼬집
닭 안심 80g		닭다리살 80g	
버터 5g		버터 10g	
밥 40g		밥 40g	
물 50ml		물 50ml	
우유 150ml		우유 150ml	
설탕 1/2작은술		소금 1/2작은술	

생략 가능 파슬리가루 **대체 가능** 꿀→설탕, 설탕→꿀

재료 손질

애호박, 양파, 대파 흰대 깨끗하게 씻어서 채 썰어주세요.

닭 안심 흐르는 물에 씻은 후에 잘게 다져주세요.

만드는 방법

1. 냄비에 버터와 양파를 넣고 볶다가 대파 흰대, 애호박, 닭 안심을 넣고 볶아주세요(충분히 오래 볶아야 더 맛있어요).

2. 밥과 물을 넣고 핸드믹서나 믹서로 충분히 곱게 갈아주세요.

3. 우유와 소금, 설탕(일반염은 꿀)을 넣고 중약불로 잘 섞으며 끓이다 기포가 올라오면 약한 불로 줄이고 원하는 농도가 될 때까지 끓여주세요(무염·저염은 소금 생략).

4. 먹을 만큼 그릇에 담아 아기치즈를 넣고 파슬리가루를 뿌려주세요.

TIP

1. 닭 안심 대신 다른 부위로 바꿔도 무관해요.
2. 물이 소량이라 갈기 힘들 수 있지만 최대한 곱게 갈아주세요.
3. 우유를 넣은 뒤 핸드믹서로 강하게 오래 갈면 우유가 분리될 수 있어요.
4. 우유는 중약불로 조리해요. 너무 센 불로 끓이면 분리되어 덩어리질 수 있어요.

바나나아보카도수프

SNS에서 "대슬이는 아보카도를 잘 안 먹나봐요."라는 질문을 받았어요. 아보카도를 안 먹고 뱉었던 기억이 있어서 잘 사지 않던 식재료인데 질문을 받고 나서 어떻게 아보카도를 맛있게 먹일까 고민했어요. 대슬이가 좋아하는 바나나수프에 아보카도를 넣어 끓이면 좋겠다는 생각에 만들어본 레시피에요. 아보카도를 처음 접하는 아이들에게 추천하는 메뉴입니다. 아보카도 맛이 바나나에 중화되어 달콤하게 먹기 좋더라고요.

아이가
두세 번 먹을 양

조리시간
15분

난이도
★☆☆☆☆

무염·저염
버터 4g
바나나 1개(70g)
아보카도 반 개(50g)
찬물 2큰술
우유 300ml
시나몬가루 1꼬집

일반염
버터 10g
바나나 1개(70g)
아보카도 반 개(50g)
찬물 2큰술
우유 300ml
소금 1꼬집
시나몬가루 1꼬집

생략 가능 시나몬가루

재료 손질

바나나, 아보카도 껍질을 벗긴 후에 대강 잘라주세요.

만드는 방법

1. 약한 불에 버터를 먼저 넣고 녹인 후에 바나나와 아보카도를 넣고 약한 불로 볶아주세요.

2. 냄비 온도를 낮추기 위해 찬물 2큰술을 넣은 뒤 우유를 100ml만 먼저 넣고 핸드믹서로 곱게 갈아주세요.

3. 곱게 갈리면 나머지 우유를 모두 넣고 약한 불에 5분 정도 잘 섞으면서 끓이다가 원하는 농도가 되면 불을 꺼주세요(일반염은 소금 추가). 그릇에 담고 시나몬가루를 뿌려주세요.

TIP

1. 아보카도 대신 바나나를 더 넣어 끓이면 바나나수프가 됩니다.
2. 시나몬가루는 생략 가능하지만 넣으면 훨씬 맛있어요.
3. 우유를 넣은 뒤 핸드믹서로 강하게 오래 갈면 우유가 분리될 수 있어요.
4. 우유는 중약불로 빠르게 조리해요. 너무 센 불로 오래 끓이면 분리되어 덩어리질 수 있어요.

양송이수프

양송이를 좋아하는 대슬이라 양송이 요리는 정말 다양한 방법으로 많이 만들어주었어요. 대슬이가 돌 이후부터 좋아하고 잘 먹던 양송이수프입니다. 빵을 찍어 먹는 것도 좋아하고 숟가락으로 가득 퍼서 떠먹는 것도 좋아해요. 건강에 좋은 양송이를 듬뿍 먹이기에는 양송이수프가 딱이랍니다.

아이가 여러 번 먹을 양

조리시간
20분

난이도
★★☆☆☆

저염·무염	일반염
버터 5g	버터 15g
양송이 100g	양송이 100g
감자 70g	감자 70g
양파 50g	양파 50g
물 2큰술	물 2큰술
우유 150ml	우유 150ml
파슬리가루 1꼬집	소금 1꼬집
	설탕 1/3작은술
	파슬리가루 1꼬집

생략 가능 파슬리가루

재료 손질

양송이 흐르는 물에 깨끗하게 씻은 후에 얇게 잘라주세요.

감자 껍질을 벗기고 얇게 잘라주세요.

양파 채 썰어주세요.

만드는 방법

1. 팬에 버터를 두르고 양파를 볶아주세요.

2. 양파에서 달큰한 향이 올라오면 감자와 양송이를 넣고 볶아주세요. 잘 안 볶아지면 물을 한 큰술씩 넣으면서 볶아주세요.

3. 냄비 온도를 낮추기 위해 찬물 2큰술을 넣은 뒤 우유를 넣고 핸드믹서나 믹서로 갈아주세요.

4. 원하는 농도가 될 때까지 약불로 5분 정도 끓여주세요. 양송이버섯 한 개를 추가로 잘라 버터에 볶은 뒤 수프 위에 살짝 올려도 좋아요(일반염은 소금, 설탕 추가). 그릇에 담고 파슬리가루를 뿌려주세요.

TIP

1. 감자를 얇게 썰어야 조리 시간을 줄일 수 있어요. 채 썰어도 좋아요.
2. 양송이 상태에 따라 사진과 다르게 수프 색이 밝게 나올 수도 있어요.
3. 우유를 넣은 뒤 핸드믹서로 강하게 오래 갈면 우유가 분리될 수 있어요.
4. 우유는 중약불로 조리해요. 너무 센 불로 끓이면 덩어리와 막이 생겨요.

당근수프

당근을 기름에 볶아 조리해서 영양소 흡수율을 높이고 당근 맛은 전혀 나지 않아 부드러운 수프를 좋아하는 아이들이 잘 먹을 메뉴에요. 닭고기와 밥이 들어가 든든하기까지 하답니다. 이 당근수프는 달지 않은 담백한 빵을 찍어 먹으면 너무 잘 어울려요.

아이가 두세 번 먹을 양

조리시간
20분

난이도
★★☆☆☆

무염·저염	일반염
당근 150g	당근 150g
양파 40g	양파 40g
밥 40g	밥 40g
물 100ml	물 100ml
우유 200ml	우유 200ml
닭 안심 40g	닭다리살 40g
버터 5g	버터 10g
파슬리가루 1꼬집	소금 2꼬집
	파슬리가루 1꼬집

생략 가능 밥→밀가루 10g, 파슬리가루

재료 손질

당근, 양파 약간 잘게 잘라주세요.

닭고기 흐르는 물에 씻은 후에 다져주세요.

만드는 방법

1. 팬에 버터를 두르고 양파를 볶아주세요. 잘 안 볶아지면 물을 조금씩 넣으며 볶아주세요.

2. 양파에서 단내가 나면 닭고기와 당근을 넣고 볶아주세요.

3. 물과 밥을 넣고 재료가 잘 익도록 뚜껑을 닫고 5분 정도 끓여주세요.

4. 재료가 잘 익으면 불을 끄고 핸드믹서나 믹서로 곱게 갈아주세요.

5. 우유를 넣은 다음 약불로 켜고 원하는 농도가 될 때까지 5분 정도 저으면서 끓여주세요(일반염은 소금 추가). 그릇에 담고 파슬리가루를 뿌려주세요.

TIP

1. 물이 소량이라 갈기 힘들 수 있지만 최대한 곱게 갈아주세요.
2. 밥은 든든한 한 끼를 위해서 넣었어요. 밀가루 10g으로 대체 가능해요.
3. 밀가루로 대체할 경우 당근을 볶을 때 밀가루를 같이 넣고 볶아주세요.
4. 닭고기는 닭다리살을 사용했어요. 어느 부위를 사용하셔도 무관해요.
5. 우유는 중약불로 조리해요. 너무 센 불로 끓이면 분리되어 덩어리질 수 있어요.

콘수프

콘수프는 누구나 좋아하는 수프인 것 같아요. 스위트콘을 이용해서 달콤한 맛이 참 좋답니다. 버터에 구운 관자를 콘수프에 넣어서 먹으면 너무 잘 어울려요. 저는 콘수프를 끓이는 날에는 꼭 관자도 같이 곁들여낸답니다.

아이가 두 번 먹을 양

조리시간
20분

난이도
★★★☆☆

무염	저염	일반염
버터 5g	버터 10g	버터 15g
대파 흰대 10g	대파 흰대 10g	대파 흰대 10g
양파 20g	양파 20g	양파 20g
감자 40g	감자 30g	감자 30g
유기농 스위트콘 150g	유기농 스위트콘 150g	유기농 스위트콘 150g
밀가루 5g	밀가루 10g	밀가루 15g
물 50ml	물 50ml	물 50ml
우유 300ml	우유 300ml	우유 300ml
파슬리가루 1꼬집	소금 1꼬집	소금 1/3작은술
토핑용 스위트콘 1작은술	파슬리가루 1꼬집	파슬리가루 1꼬집
	토핑용 스위트콘 1작은술	토핑용 스위트콘 1작은술

선택 재료 관자

재료 손질

감자, 양파, 대파 흰대 채 썰거나 작게 잘라주세요.

유기농 스위트콘 체에 밭쳐 팔팔 끓는 물을 뿌려주세요(생략 가능).

만드는 방법

1. 팬에 버터를 두르고 대파 흰대와 양파, 감자를 넣고 볶아주세요.

2. 재료가 숨이 죽으면 스위트콘과 밀가루를 넣고 3분 정도 볶아주세요.

3. 불을 끈 뒤 물을 넣고 믹서에 갈거나 핸드믹서로 곱게 갈아주세요.

4. 우유나 소금을 넣고 불을 켠 뒤 잘 섞으며 원하는 농도가 될 때까지 5분 정도 저으며 끓여주세요(무염은 소금 생략).

5. 중간 체에 밭쳐 스위트콘 겉껍질을 걸러낸 뒤 그릇에 담고 토핑용 스위트콘과 파슬리가루를 뿌려주세요.

선택 조리

관자를 얇게 잘라서 버터에 볶아 수프 위에 올려 드세요.

TIP

1. 물이 소량이라 갈기 힘들 수 있지만 최대한 곱게 갈아주세요.
2. 체에 스위트콘 겉껍질을 걸러내야 부드러운 콘수프를 만들 수 있어요.
3. 우유는 중약불로 조리해요. 너무 센 불로 끓이면 분리되어 덩어리질 수 있어요.
4. 관자를 버터에 살짝 볶아 수프에 올려 먹으면 훨씬 더 맛있어요.

호두감자수프

어릴 때 호두를 많이 먹으면 똑똑해진다는 말에 호두를 먹이려고 노력했어요. 어린 아이들은 호두를 씹어 먹기 힘드니 이렇게 갈아서 만들어주면 더 잘 먹더라고요. 햇감자가 나오는 6월에 만들면 더욱 좋아요.

아이가 두세 번 먹을 양

조리시간 20분

난이도 ★★☆☆☆

무염	저염	일반염
버터 10g	버터 10g	버터 20g
감자 150g	감자 150g	감자 150g
양파 50g	양파 50g	양파 50g
호두 30g	호두 30g	호두 30g
설탕 1/2작은술	설탕 1/2작은술	설탕 1/2작은술
물 50g	물 50g	물 50g
우유 150ml	우유 150ml	우유 150ml
파슬리가루 1꼬집	소금 1꼬집	소금 2꼬집
	파슬리가루 1꼬집	파슬리가루 1꼬집

재료 손질

호두 팔팔 끓는 물에 3분 정도 데친 뒤 팬에 볶아 고소하게 구워주세요.

감자 얇게 썰어주세요.

양파 얇게 채 썰어주세요.

만드는 방법

1. 팬에 버터를 두르고 양파를 볶아주세요.

2. 양파에서 단내가 나면 감자와 호두를 넣고 10분 정도 충분히 볶아주세요.

3. 감자와 양파가 익으면 불을 끈 뒤 물을 넣고 핸드 믹서나 믹서를 이용해서 곱게 갈아주세요.

4. 우유와 소금, 설탕을 넣고 불을 켠 뒤 10분 정도 잘 섞으며 원하는 농도가 될 때까지 끓여주세요(무염은 소금 생략). 그릇에 담고 파슬리가루를 뿌려주세요.

TIP

1. 물이 소량이라 갈기 힘들 수 있지만 최대한 곱게 갈아주세요.
2. 호두는 불순물과 떫은맛을 제거하기 위해 꼭 끓는 물에 데쳐서 사용해요.
3. 우유는 중약불로 조리해요. 너무 센 불로 끓이면 분리되어 덩어리질 수 있어요.
4. 토핑용 호두와 감자는 미리 준비해두었다가 버터에 살짝 구워 올렸으나 생략 가능해요.

슬기로운요리생활 꿀팁 7

요거트에 넣어 먹으면 맛있는 조합

대슬이가 변비로 고생할 때 강판에 간 사과를 듬뿍 넣은 요거트를 매일 먹이다보니 대슬이가 매일 같이 요거트를 찾고 좋아했어요. 가끔 사과 요거트를 질려하면 여러 가지 토핑을 바꿔 넣어주며 질리지 않게 주었죠. 대슬이는 어떤 토핑을 넣어줘도 잘 먹지만 그동안 잘 먹고 좋아했던 토핑들을 소개해볼게요.

요거트 고르는 방법

시중에 정말 다양한 요거트가 나와 있는데요. 개인적으로 요거트를 고르는 조건은 어떤 우유로 만들어졌는지, 첨가물은 없는지, 그리고 당도를 보고 구매하고 있어요. 제가 주로 구매하는 요거트는 원유와 설탕, 유산균 외에 첨가물이 들어가지 않은 제품들입니다(p.45 참고).

포도

바나나

망고

산딸기

파인애플

귤

키위

딸기

바로 넣어 먹는 과일

귤, 딸기, 망고, 바나나, 블루베리, 산딸기, 키위, 파인애플, 포도, 복숭아, 수박 등 우리 주변에서 볼 수 있는 과일들은 대부분 잘 어울리는 편이에요. 귤은 속껍질을 벗겨야 해서 번거롭지만 요거트와 잘 어울려요.

블루베리

강판에 간 사과

요거트 한 통에 사과 반 개를 강판에 갈아 넣으면 달콤한 사과 요거트 완성이에요. 대슬이가 변비로 고생할 때 매일 먹어서 변비 해소에 도움이 된 1등 공신이에요. 맛도 좋고 사과의 섬유질이 그대로 듬뿍 들어 있어 변비에도 좋아요.

강판에 간 사과

건과일믹스

견과류

그래놀라

시리얼

건과일

건포도, 건블루베리, 건멀베리, 건골든베리, 건크랜베리 등 다양한 건과일을 잘게 잘라서 넣어줘요. 중간 중간 씹는 맛이 있어서 대슬이는 아주 좋아해요. 다양한 건과일은 인터넷에서 유기농 건과일믹스를 구매해서 사용해요.

견과류

새콤달콤한 요거트에 톡톡 씹히는 견과류는 아주 잘 어울리는 조합이에요. 견과류만 넣기보단 다양한 과일과 같이 넣어도 좋아요.

그래놀라와 시리얼

그래놀라와 요거트의 조합은 워낙 좋다는 것, 많은 분들이 알고 계실 거예요. 씹는 맛을 좋아하는 대슬이는 그래놀라를 요거트에 잘 섞어서 먹어요. 바삭한 시리얼도 요거트와 잘 어울려요. 아직 우유에 시리얼을 넣어 먹는 걸 즐겨하지 않는데 요거트에 넣어 먹는 건 좋아해요. 시리얼과 그래놀라는 유기농 매장에서 구입해서 먹여요.

곰젤리

초코볼

딸기잼

유자청

과자류

대슬이는 곰 모양 젤리를 밖에서 우연히 먹어본 뒤로 젤리가 보이면 종종 사달라고 해요. 젤리는 잘 주지 않지만 줘야 한다면 건강한 재료로 첨가물이 덜 들어간 제품으로 주려고 해요. 저는 유기농 곰젤리를 사서 먹이고 있어요. 초코볼도 팜유 착색료, 합성향료가 들어가지 않은 것으로 구매해서 먹이고 있어요. 그 어떤 토핑 재료보다 과자류를 요거트에 섞어 먹을 때 가장 행복해한답니다.

각종 잼

여러 종류의 잼 중에 딸기잼, 사과잼을 넣어 먹을 때가 가장 맛있는 것 같아요. 유자향을 좋아하는 아이들은 유자청을 넣어줘도 상큼하게 먹기 좋아요.

여러 가지 재료를 넣은 요거트볼은 간식 혹은 아침 한 끼를 때우기에도 좋은 것 같아요. 다양한 조합으로 아이와 즐겨보세요.

편식 걱정 없는 한상차림

PART 11

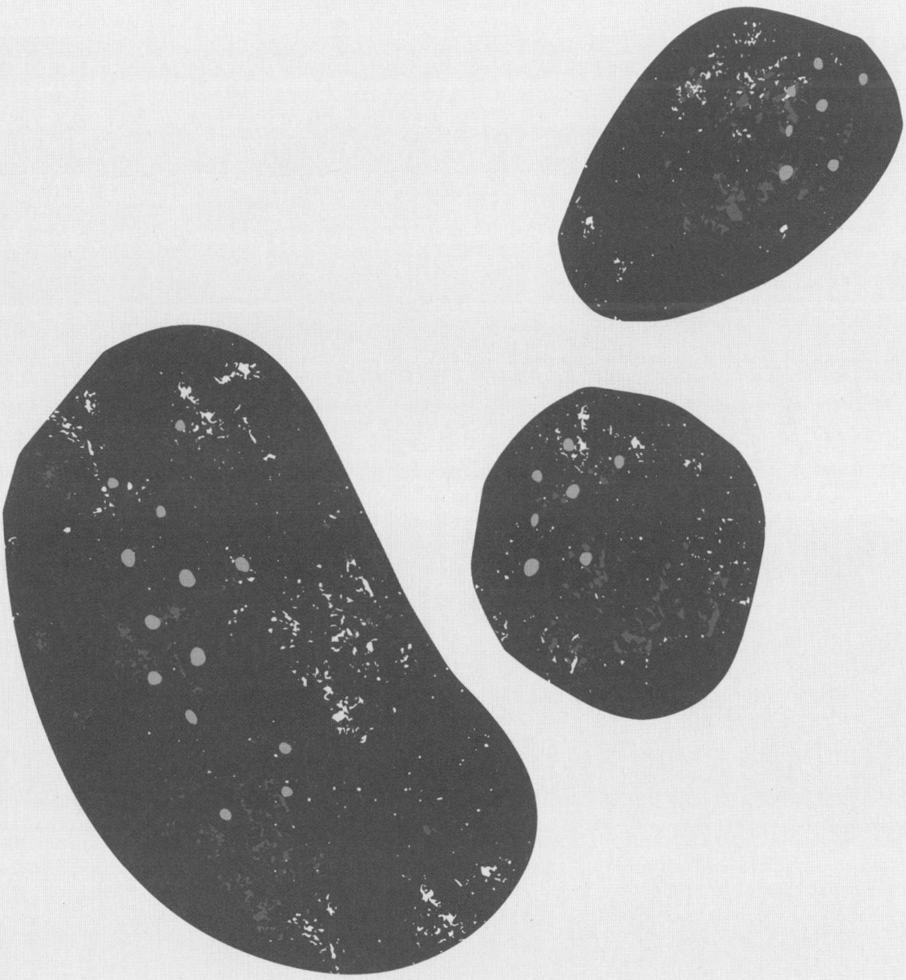

소고기감자조림

처음부터 모든 재료를 함께 넣지 않고 감자를 졸이다가 따로 볶은 소고기를 넣어 만들었어요. 조리법을 달리 해서 각 재료의 맛이 살아 있는 소고기감자조림입니다.

아이가 두세 번 먹을 양

조리시간
20분

난이도
★★☆☆☆

무염
멸치육수 200ml
감자 100g
당근 10g
조청 1/2작은술
다진 소고기 30g
다진 마늘 2g

저염
물 200ml
감자 100g
당근 10g
양조간장 1/2작은술
맛술 1작은술
조청 1/2작은술

소고기 양념
- 다진 소고기 30g
- 맛술 1작은술
- 양조간장 1/3작은술
- 다진 마늘 2g

일반염
물 200ml
감자 100g
당근 10g
양조간장 1큰술
맛술 1작은술
조청 1작은술

소고기양념
- 다진 소고기 50g
- 맛술 1작은술
- 양조간장 1작은술
- 다진 마늘 4g

조청 1작은술

대체 가능 다진 마늘→만능고기양념 10g(p.84)

시금치밥
p.117

재료 손질

소고기 키친타월을 이용해서 핏물을 제거해주세요.

소고기(무염) 핏물을 제거한 소고기는 마늘에 버무려주세요.

감자 먹기 좋은 크기로 잘라 흐르는 물에 한 번 씻어주세요.

당근 모양틀에 찍어 준비하거나 작게 잘라서 준비해주세요.

만드는 방법

무염

1. 냄비에 다진 마늘에 버무린 소고기와 물을 약간 넣고 볶아주세요.
2. 소고기가 80% 익으면 그릇에 따로 덜어두고 감자와 당근, 조청을 넣고 끓여주세요.
3. 감자가 익고 육수가 자박하게 남으면 빼두었던 소고기를 넣고 잘 섞은 뒤 불을 끄고 잔열로 익혀주세요.

저염 · 일반염

1. 냄비에 물이 팔팔 끓으면 씻은 감자와 당근, 간장, 맛술, 조청을 넣고 잘 섞은 뒤 뚜껑을 닫고 감자가 익을 때까지 중약불로 끓여주세요.
2. 감자가 익을 동안 다른 팬에 핏물 뺀 소고기, 다진 마늘, 맛술, 간장을 넣고 센 불에 재빠르게 볶아 80% 정도 익혀주세요.
3. 냄비의 물이 잦아들면 볶은 소고기를 넣고 잘 섞은 후에 불을 끄고 남은 열로 익혀주세요(일반염은 조청 1작은술을 마지막에 넣고 윤기 나게 볶아주세요).

TIP

1. 소고기는 분량의 양념에 먼저 재워놔도 좋아요.
2. 먹기 전에 참기름 1~2방울을 뿌려 먹으면 더욱 좋아요.
3. 불을 끄고 남은 열로 익혀 소고기가 질겨지지 않아요.
4. 소고기를 따로 조리해서 넣었기 때문에 각 재료의 맛이 살아 있어요.

당근밥

p.118

낙지브로콜리무침

제가 낙지를 안 먹다 보니 대슬이에게는 낙지 요리를 일부러 해주게 되더라고요. 쫀득한 낙지를 브로콜리와 같이 깨폭탄소스에 버무려주면 대슬이가 순식간에 뚝딱 먹어치우는 반찬이랍니다.

아이가 한두 번 먹을 양	무염	저염	일반염
조리시간 10분	낙지 30g 브로콜리 30g 참기름 1/3작은술 통깨 1꼬집	낙지 30g 브로콜리 30g 깨폭탄소스 1/2작은술	낙지 30g 브로콜리 30g 깨폭탄소스 1작은술 소금 1꼬집
난이도 ★★☆☆☆			

재료 손질

낙지 깨끗하게 손질해주세요(p.59).

브로콜리 송이만 잘라주세요.

깨폭탄소스 미리 만들어둔 것을 사용합니다(p.78).

만드는 방법

1. 팔팔 끓는 물에 브로콜리를 넣고 1분 정도 데친 후 체에 밭쳐 차가운 곳에서 재빨리 식혀주세요.
2. 브로콜리를 데친 물에 낙지를 넣고 1분 정도 데친 후에 꺼내주세요.
3. 브로콜리와 낙지는 수분을 최대한 제거하고 한입 크기로 썰어주세요.
4. 브로콜리에 먼저 깨폭탄소스를 버무린 뒤 낙지도 넣고 잘 섞어주세요(일반염은 소금 추가).

TIP

1. 낙지 자체가 짭조름하기 때문에 브로콜리에 먼저 간이 배도록 소스를 넣고 버무렸어요.
2. 브로콜리는 야채탈수기에 돌려 수분을 제거하고 낙지는 키친타월로 가볍게 수분을 제거했어요.
3. 수분을 최대한 제거해야 맛있게 먹을 수 있어요.

간소고기얼갈이된장국

대슬이가 좋아하는 채소 중 하나가 얼갈이인데요. 얼갈이를 좋아하게 된 계기는 바로 얼갈이국 덕분입니다. 대슬이는 국 속에 푹 익어 흐물흐물한 얼갈이를 국물보다 먼저 건져 먹어요. 간 소고기를 이용해서 쉽게 끓이는 레시피를 소개해드려요.

아이가 여러 번 먹을 양

조리시간
35분

난이도
★★★☆☆

저염

멸치육수 800g

얼갈이 양념
- 데치기 전 얼갈이 300g
- 된장 10g
- 다진 마늘 7g

소고기 양념
- 다진 소고기 50g
- 국간장 1/3작은술
- 참기름 1/2작은술
- 다진 마늘 3g

대파 15g
간 무 30g

일반염

멸치육수 800g

얼갈이 양념
- 데치기 전 얼갈이 300g
- 된장 30g
- 다진 마늘 10g

소고기 양념
- 다진 소고기 50g
- 국간장 1/2작은술
- 참기름 1/2작은술
- 다진 마늘 5g

대파 15g
간 무 30g

재료 손질

얼갈이 끓는 물에 3분 정도 데친 후에 먹기 좋은 크기로 잘라주세요.

다진 소고기 키친타월에 핏물을 제거해주세요.

대파 얼갈이와 비슷한 길이로 채 썰어주세요.

간 무 무를 갈거나 간 무 큐브(p.66)를 준비해주세요.

만드는 방법

1. 소고기와 얼갈이는 분량의 양념에 잘 버무려주세요.

2. 냄비에 양념한 소고기를 볶다가 양념한 얼갈이도 넣고 같이 볶아주세요.

3. 재료가 잘 볶아지면 멸치육수와 파, 간 무를 넣어주세요.

4. 뚜껑을 닫고 20분 정도 끓여주세요.

TIP

1. 일반염은 얼갈이를 작게 자르지 않고 뿌리만 잘라 넣어 끓여도 맛있어요.
2. 어른들은 일반염 레시피에 고춧가루와 청양고추를 넣어 끓이면 더욱 맛있어요.

황태껍질튀김

황태 껍질은 콜라겐이 많이 들어 있어 아이들 뼈 건강에 도움을 주고 단백질과 오메가3도 들어 있어서 영양이 가득한 재료입니다. 이 재료를 간단하게 손질해서 튀기기만 해도 아주 맛있는 간식, 혹은 반찬이 되어요.

아이가 여러 번 먹을 양

조리시간
15~30분

난이도
★★★★☆

무염·저염
- 황태 껍질 30g
- 기름 200ml
- 설탕 1작은술

일반염
- 황태 껍질 30g
- 기름 200ml
- 설탕 1큰술
- 소금 1꼬집

재료 손질

황태 껍질 채반에 넣고 겉에 묻은 이물질과 가루를 탈탈 털어주세요.

만드는 방법

1. 황태 껍질에 붙어 있는 가시와 지느러미, 억센 부분을 가위로 잘라주세요.

2. 기름을 170도로 예열해 주세요. 감을 익히기 위해 먼저 1개만 튀겨보세요.

3. 황태 껍질이 기름에 들어가자마자 쪼그라들었다가 펴지면 5초 안에 꺼내주세요.

4. 익숙해지면 5개 이상 한 번에 같이 튀겨주세요.

5. 기름을 최대한 제거한 뒤 따뜻할 때 봉지에 넣고 설탕을 솔솔 뿌려 주세요(무염은 생략, 일반염은 소금 추가).

TIP

1. 손질한 황태 껍질은 튀기면 크기가 줄어들기 때문에 약간 큼직하게 잘라주세요.
2. 황태 껍질을 튀길 때 비린내가 올라오기도 해요. 튀기고 나면 사라져요.
3. 설탕과 소금은 입자가 고운 것으로 사용해주세요. 저는 유기농 원당을 절구에 갈아서 사용했어요.

군고구마방울양배추수프
닭안심백김치볶음

고추잡채
간단 백김치
p.93

군고구마방울양배추수프

대슬이가 어릴 적 피부가 예민했기에 아토피에 좋은 음식을 찾아서 챙겨 먹였어요. 방울양배추가 아토피에 좋다는 이야기를 듣고 방울양배추를 먹이기 위해 다양한 노력을 했는데 직접 보이는 것보다 맛있는 재료에 숨겨서 조리해주니 훨씬 더 잘 먹더라고요. 군고구마와 함께 넣어 만드니 양배추 맛은 하나도 안 나고 달콤한 고구마 맛만 남아요. 어른 입에도 맛있는 수프예요.

아이가 두세 번 먹을 양

조리시간
60분

난이도
★★★☆☆

무염·저염	일반염
껍질 벗긴 군고구마 200g	껍질 벗긴 군고구마 200g
버터 5g	버터 10g
방울양배추 30g	방울양배추 50g
우유 300ml	우유 300ml
	소금 1꼬집

대체 가능 방울양배추→양배추 또는 브로콜리, 군고구마→생고구마 혹은 찐 고구마

재료 손질

군고구마 껍질을 벗겨서 준비해주세요.

방울양배추 한 장 한 장 뜯어 깨끗하게 씻어주세요.

만드는 방법

1. 깨끗하게 씻은 방울양배추는 잘게 다져 버터에 볶아주세요.

2. 불을 끈 뒤 볶은 양배추에 으깬 군고구마를 넣고 잘 섞어주세요.

3. 우유를 넣고 핸드믹서로 간 뒤 불을 켜고 중약불로 끓이다 기포가 올라오면 아주 약한 불로 줄여 원하는 농도가 될 때까지 5분 정도 저으며 더 끓여주세요.

TIP

1. 군고구마를 오븐에서 구울 때는 200도에서 40분 정도 구워주세요.
2. 생고구마를 사용할 경우 아주 잘게 다져서 방울양배추를 볶을 때 같이 볶아서 익혀주세요.
3. 방울양배추 대신 브로콜리를 넣어도 좋아요.
4. 우유는 중약불로 조리해요. 너무 센 불로 끓이면 분리되어 덩어리질 수 있어요.
5. 시나몬가루를 살짝 뿌려 먹어도 좋아요.

닭안심백김치볶음

김치는 볶으면 고소한 맛이 올라오는데요, 백김치도 부드러운 닭 안심과 함께 볶으면 더욱 맛있는 반찬이 되어요. 짭조름하기 때문에 달콤한 수프와 잘 어울리는 맛이지만 밥 반찬으로도 좋은 메뉴입니다.

아이가 한두 번 먹을 양

조리시간
10분

난이도
★☆☆☆☆

무염·저염

백김치 20g
닭 안심 35g
참기름 1/3작은술
통깨 1/3작은술

일반염

백김치 20g

닭 안심 양념
- 닭 안심 35g
- 소금 2꼬집
- 후춧가루 1꼬집

참기름 1/3작은술
통깨 1/3작은술

재료 손질

닭 안심 흐르는 물에 씻어 먹기 좋은 크기로 잘라주세요. 일반염은 소금, 후추로 밑간을 해주세요.

백김치 정수 물에 한 번 담가 짠기를 빼고 먹기 좋은 크기로 잘라주세요(짜지 않은 저염 어린이 김치일 경우에는 씻지 않고 사용해요).

만드는 방법

1. 팬에 참기름을 약간 두르고 중약불로 백김치를 볶다가 닭 안심도 볶아주세요(일반염은 양념한 닭 안심을 볶아주세요).

2. 닭 안심이 잘 익으면 불을 끄고 그릇에 담아 참기름과 통깨를 솔솔 뿌려주세요.

TIP

1. 닭 안심 35g은 닭 안심 한 덩이 무게에요.
2. 닭 안심에 있는 힘줄은 제거해도 좋아요(p.58).

고추잡채

대슬이가 파프리카를 잘 먹었는데 어느 순간부터 잘 안 먹더라고요. 어떻게 하면 파프리카를 맛있게 먹일 수 있을까 고민하다가 20개월에 처음 만들어줬던 고추잡채를 해줘야겠다 생각했어요. 파프리카가 듬뿍 들어갔지만 파프리카 편식하는 대슬이도 깨끗하게 다 먹은 메뉴입니다. 메뉴명을 소개할 때도 파프리카라고 하지 않고 색깔 잡채라고 하니 노란색, 빨간색 등 색 이름을 말하며 즐겁게 먹었답니다.

아이가 한두 번 먹을 양/
성인 두 명이 먹을 양

조리시간
20분

난이도
★★☆☆☆

저염

꽃빵 1개

소고기 양념
- 다진 소고기 50g
- 다진 마늘 3g
- 전분 1/2작은술

기름 1/2작은술
양파 10g
느타리버섯 20g
파프리카 노랑 20g
파프리카 빨강 20g
굴소스 1/2작은술
부추 5g
통깨 1/3작은술

일반염

꽃빵 4개

소고기 양념
- 다진 소고기 150g
- 다진 마늘 2작은술
- 전분 2작은술
- 양조간장 1큰술

기름 1큰술
양파 100g
느타리버섯 150g
소금 1/2작은술
파프리카 노랑 100g
파프리카 빨강 100g
굴소스 1큰술
소금 1/3작은술
부추 20g
통깨 1/2큰술

생략 가능 부추

재료 손질

파프리카, 양파, 부추 먹기 좋은 크기로 잘라주세요.

느타리버섯 결대로 찢은 뒤 먹기 좋은 크기로 잘라주세요.

소고기 키친타월에 올려 핏물을 제거해주세요.

만드는 방법

저염

1. 찜기에 꽃빵이 익을 때까지 쪄주세요.

2. 소고기는 다진 마늘과 전분가루에 버무려주세요.

3. 팬에 기름을 약간 두르고 양파를 볶다가 단내가 올라오면 느타리버섯을 넣고 볶아주세요.

4. 버섯과 양파가 익으면 파프리카와 소고기를 넣고 볶다가 굴소스를 넣고 볶아주세요.

5. 부추를 넣고 1분 정도 볶다가 불을 끄고 통깨를 뿌려주세요.

일반염

1. 찜기에 꽃빵이 익을 때까지 쪄주세요.
2. 소고기는 다진 마늘과 간장, 전분에 버무려주세요.
3. 팬에 기름을 두르고 양파를 볶다가 단내가 올라오면 느타리버섯과 소금을 넣고 볶아주세요.
4. 느타리버섯이 익으면 파프리카와 소금, 굴소스를 넣고 볶아주세요.
5. 채소를 한쪽으로 밀어놓고 소고기를 볶아주세요.
6. 모든 재료가 잘 익으면 부추를 넣고 숨이 죽을 정도로만 볶다가 불을 끄고 통깨를 뿌려주세요.

TIP

1. 촉촉하게 국물이 있는 걸 원하면 물을 1큰술 정도 넣어주세요.
2. 아이들은 채소 식감을 부담스러워 할 수 있어서 고기보다 채소를 먼저 볶았어요.
3. 채소 식감을 살리고 싶다면 고기를 먼저 볶고 채소를 나중에 볶아주세요.
4. 어른들은 일반염 레시피 조리 시 고추기름을 사용해서 볶으면 훨씬 맛있어요.

해물잡채

해물이 들어간 해물잡채는 특별한 날이나 기념일, 우리 아이 생일상에 올리기 좋은 메뉴에요. 당면 양념을 만들어서 끓이기만 하면 간이 쏙 배요. 간 양파를 넣고 당면 양념물을 넣었기 때문에 당면만 먹어도 맛있어서 해물 대신 소고기, 돼지고기 등을 넣어 다른 잡채로 응용하셔도 좋아요.

아이가 여러 번 먹을 양

조리시간
30분

난이도
★★★☆☆

저염

해물 양념
- 모둠해물 100g
- 맛술 1작은술
- 다진 마늘 1/2작은술

당면 양념물
- 물 400ml
- 간 양파 10g
- 양조간장 2작은술
- 설탕 1작은술
- 기름 1/2작은술
- 당면 50g

당근 20g
표고버섯 20g
부추 10g
소금 1꼬집

참기름 1/3작은술
통깨 1/3작은술

일반염

해물 양념
- 모둠해물 300g
- 맛술 1큰술
- 다진 마늘 2작은술

당면 양념물
- 물 700ml
- 간 양파 50g
- 간장 4큰술(60g)
- 설탕 2큰술
- 기름 2작은술
- 당면 200g

당근 100g
표고버섯 100g
부추 50g
소금 1/3작은술

참기름 1큰술
통깨 1작은술

대체 가능 모둠해물→한두 가지 해물

재료 손질

모둠해물 맛술, 다진 마늘에 버무려 준비해주세요.

당면 양념물 처음부터 냄비에 모든 재료를 섞어주세요.

부추 깨끗하게 씻어 3cm 길이로 잘라주세요.

당근, 표고버섯 깨끗하게 씻은 후에 채 썰어주세요.

간 양파 양파를 갈거나 간 양파 큐브(p.67)를 준비해주세요.

만드는 방법

1. 기름을 약간 두른 팬에 당근과 소금을 넣고 볶아 주세요.

2. 당근이 살짝 익으면 한쪽으로 밀어두고 모둠해물을 센 불에 볶아주세요.

3. 해물의 비린내가 날아가면 표고버섯과 부추를 넣고 볶아주세요.

4. 냄비에 담아둔 당면 양념이 팔팔 끓으면 당면을 흐르는 물에 재빨리 씻어서 넣어주세요. 뚜껑을 연 채로 8분 정도 중강불에서 저으면서 끓여주세요.

5. 8분 후에는 수분이 거의 없어질 거예요. 남아 있는 당면 양념물은 체에 밭쳐서 버리고 당면은 한 김 식혀주세요(8분 이상 끓이지 않아요).

6. 체에 밭쳐 물기를 뺀 당면과 볶은 해물을 넣고 잘 섞어주세요.

7. 마지막으로 통깨와 참기름을 뿌려 잘 섞어주세요.

TIP

1. 당면을 8분 이상 끓이면 나중에 너무 불어버려 떡처럼 될 수도 있어요.
2. 당면 물에 당면 삶는 시간은 8분을 넘기지 않도록 중강불에서 수분을 날리면서 당면을 삶아 주세요.
3. 5번 과정 후 당면을 먹어보고 싱겁다면 추가로 간을 더 해주세요.
4. 채소는 냉장고 사정에 맞게 변경 가능해요.
5. 부추는 오래 볶으면 질겨지기 때문에 너무 오래 볶지 않게 마지막에 넣어주세요.
6. 부추는 생략 가능하지만 색감을 살리기 위해서 소량 넣는 걸 추천드려요. 시금치로 대체해도 좋아요.
7. 남은 잡채는 소분해서 냉동해두었다가 필요할 때 꺼내드세요.

소고기배추콩나물국

정성이 많이 들어가는 레시피지만 들어간 정성만큼 맛이 좋아서 두 번 세 번 끓여 먹는 국이에요. 대슬이와 대슬 아빠는 소고기배추콩나물국 끓이는 날이면 코 박고 먹을 정도로 열심히 먹는답니다. 넉넉하게 끓여 온 가족이 여러 번 먹을 수 있는 양이에요.

아이와 어른이
여러 번 먹을 수 있는 양

조리시간
1시간 40분

난이도
★★★★☆

저염

양지육수 재료
- 소고기(양지 국거리) 450g
- 파뿌리 1개
- 물 3L

알배추 450g
콩나물 270g
간 무 100g
대파 100g
다진 마늘 10g
된장 50g

일반염

양지육수 재료
- 소고기(양지 국거리) 450g
- 파뿌리 1개
- 물 3L

알배추 450g
콩나물 270g
간 무 100g
대파 100g
다진 마늘 15g
된장 100g

선택 재료 (일반염) 청양고추 3개

양지육수 재료 손질

소고기 흐르는 물에 한 번 씻어주세요.

파뿌리 뿌리 사이사이에 묻은 흙이 다 떨어지도록 깨끗하게 씻어주세요.

양지육수 만드는 방법

1. 냄비에 불을 켜기 전 소고기와 파뿌리를 넣고 끓여주세요.

2. 팔팔 끓어오를 때까지 가만히 두면 불순물이 많이 끓어오르는데 고운 체로 건져주세요.

3. 뚜껑을 덮은 후에 약한 불로 줄여 1시간 끓여주세요.

4. 1시간 뒤 고운 면보에 한 번 걸러주세요(생략 가능).

5. 깨끗한 양지육수 완성입니다.

배추콩나물된장국 재료 손질

익힌 소고기 손으로 잘게 찢어주세요.

알배추 한 장씩 뜯어 씻은 후 잘게 잘라주세요.

콩나물 흐르는 물에 깨끗하게 씻어주세요.

간 무 냉동해둔 간 무 큐브를 준비해주세요(p.66).

대파 길쭉하게 썰어주세요.

만드는 방법

1. 콩나물을 제외한 모든 재료를 냄비에 넣고 끓여주세요.

2. 물이 끓으면 중약불로 줄인 후에 뚜껑을 닫고 알배추가 투명해질 때까지 10분 정도 끓여주세요.

3. 콩나물을 넣고 숨이 죽을 때까지 7분만 더 끓여주세요.

TIP

1. 저는 맥 된장(p.36)을 사용했어요. 집집마다 된장의 염도가 다르기 때문에 된장 양은 조절해주세요.
2. 완성된 양지육수는 촘촘한 이중 면보에 거르면 불순물과 기름을 한 번에 걸러낼 수 있어요.
3. 양지육수 4번 과정을 생략한다면 냉장고에 육수를 넣어두고 시간이 지나 기름이 굳으면 고운 체에 걸러주세요.

간단 백김치
p.93
고구마양배추닭갈비
새우배추표고버섯국

전복송화버섯볶음

단호박국

고구마양배추닭갈비

달달한 고구마와 양배추가 들어간 닭갈비에요. 닭에도 달달한 양파를 넣어 양념하기 때문에 달콤한 맛이 나서 대슬이가 좋아하는 메뉴에요. 조리 후 깻잎을 소량 넣어도 좋아요.

아이가 여러 번 먹을 양

조리시간
30분

난이도
★★☆☆☆

	무염	저염	일반염
	고구마 50g	고구마 50g	고구마 50g
	양배추 50g	양배추 50g	양배추 50g
	닭다리살 80g	닭다리살 80g	닭다리살 80g
	당근 10g	당근 10g	당근 10g
	기름 1/2작은술	기름 1/2작은술	기름 1작은술
양념 재료	- 양파 20g - 맛술 1작은술 - 참기름 1/3작은술	- 양파 20g - 간장 1/2작은술 - 맛술 1작은술 - 참기름 1/3작은술	- 양파 20g - 간장 2작은술 - 맛술 1작은술 - 참기름 1/2작은술
			조청 1작은술
	통깨 1/3작은술	통깨 1/3작은술	통깨 1/3작은술

대체 가능 간 양파→만능고기양념 20g(p.84), 조청(일반염)→설탕

재료 손질

고구마 먹기 좋은 크기로 잘라서 흐르는 물에 한 번 씻어 전분기를 제거해주세요.

양배추 깨끗하게 씻어 먹기 좋은 크기로 잘라주세요.

닭다리살 껍질과 기름기를 제거하고 먹기 좋은 크기로 잘라주세요.

양파 양파를 갈거나 간 양파 큐브(p.67)를 준비해주세요.

만드는 방법

1. 닭다리살에 양념 재료를 모두 넣고 버무린 후에 10분 정도 숙성시켜주세요.

2. 팬에 기름을 두르고 나머지 재료를 넣고 볶아주세요(일반염은 조청 추가).

3. 모든 재료가 잘 익으면 통깨를 뿌려주세요.

TIP

1. 닭다리살 80g은 껍질과 기름을 제거한 닭다리살 한 덩이 무게에요.
2. 닭고기는 닭다리살이 가장 맛있으나 다른 부위로도 대체 가능해요.
3. 마지막에 깻잎을 소량 넣으면 더욱 맛있어요.

새우부추표고버섯국

미리 만들어둔 멸치육수로 끓이는 새우부추표고버섯국이에요. 특별한 재료가 들어가지는 않지만 감칠맛 가득 표고버섯과 짭조름한 새우가 들어가 국물이 시원해져요. 색감을 내기 위해 부추도 소량 넣으면 좋아요.

아이가 여러 번 먹을 양

조리시간
10분

난이도
★★☆☆☆

무염	저염	일반염
새우 50g	새우 50g	새우 50g
부추 10g	부추 10g	부추 10g
표고버섯 20g	표고버섯 20g	표고버섯 20g
멸치육수 200ml	멸치육수 200ml	멸치육수 200ml
	국간장 1/3작은술	국간장 1/3작은술
		소금 1꼬집

재료 손질

새우 껍질과 내장을 제거한 후 먹기 좋은 크기로 잘라주세요.

부추 1cm 길이로 송송 썰어주세요.

표고버섯 먹기 좋은 크기로 잘라주세요.

멸치육수 해물육수팩(p.82)으로 육수를 내거나 멸치육수를 준비해주세요.

만드는 방법

1. 멸치육수가 끓으면 표고버섯을 넣고 끓여주세요.

2. 표고버섯이 익으면 새우와 부추를 넣고 1분만 더 끓여주세요. 저염과 일반염은 이때 간을 해주세요.

TIP

1. 새우는 오래 끓이면 질기고 탱글한 식감이 없어지기 때문에 익을 만큼만 조리해주세요.

전복송화버섯볶음

대슬이가 너무 좋아하고 잘 먹어서 송화버섯을 살 땐 꼭 해주는 메뉴에요. 요즘은 전복을 힘들게 손질하지 않고도 냉동손질전복 상품이 워낙 잘 나오니 해동해서 편하게 만들 수 있어요. 버섯을 볶을 때 기름을 많이 두르지 않고 촉촉하게 볶아내는 방법이 아래 팁에 숨어 있어요. 맛있는 전복송화버섯볶음 만들어보세요.

아이가 여러 번에 먹을 양

조리시간
15분

난이도
★★☆☆☆

무염	저염	일반염
기름 1/2작은술	기름 1/2작은술	기름 1작은술
전복 40g	전복 40g	전복 50g
송화버섯 20g	송화버섯 20g	송화버섯 40g
당근 2g	당근 2g	당근 2g
쪽파 2g	쪽파 2g	쪽파 2g
	소금 1꼬집	소금 1/3작은술
참기름 1/3작은술	참기름 1/3작은술	참기름 1/3작은술

대체 가능 송화버섯→표고버섯, 참송이버섯

재료 손질

전복 냉동 손질 전복을 해동해주세요.

송화버섯 조리 과정에서 줄어들기 때문에 너무 작지 않게 잘라주세요.

당근 모양 틀에 찍거나 다져주세요.

쪽파 0.5cm 크기로 송송 썰어주세요.

만드는 방법

1. 기름을 약간 두른 팬에 전복을 볶아주세요.

2. 전복이 익으면 기름을 조금 더 두르고 송화버섯과 당근, 소금을 넣고 볶아주세요(무염은 소금 생략).

3. 재료가 잘 볶아지면 쪽파를 넣고 1~2분만 더 볶다가 전복은 먹기 좋은 크기로 잘라주세요. 먹기 전에 한 번 먹을 만큼 그릇에 담아 참기름을 뿌려 드세요.

TIP

1. 송화버섯이 잘 볶아지지 않을 때는 프라이팬에 물을 튕겨 넣으면서 볶아주세요. 그러면 송화버섯을 촉촉하게 볶을 수 있어요.
2. 쪽파와 당근은 생략 가능하지만, 쪽파를 넣으면 향이 나서 훨씬 맛있어요.

단호박국

멸치육수에 달콤한 단호박과 들깨가루의 조합은 생각보다 잘 어울려요. 멸치육수나 해물육수팩이 있다면 단호박과 들깨가루만으로 쉽게 만들 수 있으니 부드럽고 달콤한 단호박국을 끓여보세요.

아이가 두세 번에 먹을 양	무염	저염	일반염
조리시간 15분 난이도 ★★☆☆☆	멸치육수 400ml 들깨가루 1큰술 단호박 100g	멸치육수 400ml 들깨가루 1큰술 단호박 100g 국간장 1/3작은술	멸치육수 400ml 들깨가루 1큰술 단호박 100g 국간장 1작은술 소금 1꼬집

재료 손질

단호박 껍질까지 깨끗하게 씻은 후에 먹기 좋은 크기로 잘라주세요.

멸치육수 해물육수팩(p.82)으로 육수를 내거나 멸치육수를 준비해주세요.

만드는 방법

1. 멸치육수가 팔팔 끓으면 단호박을 넣고 호박이 익을 때까지 끓여주세요.

2. 단호박이 익으면 들깨가루를 넣고 가루가 잘 섞일 때까지 1~2분 정도 더 끓여주세요. 저염과 일반염은 이때 간을 해주세요.

TIP

1. 단호박은 껍질까지 사용했지만 껍질을 벗기고 노란 속살만 사용해도 좋아요.
2. 들깨가루는 갈색 겉껍질이 많지 않은 하얗고 부드러운 거피된 가루를 사용해야 아이 입에 텁텁하지 않고 맛이 부드러워요.

톳밥

p.120

닭고기애호박들깨볶음

무염은 기름 없이 물로 조리하는 방법이라 기름과 간을 최소한으로 해주고 싶은 엄마의 마음을 만족시켜주는 레시피입니다. 간 양파의 달큰한 향이 맛에 큰 영향을 주니 꼭 넣고 만들어보세요.

아이가 여러 번에 먹을 양

조리시간
15분

난이도
★★☆☆☆

무염	저염	일반염
물 50ml	기름 1/2작은술	기름 1작은술
애호박 200g	애호박 200g	애호박 200g
닭 안심 100g	닭 안심 100g	닭 안심 100g
당근 10g	당근 10g	당근 10g
양파 20g	양파 20g	양파 20g
들깨가루 1작은술	들깨가루 1큰술	들깨가루 2큰술
	국간장 1/3작은술	새우젓 1작은술
	물 50ml	물 50ml + 물 1큰술

대체 가능 새우젓→국간장, 닭 안심→새우살

재료 손질

애호박 먹기 좋은 크기로 채 썰어주세요.

양파 양파를 다지거나 간 양파 큐브(p.67)를 준비해주세요.

닭 안심 잘게 다져주세요.

만드는 방법

무염

1. 냄비에 들깨가루를 제외한 모든 재료를 넣고 모든 재료가 잘 익을 때까지 끓여주세요.
2. 재료가 90% 정도 익으면 들깨가루를 넣고 1~2분간 더 끓여주세요.
3. 불을 끄고 들기름 한두 방울을 넣은 후에 잘 섞어주세요.

저염 · 일반염

1. 팬에 기름을 두르고 닭 안심과 양파를 볶아주세요.

2. 양파에서 달큰한 향이 올라오면 애호박과 국간장을 넣고 볶다가 뚜껑을 닫고 익혀주세요(일반염은 새우젓 추가, 무염은 국간장 생략).

3. 채소에서 수분이 나왔으면 들깨가루를 넣고 1분 정도 볶아주세요.

TIP

1. 너무 오래 조리하면 애호박이 으깨질 수 있으니 익는 정도를 눈으로 확인하며 조리해주세요.
2. 먹을 만큼 그릇에 덜어 들기름을 2~3방울 뿌려 드시면 더욱 맛있어요.
3. 들깨가루 때문에 수분이 부족해 뻑뻑하다면 물을 약간 넣어주세요.

연근튀김

이름은 튀김이지만 재료도 초간단, 기름도 최소한으로 사용해서 어렵지 않은 튀김이에요. 반죽물에 자투리 채소를 썰어 넣어 튀겨도 좋아요. 연근을 안 먹는 아이들이 연근에 친숙해지게 맛있는 튀김을 해보시는 건 어떠세요?

아이와 어른이 여러 번 먹을 양

조리시간
25분

난이도
★★★☆☆

무염·저염

연근 200g

덧가루
- 튀김가루 100ml

반죽물
- 튀김가루 100ml
- 물 120ml

기름 50~100ml

일반염

연근 200g

덧가루
- 튀김가루 100ml

반죽물
- 튀김가루 100ml
- 물 120ml
- 소금 1꼬집

기름 50~100ml

대체 가능 튀김가루→부침가루, 밀가루, 찹쌀가루

재료 손질

연근 껍질을 벗긴 뒤 채칼을 이용해서 0.2~0.3cm 두께로 썰고 식초 물에 담가주세요(물 1L : 식초 1큰술).

반죽물 재료를 섞어서 준비해주세요.

만드는 방법

1. 연근에 덧가루를 뿌려주세요.

2. 덧가루가 묻은 연근에 반죽옷을 입혀주세요.

3. 연근이 잘 익도록 중약불에서 튀겨주세요.

TIP

1. 연근을 너무 두껍게 썰면 잘 익지 않기 때문에 얇고 일정하게 썰어주세요.
2. 튀김가루 대신 밀가루를 사용할 경우 카레가루를 약간 넣어 풍미를 내면 좋아요.
3. 다진 당근, 브로콜리, 파슬리가루 등을 반죽물에 섞어 튀겨내면 더욱 좋아요.
4. 연근 속이 잘 익고 겉이 타지 않게 중약불에서 튀겨주세요.

맑은오징어뭇국

간 무 큐브와 간 양파 큐브를 이용해서 끓이는 국이에요. 채소 건더기가 없이 오징어만 있어 채소를 먹지 않는 아이들에게 좋은 레시피에요. 국물만 먹어도 채소를 섭취할 수 있고 무와 양파가 익으면서 국물 맛이 부드러워져요. 4~5세 이상부터는 안 매운 고춧가루를 소량 넣어 빨간 음식과 친숙하게 해주어도 좋아요.

아이가 여러 번 먹을 양

조리시간
15분

난이도
★★★☆☆

무염	저염	일반염
멸치육수 500ml	멸치육수 500ml	멸치육수 500ml
오징어 150g	오징어 150g	오징어 150g
간 양파 20g	간 양파 20g	간 양파 20g
간 무 30g	간 무 30g	간 무 30g
대파 10g	대파 10g	콩나물 50g
다진 마늘 1g	다진 마늘 1g	애호박 50g
	국간장 1작은술	대파 15g
		다진 마늘 5g
		국간장 1작은술
		소금 1/3작은술
		고춧가루 1작은술

대체 가능 대파→쪽파

재료 손질

오징어 오징어 껍질을 벗기고 한입 크기로 썰어주세요(p.58).

무, 양파 간 무 큐브, 간 양파 큐브(p.66)를 준비하거나 차퍼, 강판, 믹서 등으로 갈아주세요.

대파 (무염, 저염) 잘게 다져주세요. (일반염) 송송 썰어주세요.

멸치육수 해물육수팩(p.82)으로 육수를 내거나 멸치육수를 준비해주세요.

만드는 방법

1. 멸치육수가 끓으면 대파를 제외한 모든 재료를 넣고 끓여주세요.

2. 모든 재료가 잘 익으면 대파를 넣어주세요.

일반염

TIP

1. 채소를 모두 갈아 넣었기 때문에 국물만 먹어도 채소를 섭취할 수 있어요.
2. 오징어는 냉동된 상태에서 살짝 녹이면 쉽게 자를 수 있어요.
3. 어른들은 일반염 레시피에 청양고추를 추가해도 좋아요.
4. 양파와 무는 갈지 않고 먹기 좋은 크기로 썰어도 무관해요.

찹쌀밥
p.121

당근명란볶음

제가 아주 좋아하는 식재료 중 하나는 명란인데요. 볶았을 때 달콤한 맛이 나는 당근과 짭조름한 명란을 같이 볶으면 단짠단짠 맛이 참 좋아요. 당근명란볶음은 반찬으로도 좋지만 김밥을 쌀 때 넣어도 좋답니다.

아이가 여러 번 먹을 양	무염	저염	일반염
조리시간 15분 난이도 ★★☆☆☆	당근 100g 기름 1작은술	당근 100g 기름 1작은술 저염 명란젓 10g	당근 100g 기름 1/2큰술 저염 명란젓 25g

재료 손질

당근 채칼 또는 칼을 이용해서 일정한 두께로 채 썰어주세요.

명란젓 껍질을 벗기고 살만 준비해주세요.

만드는 방법

1. 팬에 기름을 두르고 당근이 익을 때까지 충분히 볶아주세요(무염은 이 과정으로 완성).

2. 당근이 다 익으면 명란젓을 넣고 약한 불로 명란이 하얗게 익도록 볶아주세요.

TIP

1. 명란젓은 저염(염도 4%) 명란을 사용했어요.
2. 당근은 기름에 볶기만 해도 달콤한 맛이 올라와요. 무염으로 먹는 아이들은 명란젓 없이 당근을 기름에 볶아만 주세요.
3. 명란젓은 금방 익고 눌어붙기 때문에 당근이 다 익었을 때 넣는 걸 추천드려요.
4. 기름은 현미유 등 향이 없는 기름이면 어떤 것이든 상관없어요.

비지찌개

백김치는 볶으면 그냥 먹었을 때보다 풍미가 많이 올라오는 것 같아요. 볶은 백김치를 사용해서 끓인 비지찌개는 감칠맛이 돌고 고기와 비지가 잘 어울려 밥을 비벼 먹어도 좋아요. 조금 큰 아이라면 맵지 않은 어른용 배추김치를 씻어 만들면 더욱 맛있어요.

아이가 여러 번 먹을 양

조리시간
20분

난이도
★★☆☆☆

무염
기름 1/3작은술
백김치 40g
다진 돼지고기 40g
다진 대파 1작은술
비지 80g
멸치육수 200ml

저염
기름 1/3작은술
백김치 40g
다진 돼지고기 40g
다진 대파 1작은술
비지 80g
멸치육수 200ml
새우젓 1/3작은술

일반염
기름 1/2작은술
빨간 배추김치 150g

돼지고기 밑간
- 다진 돼지고기 100g
- 양조간장 1작은술
- 참기름 1작은술
- 다진 마늘 1작은술
- 후춧가루 2꼬집

비지 300g
멸치육수 500ml
새우젓 1작은술
대파 30g

대체 가능 새우젓→국간장 혹은 소금

재료 손질

백김치 먹기 좋은 크기로 잘라주세요.

대파 (무염, 저염) 잘게 다져주세요.
(일반염) 송송 썰어주세요.

멸치육수 해물육수팩(p.82)으로 육수를 내거나 멸치육수를 준비해주세요.

만드는 방법

저염

1. 팬에 기름을 약간 두르고 백김치를 볶아주세요.

2. 백김치가 익으면서 고소한 냄새가 나면 다진 대파, 돼지고기를 넣고 볶아주세요.

3. 돼지고기가 거의 익으면 비지와 멸치육수, 새우젓을 넣고 모든 재료가 잘 익을 때까지 끓여주세요 (무염은 새우젓 생략).

일반염

1. 돼지고기에 밑간 재료를 잘 섞어 10분 이상 숙성시켜주세요.
2. 팬에 기름을 약간 두르고 밑간한 돼지고기를 볶아주세요.
3. 돼지고기가 어느 정도 익으면 배추김치를 넣고 볶아주세요.
4. 멸치육수와 비지, 새우젓을 넣고 끓이다가 모든 재료가 잘 익으면 대파를 넣고 부르르 끓인 뒤 불을 꺼주세요.

TIP

1. 백김치 대신 잘 익은 깍두기를 다져서 만들어도 좋고 어른 김치를 씻어서 만들어도 좋아요.
2. 새우젓 대신 소금, 국간장을 써도 좋지만 비지찌개는 새우젓으로 간을 해야 더욱 맛있어요.
3. 비지는 각 회사 제품마다 수분 함량이 다르기 때문에 비지 양은 입맛에 맞게 조절해주세요.

옥수수오이샐러드
간단 백김치
p.89
달큰한 명란국
닭고기무밥
p.114
1개폭탄소스
p.78

굳지 않는 치즈소스&치즈퐁듀

옥수수오이샐러드

깨폭탄소스에 마요네즈를 섞어 간단하게 드레싱을 만들어봤어요. 옥수수와 오이를 넣어 만드니 아이도 잘 먹고 맛있는 샐러드가 되었어요. 여기에 맛살이나 다양한 재료를 추가해서 무쳐도 좋아요.

	무염	저염	일반염
아이가 한두 번 먹을 양 조리시간 5분 난이도 ★☆☆☆☆	스위트콘 20g 오이 20g 마요네즈 1/2작은술 참기름 1/3작은술	스위트콘 20g 오이 20g 깨폭탄소스 1/3작은술 마요네즈 1/3작은술	스위트콘 20g 오이 20g 깨폭탄소스 1작은술 마요네즈 1/2작은술

재료 손질

오이 옥수수 크기로 작게 잘라주세요.

옥수수 체에 밭쳐 뜨거운 물을 부은 뒤 물기를 빼주세요.

만드는 방법

1. 모든 재료를 잘 섞어주세요.

TIP

1. 마요네즈는 41쪽에 소개한 제품을 사용했어요.
2. 계란 알레르기가 있는 아이들은 비건 마요네즈를 사용해보세요.

달큰한 명란국

호박을 넣어 달큰한 맛이 나는 달큰한 명란국이에요. 명란은 저염 명란젓을 사용해서 최대한 나트륨 함량을 줄여 만들었어요. 저염 명란젓을 사용하면 아이들도 짜지 않게 먹을 수 있어 좋아요. 일반염 레시피는 아이뿐만 아니라 어른용 국으로도 아주 좋답니다.

아이가 여러 번 먹을 양

조리시간
15분

난이도
★★☆☆☆

저염
- 멸치육수 400ml
- 애호박 100g
- 양파 15g
- 두부 100g
- 저염 명란젓 50g

일반염
- 멸치육수 500ml
- 애호박 100g
- 양파 15g
- 마늘 5g
- 두부 100g
- 저염 명란젓 100g
- 대파 10g

대체 가능 간 양파 큐브→먹기 좋은 크기로 썬 양파

재료 손질

애호박, 두부 아이 한입 크기로 썰어주세요.

양파 간 양파 큐브(p.61)를 준비하거나 양파를 다져 주세요.

멸치육수 해물육수팩(p.82)으로 육수를 내거나 멸치육수를 준비해주세요.

대파(일반염) 송송 썰어주세요.

만드는 방법

1. 명란젓을 뺀 모든 재료를 넣고(일반염은 대파 제외) 끓어오르면 뚜껑을 닫은 후에 중약불에서 5분 정도 끓여주세요.

2. 재료가 잘 익으면 명란젓을 넣고 익을 때까지 약한 불에서 젓지 않고 끓여주세요(일반염은 대파 추가).

TIP

1. 염도 3.5% 저염 명란젓을 사용했어요(p.42).
2. 명란젓은 너무 센 불에 끓이면 명란 알들이 많이 흩어지니 약한 불에서 젓지 말고 끓여주세요.
3. 염도 높은 명란젓을 사용할 때는 명란젓 양을 줄여주세요.
4. 저염 레시피에 대파나 마늘을 소량 추가해도 좋아요.

굳지 않는 치즈소스 & 치즈퐁듀

이 소스를 처음 개발했을 때 정말 너무 뿌듯했어요. 1시간이 지나도 굳지 않고 맛도 좋아서 다양하게 활용하기 너무 좋은 소스예요. 업그레이드 한 일반염 소스는 더욱 맛있답니다. 전자레인지로 뚝딱 소스 만들고 재료는 아이들이랑 같이 준비해서 즐겁게 치즈에 찍어 먹어보세요. 특별한 날 특식 메뉴로도 추천해요.

아이가 한 번 먹는 양

조리시간
20분

난이도
★★☆☆☆

무염

떡꼬치떡 3줄
바나나 1개
딸기 4개
식빵 1장
버터 5g
브로콜리 15g
구이용 소고기 40g

치즈소스
- 우유 2큰술
- 아기치즈 1장

저염

떡꼬치떡 3줄
바나나 1개
딸기 4개
식빵 1장
버터 5g
브로콜리 15g
구이용 소고기 40g

치즈소스
- 우유 2큰술
- 아기치즈 1장
- 설탕 1/2작은술

일반염

떡꼬치떡 3줄
바나나 1개
딸기 4개
식빵 1장
버터 5g
브로콜리 15g
구이용 소고기 40g
소금 1꼬집
후춧가루 1꼬집

치즈소스
- 편 마늘 3g
- 우유 2.5큰술
- 맛술 1작은술
- 슬라이스 치즈 2장
- 설탕 2/3작은술

대체 가능 구이용 소고기→닭고기, 연어, 새우

재료 손질

떡꼬치떡 팔팔 끓는 물에 데친 후 먹기 좋은 크기로 작게 잘라주세요.

바나나 편 썰어서 꽃모양 틀에 찍어주세요.

딸기 4~5등분으로 슬라이스 해주세요.

식빵 한입 크기로 썰어주세요.

브로콜리 세척 후 작게 썰어서 끓는 물에 데쳐주세요.

만드는 방법

치즈퐁듀 치즈소스

1. 재료를 모두 넣고 전자레인지에 20초 정도 돌려주세요.

2. 섞어보면 약간 놓아 있을 거예요. 20초 정도 한 번 더 돌려주세요.

3. 세 번째는 10초만 돌려요.

4. 마지막으로 10초 한 번 더 돌려주세요.

치즈퐁듀

1. 식빵은 약한 불에 그냥 굽거나 버터를 약간 두르고 구워주세요.

2. 구이용 소고기는 식빵을 구워 예열되어 있는 팬에 구워주세요(일반염은 소금, 후추를 뿌려주세요).

3. 모든 재료는 그릇에 먹기 좋게 담아주세요.

일반염 치즈소스

일반염은 20초 3번, 10초 2번 돌린 다음 마늘은 건져주세요.

TIP

1. 소고기 안심, 등심, 채끝, 살치 등이 구이용으로 좋아요.
2. 시간을 끊어서 전자레인지를 돌리지 않으면 치즈와 우유가 넘쳐 흐를 수 있어요.
3. 각 가정마다 전자레인지 사양이 다르니 소스가 너무 묽으면 10초씩 추가로 돌려보면서 꾸덕꾸덕해질 때까지 농도를 맞춰주세요.
4. 소스는 시간이 지나도 굳지 않지만 뜨거울 때보다 약간 뻑뻑해져요.
5. 떡은 데치지 않고 구우면 더욱 맛있고, 식빵은 굽지 않고 부드럽게 먹어도 좋아요.

간장꿀치킨

반죽 옷이 두껍지 않고 아주 얇은 레시피에요. 닭을 처음부터 먹기 좋은 크기로 잘라서 튀겨도 좋지만 한 번에 튀기는 게 재료가 기름을 덜 먹고 만들기 편해요. 완성된 치킨은 먹기 좋게 잘라주세요.

아이와 어른이 함께 먹을 양

조리시간
25분

난이도
★★★☆☆

저염

닭 안심 200g
우유 1큰술
전분 1작은술
튀김가루 2작은술

양념 재료
- 생강 조각 3g
- 양조간장 1작은술
- 꿀 1작은술
- 맛술 1/2작은술
- 물 1/2큰술

기름 200ml

일반염

닭 안심 200g
소금, 후춧가루 2꼬집씩

우유 1큰술
전분 1작은술
튀김가루 2작은술

양념 재료
- 생강 조각 3g
- 양조간장 2작은술
- 꿀 2작은술
- 맛술 1작은술
- 물 1큰술

기름 200ml

대체 가능 튀김가루→밀가루, 부침가루, 우유→물, 두유, 생강→다진 마늘, 꿀→조청, 설탕

재료 손질

닭 안심 (저염) 힘줄을 제거해주세요.
(일반염) 소금과 후추를 뿌려 10분 이상 밑간해주세요.

생강 조각 냉동실에 있는 생강 조각(p.69)을 꺼내거나 생강을 얇게 썰어 사용하세요.

만드는 방법

1. 닭 안심에 우유, 전분, 튀김가루를 넣고 버무려주세요.

2. 튀김냄비에 기름을 넉넉하게 붓고 160~170도에서 속까지 익도록 튀겨주세요.

3. 팬에 양념 재료를 모두 넣고 소스를 바글바글 끓여주세요.

4. 튀긴 치킨을 넣고 잘 버무려주세요.

TIP

1. 닭 안심은 넉넉한 기름에 튀기지 않고 자박한 기름에 구워도 괜찮아요.

슬기로운요리생활 꿀팁 8

생선찜, 생선구이 비린내 잡는 방법

비린내가 나는 생선은 어른들도 먹기 힘들 때가 많죠. 비린내를 잡지 못하면 아이가 거부하는 경우도 있더라고요. 비린내가 덜 나는 생선을 구매하거나, 신선한 해산물을 구매해서 조리한다면 비린내가 덜 날 수 있지만 비린내가 나지 않는 생물이나 냉동 제품을 골라 사긴 어려워요. 생선찜, 생선구이 비린내를 잡으면서 맛있게 요리하는 방법을 알려드릴게요.

생선찜

생선을 구워 드시기만 하셨죠? 생선을 쪄먹으면 엄청 비린내가 날 것 같지만 제가 하는 방법대로 하면 비린내는커녕 오히려 향긋한 생선찜을 드실 수 있어요. 대슬이는 구워주는 생선도 좋아하지만 담백하고 부드러우면서 향긋한 찜도 아주 좋아한답니다. 이 조리 팁은 생선찜뿐만 아니라 전복찜 같은 다른 해물 요리에 적용하기도 좋아요. 보리굴비처럼 냄새가 심한 생선에도 이 방법을 사용하면 냄새 잡는 데 아주 효과적이랍니다.

양파 50g
대파 초록 부분 30g
생강 조각 5g(맛술로 대체 가능)
쌀뜨물 60g
생선 150g

1. 쌀뜨물에 생선을 잠시 담가주세요.

2. 냄비에 적정량의 물과 생강 조각을 넣고 끓여주세요.

3. 물이 끓어 오르면 찜기 아랫부분에 양파를 깔아주세요.

4. 양파 위에 생선을 올리고 대파를 넣어 생선을 덮어주세요.

5. 뚜껑을 닫고 15분 정도 쪄주세요.

6. 생선이 모두 익으면 생선을 꺼내주세요.

TIP

1. 양파와 대파의 양은 조절 가능해요. 생선 아래 충분히 깔리고 생선을 충분히 덮는 양이면 됩니다.
2. 쌀뜨물이 없다면 생략 가능해요.

생선구이

생선을 구울 때도 생선찜처럼 향신채소와 함께 구워보세요. 기름에 향신채소 향이 배서 비린내도 잡아주고 맛도 올려줍니다. 프라이팬 조리법과 에어프라이어 조리법을 같이 알려드릴게요.

에어프라이어 생선구이

생선 100g
양파 20g
대파 15g
기름 1/2작은술

1. 에어프라이어 바닥에 대파를 깔고 기름을 살짝 바른 생선을 올린 뒤 양파로 덮어주세요.

2. 에어프라이어 온도를 160도로 맞추고 7분 정도 돌려주세요.

3. 탄 대파와 양파는 건져내고 생선은 뒤집어서 7분 정도 더 돌려주세요.

TIP

1. 대파와 양파가 타면서 탄내가 날 수 있어요. 너무 탄 파와 양파는 중간에 건져내주세요.
2. 같은 방법으로 오븐에서도 조리 가능해요.

프라이팬 생선구이

생선 100g
기름 2큰술
양파 10g
대파 5g
생강 조각 3g
밀가루 2큰술

1. 기름, 양파, 대파, 생강 조각을 넣고 기름에 채소 향이 배도록 중약 불에서 타지 않게 볶아주세요.

2. 생선의 물기를 제거하고 밀가루를 앞뒤로 골고루 묻혀 주세요.

3. 채소를 한쪽으로 밀어두고 생선의 껍질 부분부터 구워주세요.

4. 뒤집어서 구워주세요. 생강 조각, 양파, 대파는 타기 전에 건져주세요.

TIP

1. 밀가루 대신 부침가루, 튀김가루, 찹쌀가루, 전분 등으로 대체 가능해요.
2. 양파, 대파, 생강 조각 중 하나만 넣어도 무관해요.
3. 생강은 냉동실에 있는 생강 조각(p.69)을 사용했어요.

성장기 아이들에게 꼭 필요한 한상차림

PART 12

뚝배기불고기

뚝배기불고기의 핵심은 불고기 양념과 다시마물이에요. 미리 만들어둔 만능고기양념만 있으면 식당에서 파는 뚝배기불고기를 집에서 쉽게 만들 수 있어요. 큰 전골냄비에 끓여 온가족이 함께 먹어도 좋아요.

아이가 여러 번 먹을 양

조리시간
30분

난이도
★★★☆☆

무염	저염	일반염
불고기 양념 - 소고기(불고기감) 50g - 만능고기양념 15g 멸치육수 50ml 마른당면 20g 양파 10g 대파 10g 당근 10g 표고버섯 10g 참기름 1/3작은술 통깨 1/3작은술	**불고기 양념** - 소고기(불고기감) 200g - 만능고기양념 40g - 양조간장 1큰술 **다시마물** - 다시마 5g - 물 200ml 당면 20g 양파 20g 대파 15g 당근 20g 표고버섯 10g 참기름 1/2작은술 통깨 1/3작은술	**불고기 양념** - 소고기(불고기감) 200g - 만능고기양념 40g - 설탕 1/3작은술 - 양조간장 2큰술 **다시마물** - 다시마 5g - 물 200ml 당면 20g 양파 20g 대파 15g 당근 20g 표고버섯 10g 참기름 1/2작은술 통깨 1/2작은술

생략 가능 당근, 표고버섯, 참기름, 통깨 선택 재료 조랭이떡 약간

재료 손질

소고기(불고기감) 키친타월로 핏물을 제거하거나 물에 재빨리 헹궈 핏물과 물기를 제거한 뒤 불고기양념 재료에 버무려주세요.

다시마물 물에 다시마를 넣고 최소 2시간 정도 우려주세요.

당면 찬물에 30분 이상 불려주세요.

대파, 당근, 표고버섯 먹기 좋은 크기로 채 썰어주세요.

만드는 방법

1. 팬에 양념한 소고기와 양파를 넣고 볶아주세요.

2. 고기가 거의 다 익으면 다시마물을 넣어주세요(무염은 멸치육수).

3. 표고버섯, 대파, 당근을 넣고 끓여주세요.

4. 불린 당면을 넣고 끓이다가 모든 재료가 잘 익으면 불을 끄고 참기름과 통깨를 살짝 뿌려주세요. 간이 부족하면 소금 1꼬집 정도 더 넣어주세요.

TIP

1. 무염 레시피는 간을 안 하기 때문에 멸치육수(p.82)를 사용했어요.
2. 대파, 당근, 표고버섯은 냉장고 사정에 맞게 생략하거나 추가, 변경해도 좋아요.
3. 조랭이떡 몇 개를 추가해도 좋아요. 너무 많이 넣으면 국물이 걸쭉해지니 소량만 넣어주세요.
4. 마지막에 참기름과 통깨는 생략 가능해요.

p.104

꽃게찜
잡곡밥
p.122
애호박찜

생선찜

생선을 쪄서 먹는다고 생각하면 처음에 거부감이 들 수 있어요. 하지만 레시피대로 한 번 쪄서 먹어보면 앞으로 생선은 자주 쪄서 드시게 될 거예요. 기름이 들어가지 않아 더 건강한 생선찜! 만들어보세요.

아이가 한 번 먹을 양

조리시간
15분

난이도
★☆☆☆☆

무염·저염
무염 생선 50g
양파 30g
대파 15g

일반염
생선 50g
소금 1꼬집
후춧가루 1꼬집
양파 30g
대파 15g

재료 손질

생선 (일반염) 소금과 후추를 뿌려두세요.

양파, 대파 큼직하게 썰어주세요.

만드는 방법

1. 찜기에 물을 넣고 끓인 후에 김이 나면 생선을 넣고 그 위에 양파와 대파를 넣고 덮어주세요.

2. 생선이 익도록 찜기에서 10~15분 정도 쪄주세요.

3. 생선이 익으면 파와 양파는 빼고 생선을 그릇에 담아 드세요.

TIP

1. 저는 순살 농어를 사용했어요. 어떤 생선이든 상관없어요.
2. 향신 채소를 이용하면 생선의 비린내도 잡고 채소의 맛있는 향을 생선에 입힐 수 있어요.
3. 완성된 생선찜에 참기름을 한두 방울 뿌려도 좋아요.

김밥집 국물

김밥집에 가면 나오는 국물을 대슬이가 아주 좋아하더라고요. 김밥집과 완벽하게 똑같은 맛은 아니지만 김밥집 국물이라고 하면서 주면 참 좋아한답니다. 육수에 간장만 넣은 레시피라 아주 간단해요. 다양한 재료를 추가하면 더욱 맛있게 먹을 수 있어요.

아이가 한두 번 먹을 양

조리시간
10분

난이도
★☆☆☆☆

가다랑어포 육수 재료
물 500ml
다시마 5g
가다랑어포 10g

저염
가다랑어포 육수 200ml
국간장 1/3작은술
쪽파 1작은술

일반염
가다랑어포 육수 200ml
국간장 2/3작은술
소금 1꼬집
쪽파 1작은술

대체 가능 국간장→일본 간장(쯔유)

재료 손질

쪽파 송송 썰어주세요.

만드는 방법

1. 찬물과 다시마를 냄비에 넣고 끓이다가 물이 끓어오르면 다시마는 건져주세요.

2. 불을 끈 뒤 가다랑어포를 넣고 3분 정도 우려낸 후에 고운 체에 걸러주세요 (가다랑어포 육수 완성).

3. 완성된 가다랑어포 육수 200ml에 국간장을 넣고 끓이다가 끓어오르면 쪽파를 넣고 불을 꺼주세요 (일반염은 소금 추가).

TIP

1. 남은 가다랑어포 육수로 계란찜을 만들면 맛이 좋아요. 그 외 어묵국, 우동, 칼국수, 샤부샤부 등 다양한 요리에 사용할 수 있어요.
2. 가다랑어포 육수에 유부, 두부, 떡, 다양한 채소 등 여러 가지 재료를 추가해서 끓여도 좋아요.
3. 국간장 대신 일본 간장을 넣어도 좋아요.

꽃게찜

대슬이는 찐 꽃게를 아주 좋아하는데요, 어릴 적엔 살만 발라주면 꽃게인지 생선인지 알아보기 힘들어 꽃게를 찐 다음 본래 모습대로 다시 맞춰주었더니 대슬이가 너무너무 좋아하더라고요. 잘 먹는 대슬이 모습을 보면 꽃게살 바르는 것쯤은 일도 아니었어요. 다리까지 쪽쪽 빨아 먹는 대슬이를 생각하며 꽃게 철만 되면 항상 장바구니에 꽃게를 담는답니다.

아이가 한 번 먹을 양

조리시간
30분

난이도
★★☆☆☆

무염·저염·일반염

꽃게 1마리
생강 조각 5~10g

대체 가능 생강 조각→맛술

재료 손질

꽃게 전용 솔로 껍질과 배 부분 딱지 속, 다리 사이사이를 깨끗하게 닦아주세요(p.59).

생강 조각 냉동실에 있는 생강 조각(p.69)을 꺼내거나 생강을 얇게 썰어 사용하세요.

만드는 방법

1. 물에 생강 조각을 넣고 팔팔 끓여주세요.

2. 배딱지가 위로 오게 꽃게를 넣고 뚜껑 닫고 중약불로 15분 정도 쪄주세요.

3. 15분 뒤 뚜껑 닫고 5분 더 뜸 들여주세요(생략 가능).

4. 다리는 떼고 배딱지와 몸통을 분리한 후 아가미를 제거해주세요.

5. 게살은 발라서 배딱지에 넣고, 게 다리는 왼쪽 오른쪽 바꿔 배딱지 뒤에 가지런히 놔주세요.

TIP

1. 찜기에 20분 이상 쪄도 타지 않을 만큼의 물을 넣어서 쪄요.
2. 꽃게에서도 수분이 나오기 때문에 물을 너무 많이 넣으면 넘칠 수 있어요.
3. 배딱지가 아래로 가게 찌면 내장에 있는 물이 다 새요.
4. 꽃게 내장은 아이 밥에 비벼주거나 어른들이 드세요.
5. 생강 조각을 넣고 찌면 비린내를 잡을 수 있고 향도 좋아지니 꼭 넣어보세요.
6. 간 양파큐브(p. 67)를 생강조각 넣을 때 30g 정도 함께 넣으면 훨씬 향긋해요.

애호박찜

정말 간단하고 쉬우면서 애호박의 달콤함과 들기름의 고소한 맛을 느낄 수 있는 아주 좋은 반찬이에요. 2살 때 대슬이의 최애 반찬이었어요. 간을 하면 어른도 맛있게 먹을 수 있는 메뉴랍니다.

아이가 두세 번 먹을 양	무염	저염	일반염
조리시간 15분	애호박 100g	애호박 100g	애호박 100g
난이도 ★☆☆☆☆	멸치육수 100ml	멸치육수 100ml	멸치육수 100ml
	당근 5g	당근 5g	당근 5g
	대파 10g	대파 10g	대파 10g
	들기름 2~3방울	국간장 1/3작은술	새우젓 1/3작은술
		들기름 1/3작은술	들기름 1/3작은술

생략 가능 당근 대체 가능 들기름→참기름

재료 손질

애호박 1cm 두께로 잘라 4등분해주세요.

멸치육수 해물육수팩(p.82)으로 육수를 내거나 멸치육수를 준비해주세요.

당근 모양 틀에 찍어서 준비하거나 먹기 좋게 잘라주세요.

대파 조리 후 건져내기 쉽게 큼직하게 잘라주세요.

만드는 방법

1. 멸치육수가 팔팔 끓으면 들기름을 제외한 모든 재료를 넣고 애호박이 익을 때까지 중약불로 끓여주세요.

2. 애호박과 당근이 잘 익으면 대파를 건져내고 불을 끈 뒤 그릇에 먹을 만큼 담아 들기름을 넣어주세요.

TIP

1. 애호박은 작게 잘라도 좋아요.
2. 불을 끄고 들기름을 넣어야 들기름 향이 많이 나요.
3. 1번 조리 과정에서 국물 양은 입맛에 맞게 조절해주세요.

시나몬단호박구이

대슬이는 11개월부터 먹었던 메뉴에요. 어린이집에서 종종 간식으로 나오는 찐 단호박 때문에 단호박은 맛없다고 생각하고 있더라고요. 하지만 이 시나몬단호박구이를 먹어보고는 맛있다며 아주 많이 먹었어요. 오일 양념을 듬뿍 바르면 일반염 레시피, 아주 약간 바르면 무염, 저염 레시피로 만들어 먹을 수 있어요. 단호박을 찌거나 구웠을 때보다 시나몬 향이 더해져 훨씬 맛있는 단호박 구이랍니다.

아이와 어른이 한 번 먹을 양	무염·저염	일반염
	단호박 100g	단호박 100g
	오일 양념	**오일 양념**
조리시간 25분	- 올리브오일 1작은술	- 올리브오일 2큰술
난이도 ★☆☆☆☆	- 시나몬가루 1꼬집	- 시나몬가루 3꼬집

생략 가능 시나몬가루 **대체 가능** 올리브오일→다른 기름

재료 손질

단호박 껍질까지 깨끗하게 씻고 속을 파낸 후 1cm 두께로 썰어주세요.

오일 양념 재료를 골고루 섞어주세요.

만드는 방법

1. 단호박은 팔팔 끓는 물에 3분 데쳐주세요. 데치는 동안 오븐을 예열해주세요(이 과정은 생략 가능).

2. 데친 단호박은 체에 밭쳐 한 김 식히고 오일 양념을 골고루 발라주세요.

3. 180도로 예열된 오븐에 10분 구워주세요.

TIP

1. 단호박은 껍질까지 먹기 때문에 무농약이나 유기농 제품을 구입하거나 잔류 농약이 남지 않게 껍질을 꼼꼼하게 세척해주세요.
2. 단호박을 한 번 데쳐서 구우면 식감이 촉촉하고 조리 시간도 줄어들어요.
3. 시나몬가루는 생략 가능하지만 넣으면 훨씬 맛있어요.

견과류크림파스타

견과류를 좋아하지 않는 아이들도 맛있게 먹을 수 있는 견과류크림파스타입니다. 견과류만 넣으면 텁텁할 수 있어서 양송이버섯과 양파를 같이 갈아 넣어 텁텁하지 않고 고소하고 영양 가득한 소스를 만들었어요.

아이와 어른이 한 번 먹을 양

조리시간 25분

난이도 ★★☆☆☆

무염	저염	일반염
물 1L 스파게티 면 100g **크림소스 재료** - 견과류 30g - 양송이버섯 30g - 양파20g - 우유 100ml 면수 200ml 아기치즈 1장 파슬리가루 1꼬집	물 1L 스파게티 면 100g **크림소스 재료** - 견과류 30g - 양송이버섯 30g - 양파 20g - 우유 100ml 면수 200ml 소금 2꼬집 아기치즈 1장 파슬리가루 1꼬집	물 1L 스파게티 면 120g 소금 1작은술 **크림소스 재료** - 견과류 30g - 양송이버섯 30g - 양파 20g - 우유 100ml 면수 200ml 베이컨 30g 편 썬 양송이버섯 20g 파마산치즈 3큰술 파슬리가루 1꼬집

생략 가능 아기치즈, 파마산치즈가루, 파슬리가루

대체 가능 면수→생수

재료 손질

스파게티 면 너무 길지 않게 반으로 잘라주세요.

양송이버섯 흐르는 물에 재빨리 한 번 씻어주세요.

양송이버섯(일반염) 편 썰어주세요.

만드는 방법

무염, 저염

1. 물 1L가 팔팔 끓으면 스파게티 면을 넣고 10분 정도 익혀주세요.

2. 믹서 혹은 핸드믹서로 크림소스 재료를 모두 넣고 갈아주세요.

3. 팬에 면수와 크림소스를 넣고 잘 섞이도록 한 번 끓여주세요. 저염은 소금을 넣어주세요.

4. 삶은 면과 아기치즈를 넣고 잘 섞이도록 버무려주세요. 그릇에 담아 파슬리 가루를 뿌려주세요.

일반염

1. 물 1L가 팔팔 끓으면 소금과 스파게티 면을 넣고 10분 정도 익혀주세요.
2. 믹서 혹은 핸드믹서로 크림소스 재료를 모두 넣고 갈아주세요.
3. 기름을 두르지 않은 팬에 베이컨을 볶다가 베이컨 기름이 나오면 편으로 썬 양송이도 넣고 볶아주세요.
4. 면수와 크림소스를 넣고 잘 섞이도록 한 번 끓여주세요.
5. 삶은 면을 넣고 잘 섞다가 파마산치즈와 파슬리를 뿌려주세요.

TIP

* **면수**: 면을 삶던 물

1. 우유를 넣고 믹서 혹은 핸드믹서로 강하게 오래 갈면 분리될 수 있으니 주의하세요.
2. 스파게티 면 대신 떡을 넣어 떡볶이를 해 먹어도 좋아요.
3. 일반염에 사용된 파마산치즈는 인스턴트 고운 가루가 아닌 냉장 혹은 냉동 치즈입니다.

기장밥

저수분수육

약간의 물과 채소에서 나오는 수분으로 익히는 저수분수육이에요. 물을 많이 넣어서 익혔을 때보다 훨씬 진한 맛이 일품이에요. 냄비에 재료를 넣고 시간만 지나면 완성되는 저수분수육은 손님 초대 요리로도 좋아요.

아이와 어른이 함께 먹을 양

조리시간
50분

난이도
★★★☆☆

무염·저염

수육용 돼지고기 350g
양파 100g
대파 잎 50g
통마늘 30g
무 30g
생강 조각 3g
통후추 5알
물 100ml

일반염

수육용 돼지고기 350g
양파 100g
대파 잎 50g
통마늘 30g
무 30g
생강 조각 3g
통후추 5알
새우젓 1작은술

생략 가능 무
대체 가능 통후추→후춧가루

재료 손질

대파 잎, 양파 큼직하게 잘라주세요.

무 간 무 큐브(p.66)를 사용했어요.

생강 조각 냉동실에 있는 생강 조각(p.69)을 꺼내거나 생강을 얇게 썰어 사용하세요.

만드는 방법

1. 대파 잎과 물을 제외한 모든 재료를 냄비에 먼저 넣고 그 위에 고기를 올려주세요(일반염은 새우젓을 추가해주세요).

2. 고기 위에 대파 잎을 올린 뒤 물을 넣고 강한 불에서 끓여주세요.

3. 끓어 오르면 뚜껑을 닫고 약한 불에서 20분 정도 끓여주세요.

4. 수분이 많이 나오면 고기를 맨 아래에 넣고 채소를 모두 고기 위로 올려 20분 더 익혀주세요.

5. 고기만 건져서 한 김 식힌 후 먹기 좋은 크기로 썰어주세요.

TIP

1. 오겹살이나 삼겹살로 수육을 하면 비주얼은 좋지만 기름이 많아요. 기름 없는 부위로는 앞다리살이나 목살을 추천드려요.
2. 고기를 한 김 식힐 때 겉이 마르지 않도록 고기에 비닐이나 덮개를 씌워 식혀주세요.

상추무침

수육과 아주 잘 어울리는 상추무침이에요. 고기와 함께 먹으면 좋아요. 쉽고 간단하게 깨폭탄소스만 넣어 버무릴 수도 있고 갖은 양념을 넣어 상큼하게 만들 수도 있어요. 취향에 맞는 레시피로 선택해서 만들어보세요.

아이가 한 번 먹을 양 조리시간 5분 난이도 ★☆☆☆☆	**저염** 상추 10g 깨폭탄소스 1/3작은술	**일반염** 상추 80g **양념장 재료** - 양조간장 1작은술 - 멸치액젓 1/2작은술 - 매실청 1작은술 - 설탕 1작은술 - 다진 마늘 1작은술 - 사과식초 1/2작은술 - 참기름 1/2작은술

선택 재료 (일반염) 고춧가루 **대체 가능** (일반염) 액젓→국간장, 양조간장

재료 손질

상추 먹기 좋은 크기로 썰거나 뜯어서 준비해주세요.

깨폭탄소스 미리 만들어둔 것을 사용합니다(p.78).

만드는 방법

저염

1. 상추와 깨폭탄소스를 잘 섞어주세요.

일반염

1. 양념장 재료를 잘 섞어주세요.

2. 완성된 양념장에 상추를 버무려주세요.

TIP

1. 일반염의 양념은 미리 만들어 숙성시킨 후 버무리면 더욱 맛있어요.
2. 어른들은 양념장 재료에 청양고추를 추가해도 좋아요.

버섯된장국

버섯과 채소가 듬뿍 들어가 영양 만점인 버섯된장국이에요. 수육과 아주 잘 어울리는 메뉴라 함께 먹으면 더욱 맛있는 것 같아요.

아이가 여러 번 먹을 양

조리시간
20분

난이도
★★☆☆☆

저염			일반염		
	멸치육수 300ml	애호박 20g		멸치육수 300ml	애호박 20g
	된장 10g	양파 20g		된장 20g	양파 20g
	표고버섯 10g	다진 마늘 3g		표고버섯 10g	다진 마늘 5g
	느타리버섯 30g	대파 10g		느타리버섯 30g	대파 15g
	감자 20g			감자 20g	

대체 가능 양파→간 양파 큐브(p.67)

재료 손질

멸치육수 해물육수팩(p.82)으로 육수를 내거나 멸치육수를 준비해주세요.

표고버섯, 느타리버섯 먹기 좋은 크기로 찢고 잘라주세요.

감자, 애호박, 양파 먹기 좋은 크기로 썰어주세요.

대파 (저염) 다져주세요. (일반염) 송송 썰어주세요.

만드는 방법

1. 멸치육수가 팔팔 끓으면 된장이 덩어리지지 않게 잘 풀어주세요.

2. 모든 재료를 넣고 재료가 잘 익을 때까지 끓여주세요.

3. 중간에 올라오는 거품은 걷어주세요.

4. 재료가 잘 익으면 대파를 넣어주세요.

TIP

1. 버섯과 채소는 냉장고 상황에 맞게 추가 및 변경 가능해요.
2. 파를 다져 넣으면 아이들이 건져내지 않고 먹어서 좋아요.
3. 무 큐브(p.66)를 소량 넣어도 좋아요.

표고배오이샐러드

당근사과샐러드(p.247)를 만들고 나니 아이디어가 떠올라 응용 버전으로 만들어봤어요. 배가 들어가 달콤해요. 얇게 채 썰어서 아이가 먹기에도 좋지만 어르신들이 드시기에도 좋은 메뉴에요.

아이가 한두 번 먹을 양

조리시간
20분

난이도
★★☆☆☆

저염

표고버섯 15g
물 2큰술

배 20g
오이 20g

참기름 1/3작은술
소금 1꼬집
통깨 2꼬집

일반염

표고버섯 30g
물 3큰술

배 40g
오이 40g

참기름 1/2작은술
소금 1/3작은술
통깨 1/3작은술

재료 손질

표고버섯 최대한 얇게 채 썰어주세요.

배, 오이 채칼로 얇고 일정하게 썰거나 칼로 최대한 얇게 채 썰어주세요.

만드는 방법

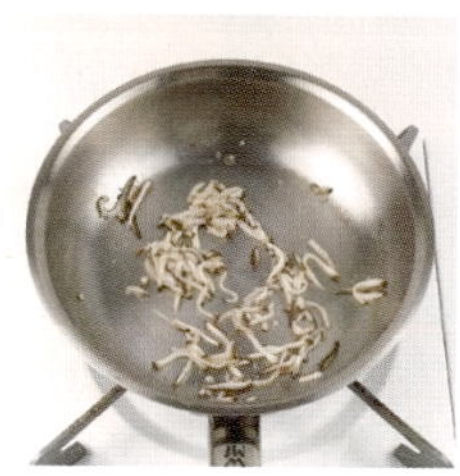

1. 마른 팬에 표고버섯과 물을 넣고 수분이 바싹 날아갈 때까지 볶은 뒤 한 김 식혀주세요. 물이 부족하면 추가로 조금씩 넣어가면서 볶아주세요.

2. 비닐봉지에 참기름을 제외한 모든 재료를 넣고 잘 섞은 뒤 꽉 묶어 냉장고에 넣고 10분 정도 숙성시켜 주세요.

3. 10분 뒤 참기름과 통깨를 넣고 잘 섞어주세요.

TIP

1. 오이와 배는 수분이 많은 재료이기 때문에 버섯의 물기를 최대한 제거해야 합니다. 수분이 완전히 날아갈 때까지 바싹 볶아주세요.

두부스테이크

미리 만들어둔 볶은모둠채소 큐브(p.71)만 있다면 정말 쉽게 만들 수 있는 두부스테이크에요. 겉은 바삭하고 속은 부드러운데 채소까지 들어 있어 영양 듬뿍 반찬이에요. 저염식하는 아이들은 간을 하지 않고 케첩이나 소스에 찍어 먹어요.

아이가 여러 번 먹을 양

조리시간
30분

난이도
★★★☆☆

무염, 저염

두부 반죽
- 두부 200g
- 볶은모둠채소 큐브 50g
- 빵가루 4큰술
- 전분 1큰술
- 후춧가루 1꼬집

덧가루
- 전분 1큰술

기름 1큰술

일반염

두부 반죽
- 두부 200g
- 볶은모둠채소 큐브 50g
- 빵가루 4큰술
- 전분 1큰술
- 소금 1/2작은술
- 후춧가루 2꼬집

덧가루
- 전분 1큰술

기름 1큰술

생략 가능 (무염, 저염) 후춧가루

재료 손질

두부 으깨서 물기를 최대한 제거해주세요.

볶은모둠채소 큐브 미리 준비해둔 것을 사용해요(p.71).

만드는 방법

1. 두부 반죽 재료를 잘 섞어주세요.

2. 먹기 좋은 크기로 모양을 빚은 후에 전분을 살짝 뿌린 뒤 기름을 두른 팬에 앞뒤로 구워주세요.

TIP

1. 채반에 두부를 놓고 무거운 그릇을 올려 눌러두거나 면보에 넣고 꽉 짜서 물기를 제거해주세요.
2. 두부의 수분을 최대한 제거하지 않으면 모양을 잡을 때 잘 뭉쳐지지 않을 수 있으니 고슬고슬해질 때까지 최대한 제거해주세요.
3. 전분을 살짝 뿌려 구우면 두부스테이크 겉면이 더욱 바삭해져요.
4. 계란 알레르기가 있는 아이들은 빵가루를 선택할 때 계란 성분이 없는 빵가루로 골라주세요.
5. 밀가루 알레르기가 있는 아이들은 쌀로 만든 빵을 직접 갈아 빵가루를 만들어주셔도 좋아요.
6. 계란 노른자 1개를 반죽에 추가해도 좋아요.

양지미역국

정성이 듬뿍 들어간 양지미역국이에요. 미역국을 맛있게 끓이는 방법은 어렵지 않아요. 정성스럽게 육수를 내고 미역을 충분히 볶고, 고기, 미역에 각각 따로 간을 하는 거예요. 정성스럽고 맛있는 미역국 끓여보세요.

아이와 어른이 여러 번 먹을 양

조리시간 1시간 50분

난이도 ★★★☆☆

	저염		일반염	
	물 2L	**미역 양념**	물 2L	**미역 양념**
	소고기(양지 국거리) 300g	- 국간장 2작은술 - 참기름 2작은술	소고기(양지 국거리) 300g	- 국간장 1큰술 - 참기름 1큰술
	건미역 25g	다진 마늘 15g	건미역 25g	다진 마늘 15g
	고기 양념	**추가 간**	**고기 양념**	**추가 간**
	- 국간장 2작은술	- 소금 1꼬집	- 국간장 2작은술	- 소금 1/2작은술

재료 손질

양지 흐르는 물에 한 번 씻어주세요.

건미역 물에 불려주세요.

TIP

1. 미역과 고기에 따로 간을 하고 추가 간도 따로 나눠서 하면 한 번에 간을 했을 때보다 각 재료에 간이 잘 배어 더욱 맛있게 느껴져요.
2. 미역은 충분히 볶으면 더욱 맛있어요.

만드는 방법

1. 양지육수를 만들어주세요. 이렇게 완성된 육수는 1.5L예요(p.330).

2. 찢은 소고기 양지는 봉지나 용기에 넣고 국간장으로 밑간을 한 뒤 꽉 묶어주세요.

3. 불린 미역은 흐르는 물에 바락바락 여러 번 씻어 물기를 털고 참기름과 국간장으로 밑간을 해주세요.

4. 촉촉하게 밑간을 한 미역과 다진 마늘을 냄비에 넣고 중약 불에서 5분 이상 충분히 볶아주세요.

5. 양지육수를 넣고 30분 정도 끓여주세요.

6. 30분 뒤 양념한 양지를 넣고 10분 더 끓이다가 맛을 보고 소금으로 간을 맞춰주세요.

33계란찜(두부찜)
참나물무침
소고기큐브뭇국
찹쌀밥
p.121

간단 백김치
p.93
간단불고기
더덕밥과 깨폭탄소스
p.110, p.79
표고전복국

33 계란찜

3가지 재료로 3분 만에 만드는 계란찜이에요. 계란찜을 맛있게 만들어주는 핵심 재료는 바로 다시마물이에요. 3가지 재료로 쉽게 만드는데 냄비로 만드는 법과 전자레인지로 만드는 방법 중 편한 방법으로 해보세요.

아이와 어른이 한 번 먹을 양	무염	저염	일반염
조리시간 5분 난이도 ★☆☆☆☆	멸치육수 200ml 계란 3개 다진 대파 3g	다시마물 - 다시마 5g - 물 1컵 200ml 계란 3개 새우젓 1/3작은술	다시마물 - 다시마 5g - 물 1컵 200ml 계란 3개 새우젓 1작은술

대체 가능 새우젓→소금, 액젓, 국간장 **선택 재료** 다진 대파, 다진 당근, 부추

재료 손질

다시마물 분량의 물에 다시마를 담아 1시간 정도 우려주세요.

다진 대파(무염) 잘게 다져서 준비해주세요.

만드는 방법

냄비로 만들기

1. 불려둔 다시마와 다시마물을 냄비에 넣고 팔팔 끓으면 다시마를 건져주세요.

2. 새우젓과 계란을 넣고 잘 섞은 뒤 뚜껑을 닫고 가장 약한 불에서 타지 않게 3~5분 정도 끓여주세요 (무염은 새우젓 대신 다진 대파를 넣어주세요).

전자레인지로 만들기

1. 다시마를 건져내고 새우젓과 계란을 잘 섞어주세요.

2. 용기에 랩을 씌운 뒤 구멍을 뚫고 전자레인지에 3분 정도 돌려주세요.

TIP

1. 전자레인지로 만들 때 덜 익으면 추가로 1~2분 더 돌려주세요.
2. 무염은 간을 하지 않기 때문에 다진 대파를 소량 넣어 향긋하게 만들었어요.
3. 선택 재료인 대파나 당근, 부추를 소량 넣어도 좋아요.
4. 기호에 맞게 후추, 통깨, 참기름을 뿌려 드세요.
5. 그릇에 담아 찜기에 쪄도 좋아요.

두부찜

계란 알레르기가 있어 계란찜을 못 먹는 아이들을 위한 레시피에요. 대슬이가 계란 알레르기로 고생할 때 계란찜 대신 두부찜을 종종 해줬는데 아주 좋아하고 잘 먹었어요. 두부찜에 들어가는 재료는 마음대로 변경 가능해요.

아이가 한두 번 먹을 양

조리시간
10분

난이도
★★☆☆☆

무염	저염	일반염
두부 100g	두부 100g	두부 100g
우유 20ml	우유 20ml	우유 20ml
스위트콘 10g	스위트콘 10g	스위트콘 10g
당근 5g	당근 5g	당근 5g
양파 5g	양파 5g	양파 5g
애호박 5g	애호박 5g	애호박 5g
검은깨 약간	소금 1꼬집	소금 2꼬집
	검은깨 약간	검은깨 약간

재료 손질

두부 물기를 꽉 짜서 으깨주세요.

스위트콘, 당근, 양파, 애호박 아주 곱게 다져주세요.

만드는 방법

1. 전자레인지용 찜기 안쪽에 참기름을 골고루 발라주세요.
2. 검은깨를 제외한 모든 재료를 잘 섞어 전자레인지용 찜기에 담아주세요.
3. 랩, 비닐 혹은 전자레인지용 덮개를 씌우고 1분 정도 돌려주세요.
4. 상태를 보고 1분 정도 더 돌려주세요.
5. 살짝 단단해졌다면 그만 돌리고 수분이 많이 남아 있으면 30초 더 돌려주세요.
6. 찜기를 뒤집어 두부찜을 뺀 뒤 검은깨를 살짝 뿌려주세요.

TIP

1. 두부찜을 너무 오래 익히면 식감이 퍽퍽해지고, 덜 익히면 덩어리로 뭉쳐지지 않아요.
2. 두부에 남아 있는 수분 양에 따라 전자레인지 돌리는 시간이 달라져요.
3. 생채소를 넣기 때문에 아주 잘게 썰어야 2분 안에 골고루 익어요.
4. 두부 외 채소는 다양하게 변경 가능해요.

참나물무침

참나물은 특유의 향이 있어 호불호가 갈리는 나물이지만 대슬이는 참나물 향을 참 좋아해요. 간단하게 깨폭탄 소스에 버무려줘도 좋고 좀 더 큰 아이와 어른들은 파와 마늘까지 넣어 양념하면 더욱 맛있게 먹을 수 있어요.

아이가 여러 번 먹을 양

조리시간
15분

난이도
★★★☆☆

저염

참나물 50g

된장 소스
- 된장 1/2작은술
- 다진 마늘 2g
- 매실청 1/2작은술
- 참기름 1/2작은술
- 통깨 1/2작은술

일반염

참나물 150g

된장 소스
- 된장 2/3큰술
- 다진 마늘 5g
- 매실청 1작은술
- 참기름 1큰술
- 통깨 1작은술

재료 손질

참나물 깨끗하게 씻어주세요.

만드는 방법

1. 참나물은 맨 아래 뿌리 부분이 억세기 때문에 약간 잘라내주세요.

2. 줄기와 잎을 떼서 분리해 주세요(생략 가능).

3. 줄기 먼저 끓는 물에 1분 정도 데친 후에 잎을 넣고 40초 더 데쳐주세요.

4. 데친 참나물을 재빨리 차가운 물에 담가 식힌 후 물기를 꼭 짜서 먹기 좋은 크기로 잘라주세요.

5. 된장 소스와 참나물을 모두 넣고 잘 섞어주세요.

TIP

1. 참나물의 줄기와 잎을 떼지 않고 처음부터 데쳐도 좋아요.
2. 데치는 시간은 취향에 따라 줄여도 괜찮아요.

소고기큐브뭇국

참기름으로 볶지 않고 만드는 소고기뭇국 레시피입니다. 보통 무를 얇게 썰어 넣는데, 무가 맛있는 계절에는 큼직하게(주사위 크기) 무를 썰어 국을 끓이면 한 입 베어 물 때 무의 단맛을 제대로 느낄 수 있어요. 특히 무의 초록 부분으로 끓여 먹으면 정말 달큰하고 시원한 맛이 일품이랍니다. 맛있는 무로 조금은 특별한 소고기큐브뭇국을 끓여보세요.

아이가 여러 번 먹을 양

조리시간
40분

난이도
★★☆☆☆

저염
물 240ml
다시마 3g
큐브 모양 무 60g
다진 무 15g
다진 소고기 30g
다진 마늘 1g
국간장 1/3작은술
대파 5g

일반염
물 500ml
다시마 5g
큐브 모양 무 150g
다진 무 30g
다진 소고기 70g
다진 마늘 1g
국간장 1/2작은술
소금 1/3작은술
대파 10g

대체 가능 다진 무→간 무 큐브(P.66)

재료 손질

무 주사위처럼 두껍게 잘라주세요.

다진 소고기 키친타월로 핏물을 빼주세요.

파 얇게 송송 썰어주세요.

만드는 방법

1. 물 240ml에 다시마 한 장을 넣고 끓이다가 끓어오르면 다시마는 건져 주세요.

2. 대파를 제외한 모든 재료를 넣은 뒤 뚜껑을 덮고 아주 약한 불에서 30분간 끓여주세요.

3. 30분 뒤 대파를 넣고 1분 후에 불을 꺼주세요.

TIP

1. 큐브 무(주사위 모양)는 시간이 오래 지나면 맛이 떨어지니 처음부터 너무 많은 양을 끓이지 않는 걸 추천드려요. 조금씩 만들어 드세요.
2. 멸치육수로 끓여도 좋아요.
3. 소고기는 간 소고기를 사용했는데 국거리용 고기를 사용해도 무관해요.
4. 불이 너무 세거나 뚜껑을 닫지 않으면 국물이 거의 증발해버려요. 꼭 뚜껑을 닫고 약불로 끓여주세요.

간단 불고기

만능고기양념만 있으면 불고기를 아주 쉽고 빠르고 맛있게 만들 수 있어요. 무염하는 아이들은 간장을 넣지 않아도 충분히 불고기 맛을 낼 수 있어요.

아이가 여러 번 먹을 양

조리시간
10분

난이도
★★☆☆☆

무염	저염	일반염
소고기 불고기감 50g 만능고기양념 15g 당근 5g 부추 1~2g	소고기 불고기감 100g 만능고기양념 30g 양조간장 2/3작은술 당근 10g 부추 5g	소고기 불고기감 100g 만능고기양념 30g 양조간장 2작은술 설탕 1/3작은술 당근 15g 부추 10g
참기름 2~3방울 통깨 1꼬집	참기름 1/3작은술 통깨 1꼬집	참기름 1/3작은술 통깨 1꼬집

생략 가능 당근, 부추

재료 손질

소고기(불고기감) 키친타월로 충분히 핏물을 제거하거나 흐르는 물에 재빨리 한 번 씻어내주세요.

만능고기양념 미리 만들어주세요(p.84).

당근 빨리 익도록 얇게 채썰어주세요.

부추 송송 썰어주세요.

만드는 방법

1. 소고기와 만능고기양념 간장을 잘 섞어서 프라이팬에 당근과 함께 볶아주세요(무염은 간장 생략, 일반염은 설탕 추가).
2. 고기와 당근이 익으면 부추를 넣고 볶은 뒤 먹을 만큼만 그릇에 담아 먹기 직전 참기름과 통깨를 뿌려주세요.

TIP

1. 소고기를 만능고기양념에 미리 버무려두면 더욱 좋으나 꼭 버무려두지 않아도 충분히 맛이 배요.
2. 당근과 부추를 생략하고 고기만 볶아도 괜찮아요.
3. 취향에 따라 양파, 대파 등 다양한 채소를 추가해도 좋아요.

표고전복국

대슬이가 좋아하는 버섯과 전복을 넣어 끓인 국이에요. 간단하게 끓여 먹을 수 있는 보양국이에요. 전복 껍데기는 육수 낼 때 한층 더 깊은 맛을 내주기 때문에 육수를 내거나 국을 끓일 때 같이 넣어서 끓이면 더욱 좋아요.

아이가 한두 번 먹을 양

조리시간
35분

난이도
★★☆☆☆

무염	저염	일반염
멸치육수 200ml 표고버섯 20g 전복 40g 대파 5g	멸치육수 200ml 표고버섯 20g 전복 40g 국간장 1/3작은술 대파 5g	멸치육수 200ml 표고버섯 20g 전복 40g 다진 마늘 3g 국간장 1/3작은술 소금 1꼬집 대파 5g

재료 손질

멸치육수 해물육수팩(p.82)으로 육수를 내거나 멸치육수를 준비해주세요.

표고버섯 작게 잘라주세요.

전복 껍데기까지 깨끗하게 손질해주세요(p.57).

대파 잘게 다져주세요.

만드는 방법

1. 멸치육수에 소독한 전복 껍데기와 전복 살, 표고버섯을 넣고 15분 정도 끓여주세요(일반염은 다진 마늘을 추가해주세요).

2. 전복 껍데기는 건져내고 국간장, 다진 대파를 넣고 1분만 더 끓여주세요(무염은 간장 생략, 일반염은 소금 추가).

TIP

1. 전복 껍데기를 넣는 과정은 생략 가능해요.
2. 손질된 냉동 전복 살로 만들어도 좋아요.

들깨닭감자탕

따로 끓여내는 육수 없이 바로 만드는 닭 육수에 감자와 들깨를 넣어 끓인 들깨감자탕이에요. 만드는 방법은 쉽고 간단해요. 깻잎을 넣어서 향긋하답니다.

아이가 여러 번 먹을 양

조리시간
30분

난이도
★★☆☆☆

저염
물 500ml
닭다리살 150g
간 양파 30g
대파 20g
생강 조각 3g
통후추 3알
감자 100g
국간장 1/2작은술
들깨가루 1.5큰술
깻잎 2장

일반염
물 500ml
닭다리살 150g
간 양파 30g
대파 20g
생강 조각 3g
통후추 3알
감자 100g
국간장 1/3작은술
소금 1/3작은술
들깨가루 1.5큰술
깻잎 2장

재료 손질

닭다리살 껍질과 기름을 가위로 자른 뒤 깨끗하게 씻어주세요.

간 양파 양파를 강판에 갈거나 간 양파 큐브(p.67)를 준비해주세요.

생강 조각 냉동실에 있는 생강 조각(p.69)을 꺼내 사용했어요.

감자 한입 크기로 먹기 좋게 잘라주세요.

깻잎 깨끗하게 씻어 한입 크기로 잘라주세요.

만드는 방법

1. 냄비에 물과 닭다리살, 간 양파, 대파, 생강 조각, 통후추를 넣고 끓어오르면 뚜껑을 덮은 후에 중약불로 10분 끓여주세요.

2. 10분 뒤 감자를 넣고 뚜껑을 덮은 후에 중약불로 8분 끓여주세요.

3. 대파, 생강 조각, 통후추는 건져내고 닭다리살은 먹기 좋은 크기로 잘라주세요.

4. 국간장과 들깨가루, 깻잎을 넣고 1분만 더 끓여주세요(일반염은 소금 추가).

TIP
1. 중간에 떠오르는 거품과 기름은 걷어주세요.
2. 깻잎과 들깨가루를 마지막에 넣고 오래 끓이지 않아야 향이 좋아져요.

촉촉한 잔멸치볶음

멸치볶음 참 쉬우면서도 어려운 메뉴죠. 제가 여러 번의 실패 끝에 나온 어디에도 없는 아주 쉽고 맛있는 멸치볶음을 알려드릴게요. 멸치는 대부분 아이가 먹기에 짜기 때문에 무염, 저염, 일반염에 따라 손질법이 달라져요.

아이가 여러 번 먹을 양

조리시간
20분

난이도
★★☆☆☆

무염·저염

잔멸치 50g

잔멸치 양념
- 기름 1작은술
- 조청 2작은술
- 맛술 1작은술
- 간 양파 15g

일반염

잔멸치 50g

잔멸치 양념
- 기름 1작은술
- 양조간장 1/3작은술
- 조청 2작은술
- 맛술 1작은술
- 간 양파 15g

재료 손질

잔멸치 손질

(무염) 정수 물에 10분 담가 짠기를 빼주세요.

(저염) 흐르는 물에 서너 번 씻어 짠기를 빼주세요.

(일반염) 흐르는 물에 재빨리 한 번 씻어주세요.

간 양파 냉동실에 있는 양파 큐브(p.67)를 준비하거나 강판에 갈아주세요.

만드는 방법

1. 잔멸치는 무염, 저염, 일반염 중 입맛에 맞게 손질한 후 프라이팬에 약불로 볶아 비린내를 날려주세요.

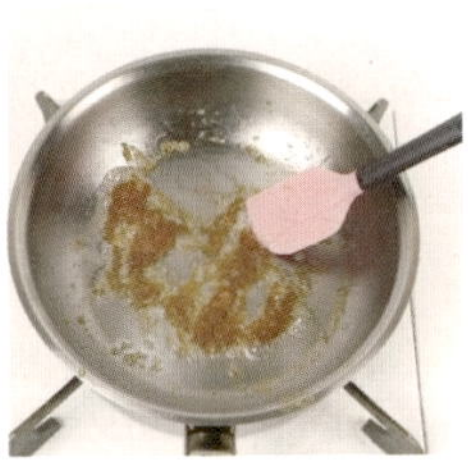

2. 팬에 잔멸치 양념을 넣고 간 양파가 갈색이 될 때까지 약불에서 5~10분 정도 충분히 볶아주세요.

3. 볶아둔 잔멸치를 넣고 잘 섞은 뒤 3분 정도 더 볶아주세요.

TIP

1. 잔멸치볶음은 냉장고에서 하루 지나야 더욱 맛있어져요.
2. 물에 씻지 않고 잔멸치를 볶으면 수분이 날아가면서 염도가 높아져 처음보다 더 짜져요.
3. 기름에 살짝 볶은 피망을 약간 섞으면 더 맛있어요.
4. 촉촉해서 주먹밥으로 만들어 먹으면 좋아요.

슬기로운요리생활 꿀팁 9

유기그릇 관리법

어렸을 때부터 요리를 좋아하다보니 자연스럽게 그릇에 관심을 갖게 되었어요. 그릇 수집하는 게 취미이신 시어머니께서 갖고 계신 유기그릇을 선물로 주시면서 유기그릇을 하나씩 사 모으기 시작했어요. 그러던 중 친정엄마가 대슬이 돌 선물로 유아용 유기그릇 세트를 사주시면서 매일 같이 유기그릇을 사용하기 시작했어요.

유기그릇은 본래 노란 황금색이에요. 처음 구매하면 은빛이 나지만 사실은 아직 산화막이 생기지 않아 그렇다고 해요. 유기그릇은 사용하다보면 색이 변하기 때문에 관리가 매우 어렵다고 생각하는 분들이 많이 계신 것 같아요. 유기그릇은 길이 들었다 하면 아주 편하게 막 쓰는 그릇이랍니다.

유기그릇 관리법

1. 새 유기그릇 첫 길들이기

1. 키친타월에 기름을 적당량 묻혀 유기그릇 구석구석을 깨끗하게 닦아주세요(필수).

2. 주방세제를 묻혀 기름을 깨끗하게 닦고 여러 번 물에 헹궈주세요.

3. 유기그릇이 잠길 만큼 넉넉한 용기에 물과 식초, 유기그릇을 넣은 후에 1시간 정도 기다려주세요(물과 식초의 비율=물 1L당 식초 1큰술).

4. 1시간 뒤 주방세제를 묻혀 닦은 후에 흐르는 물에 깨끗하게 헹궈 건조대에 말리거나 마른 수건으로 닦아주세요.

TIP

1. 식초 물에 담가두는 과정은 생략하더라도 기름으로 닦는 과정은 꼭 해주세요.
2. 식초 물에 담가두는 과정을 하면 생활 얼룩이 덜 생겨요.
3. 첫 길들이기를 마치면 설거지 후 물기를 꼭 닦지 않아도 얼룩이 심하게 생기지 않아요.
4. 식초 물에 담가두는 과정을 하더라도 그릇에 담는 음식의 온도, 염도, 산도에 따라 생활 얼룩이 생겨요.
5. 유기그릇에 물이 고이지 않고 잘 흐르도록 건조대에 놓고 건조해주세요(물이 고인 채로 마르면 물 얼룩이 심하게 생겨요).
6. 얼룩이 생겨도 무시하고 사용하세요. 어느 순간 사라져요.

유기그릇 관리 영상

새 유기그릇 첫 길들이기

수세미 사용하지 않고 생활 얼룩 쉽게 지우기

유기전용 수세미와 크림으로 진한 얼룩 지우기

유기그릇 어렵지 않아요

가장 좋은 길들이기 방법은 매일 사용하는 것이에요. 매일 사용하다보면 정말 빠른 시간 내에 길들여진답니다. 유기그릇은 매일 사용하면 물기 닦을 일도 없고 길도 금방 들여져서 어느 그릇보다도 편하게 막 사용할 수 있답니다. 보통 유기그릇은 길이 들기까지 2주에서 한 달 정도 걸립니다.

한끼처럼 든든한
간식 한상차림

PART 13

당근핫케이크

계란 없이도 충분히 핫케이크를 구울 수 있는데 계란을 안 넣으면 핫케이크를 못 만든다고 생각하는 분들이 많으시더라고요. 계란 알레르기가 있는 아이들도 먹을 수 있는 당근핫케이크입니다. 당근 맛은 안 나고 달콤한 맛이 더해져 대슬이가 아주 잘 먹는 핫케이크입니다.

아이와 어른이 한 번 먹을 양

조리시간
25분

난이도
★★☆☆☆

무염 · 저염 · 일반염

당근 50g
핫케이크가루 50g
우유 50ml

기름 1/2작은술

대체 가능 우유→물, 두유, 기름→버터 **선택 재료** 계란 한 알

재료 손질

당근 깨끗하게 씻은 후에 강판에 갈아주세요.

만드는 방법

1. 핫케이크가루와 우유, 강판에 갈아둔 당근을 모두 넣고 섞어주세요.

2. 약한 불로 예열한 팬에 기름을 두르고 키친타월로 골고루 발라주세요.

3. 반죽을 작게 떠서 팬에 올려요. 아주 약한 불로 굽다가 핫케이크 윗면에 구멍이 뽕뽕 생겼을 때 뒤집어주세요.

TIP

1. 반죽을 만들 때 계란을 한 알 넣으면 더 좋아요.
2. 불이 너무 세거나 기름이 얇게 고루 퍼지지 않으면 핫케이크 색이 예쁘게 나지 않고 얼룩덜룩해져요.
3. 약한 불에 충분히 구운 뒤 윗면에 구멍이 송송 생겼을 때 뒤집어야 색이 예쁘게 나와요.
4. 그릇에 담고 기호에 맞게 견과류나 메이플시럽을 뿌려 드세요.

우유화채

간편하게 만드는 우유화채에요. 우유에 여러 가지 과일을 넣어 시원하게 먹으면 이만한 여름 간식이 없죠. 우유 말고도 다양한 조합을 소개했으니 입맛에 맞게 만들어서 드셔보세요.

아이가 한 번 먹을 양 조리시간 10분 난이도 ★☆☆☆☆	무염	저염	일반염
	우유 150ml 수박 100g 키위 1/2개 블루베리 5알 산딸기 5알	우유 150ml 수박 100g 키위 1/2개 블루베리 5알 산딸기 5알 설탕 2꼬집	우유 150ml 수박 100g 키위 1/2개 블루베리 5알 산딸기 5알 설탕 1작은술

재료 손질

과일 스쿱으로 뜨거나 모양틀로 찍어주세요. 먹기 좋은 크기로 썰어도 됩니다.

우유, 설탕 큰 볼에 담은 후에 잘 섞어주세요.

만드는 방법

1. 준비한 과일에 꿀을 섞은 우유를 넣어주세요.

TIP

1. 냉장고에 있는 과일 아무거나 넣어도 좋아요.
2. 시리얼이나 견과류를 약간 넣어도 좋습니다.
3. 어른들은 오렌지주스와 사이다를 섞어서 화채 국물을 만들어도 좋아요.

과일화채 맛있는 조합

새알퐁당홍시

달콤한 홍시를 고운 체에 내린 뒤 쫀득한 새알을 넣으면 근사한 간식이 되어요. 아주 어린아이부터 어른까지 홍시를 좋아하는 사람이라면 누구나 먹을 수 있어요. 고소한 견과류를 뿌리면 씹는 맛도 좋지만 안 넣어도 충분히 맛있어요.

아이가 한 번 먹을 양

조리시간
20분

난이도
★★☆☆☆

무염·저염	일반염
홍시 1개 호두 1개 **새알심 재료** - 쌀가루 40g - 뜨거운 물 25g	홍시 1개 호두 1개 **새알심 재료** - 쌀가루 40g - 뜨거운 물 25g - 소금 1꼬집

생략 가능 호두

재료 손질

홍시 껍질을 흐르는 물에 한 번 씻은 후에 꼭지를 제거해주세요.

호두 곱게 다져주세요.

만드는 방법

1. 체에 홍시를 넣고 내리거나 홍시 살만 믹서에 갈아주세요.

2. 쌀가루에 팔팔 끓는 뜨거운 물 25g을 넣고 숟가락으로 섞다가 식으면 손으로 반죽해주세요(일반염은 소금 1꼬집을 넣어주세요).

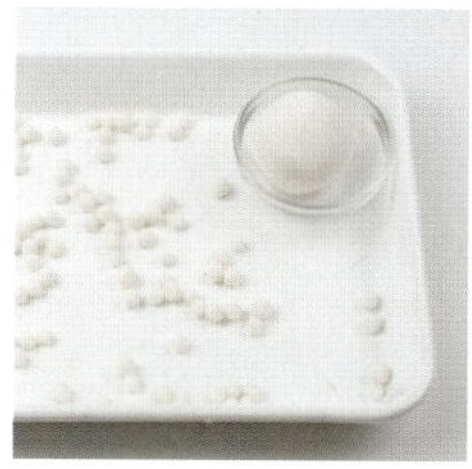

3. 목에 걸리지 않게 먹기 좋은 크기로 새알심을 빚어주세요. 새알심을 빚을 때는 반죽이 마르지 않게 봉지를 덮어놓고 빚어주세요.

4. 팔팔 끓는 물에 익히다가 새알심이 동동 떠오르면 건져주세요.

5. 체에 거른 홍시에 새알심을 넣고 기호에 맞게 호두와 같은 견과류를 다져서 뿌려주셔도 좋아요.

TIP

1. 홍시 가운데에 있는 흰색 심지 부분은 제거해주세요.
2. 새알심은 아이 목에 걸리지 않을 크기로 아주 작게 만들어주세요.
3. 남은 새알심은 냉동해두었다가 미역국이나 죽 등에 넣어 드세요.
4. 홍시 1개 무게와 호두 1개 무게는 크게 중요하지 않아요.

피자만두

손질한 재료를 볶지 않고 간단하게 전자레인지로 살짝 익혀 만드는 간편한 레시피에요. 채소가 듬뿍 들어가 영양도 가득하답니다.

20개 분량

조리시간
35분

난이도
★★★☆☆

무염	저염	일반염
양파 100g	양파 100g	양파 100g
감자 50g	감자 50g	감자 50g
양송이버섯 30g	양송이버섯 30g	양송이버섯 30g
다진 소고기 50g	햄 30g	햄 30g
스위트콘 50g	스위트콘 50g	스위트콘 50g
토마토소스 40g	토마토소스 50g	토마토소스 50g
아기치즈 3장	피자치즈 50g	토마토케첩 1큰술
만두피 20장 이상	만두피 20장 이상	피자치즈 60g
기름 1작은술	기름 1작은술	소금 1꼬집
		만두피 20장 이상
		기름 1큰술

재료 손질

소고기(무염) 키친타월에 핏물을 빼서 준비해주세요.

햄(저염) 끓는 물에 한 번 데쳐서 준비해주세요.

양송이버섯, 양파, 감자 잘게 다져주세요.

스위트콘 흐르는 물에 한 번 씻거나 체에 밭쳐 팔팔 끓는 물을 뿌려주세요.

만드는 방법

1. 만두피와 피자치즈를 제외한 모든 재료를 잘 섞어 전자레인지에 1분씩 두 번 총 2분 익혀주세요(무염은 아기치즈를 넣고 돌려주세요, 일반염은 케첩과 소금 추가).

2. 재료가 완전히 식은 뒤 피자치즈를 넣고 잘 섞어주세요. 만두피에 재료를 넣고 만두 모양을 만든 후에 포크로 테두리를 꾹 눌러주세요.

3. 기름을 살짝 두르고 약불에 구워서 드세요.

TIP

1. 테두리를 꾹 누르지 않으면 굽거나 찌는 과정에서 재료가 새나올 수 있으니 테두리를 잘 눌러주세요.
2. 만두피는 해동하다 보면 맨 아랫부분만 눅눅해지기 때문에 해동할 때 중간에 한 번 뒤집어주세요.
3. 냉동 만두피를 사용할 경우에는 하루 전 날 꺼내서 냉장고에 두거나 실온에 꺼내서 해동해주세요.

바나나찹쌀도넛

집에서 도넛을 만들려고 하면 반죽부터 망설여지기도 하는데 바나나찹쌀도넛은 바나나와 찹쌀가루 단 2가지 재료로만 만들어서 아주 간단해요. 찹쌀 꽈배기를 좋아하는 대슬이를 위해 도넛을 집에서 만들어주고 싶었는데 이 레시피를 개발하고 나서는 도넛이 먹고 싶다고 할 때마다 쉽게 해주고 있답니다.

아이가 한두 번 먹을 양

조리시간
20분

난이도
★★☆☆☆

무염 · 저염

바나나 1개 100g
건식 찹쌀가루 50g
기름 200ml

일반염

바나나 1개 100g
건식 찹쌀가루 50g
기름 200ml

양념가루 재료
- 설탕 1큰술
- 시나몬가루 2꼬집

재료 손질

바나나 껍질을 벗겨주세요(바나나와 찹쌀가루의 비율 2:1).

양념가루 재료 (일반염) 잘 섞어주세요.

만드는 방법

1. 봉지에 바나나와 건식 찹쌀가루를 넣고 으깨주세요.
2. 바나나와 건식 찹쌀가루가 잘 섞이면 냉장고에서 3시간 정도 숙성시켜주세요(숙성 과정 생략 가능).
3. 봉지 귀퉁이를 약간 잘라 기름을 넉넉히 두른 팬에 동그란 모양으로 짜서 튀겨주세요.

4. 노릇하게 튀긴 도넛은 기름을 최대한 제거해주세요(일반염은 양념가루를 묻혀주세요).

TIP

1. 아주 질척한 반죽이기 때문에 반죽한 봉지를 그대로 짤주머니처럼 사용해요. 지퍼백도 좋아요.
2. 튀기자마자 바로 먹어야 더 맛있어요.
3. 건식 찹쌀가루는 유기농 매장이나 마트에서 쉽게 구매 할 수 있는 마른 찹쌀가루예요.
4. 바나나 100g은 껍질을 벗긴 무게입니다.

감자쌀쿠키

이 레시피를 처음 개발할 때부터 설탕이나 오일이 많이 들어가지 않은 건강한 쿠키를 만들고 싶었어요. 이 감자쌀쿠키는 밥 대용으로도 가능한 감자쌀쿠키에요. 감자와 쌀가루가 주된 재료라 이름은 쿠키지만 겉은 바삭 속은 촉촉 건강한 간식이랍니다.

아이와 어른이 한 번 먹을 양

조리시간
40분

난이도
★★☆☆☆

무염·저염	일반염
감자 100g 건식 쌀가루 50g 기름 1/2큰술 우유 50ml	감자 100g 건식 쌀가루 50g 기름 1/2큰술 우유 50ml 설탕 1/3큰술 소금 1꼬집

대체 가능 우유→물, 두유

재료 손질

감자 껍질을 벗기고 큼직하게 4등분해주세요.

만드는 방법

1. 감자는 찜기에 넣고 익을 때까지 찐 다음 꼭 한 김 식혀주세요.

2. 감자의 겉면이 수분기가 없을 정도로 식으면 모든 재료를 잘 섞은 후에 곱게 으깨주세요.

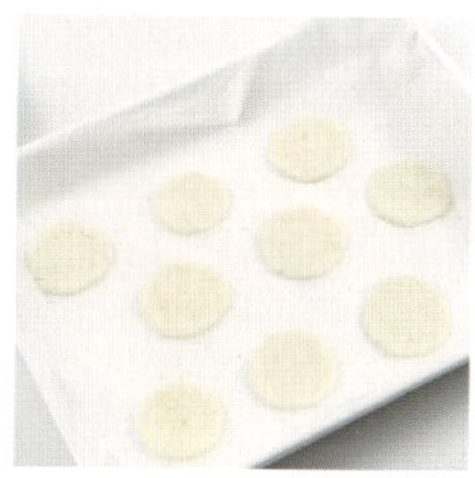

3. 동그랗고 납작한 모양으로 만들어 오븐에 170도로 13분 정도 구워주세요.

TIP

1. 감자를 삶으면 수분을 머금어 질퍽해지므로 꼭 찜기에 쪄주세요.
2. 감자를 식히지 않으면 수분이 많아 쿠키가 만들어지지 않으니 꼭 한 김 식혀 수분을 날린 후에 만들어주세요.
3. 오븐은 브랜드, 사용 환경마다 설정을 조금씩 바꿔야 하니 상황에 맞게 온도와 시간을 조절해주세요.

케사디아

대슬이 18개월쯤 문화센터에서 오감놀이 수업을 들었는데 그날 케사디아 만들기 요리 수업을 했어요. 이렇게 어린아이들이 케사디아를 먹을 수 있을까 싶었는데 대슬이뿐만 아니라 모든 아이들이 잘 먹는 모습을 보고 깜짝 놀랐어요. 며칠 뒤 집에서도 케사디아를 만들어주었는데 역시나 정말 잘 먹었고 밥 대용으로도 좋아 자주 만들게 되는 메뉴 중 하나에요.

아이가 한 번 먹을 양

조리시간
15분

난이도
★★☆☆☆

저염	일반염
또띠아 1장 아기치즈 1장 토마토소스 1큰술	또띠아 1장 아기치즈 1장 토마토소스 2큰술
양파 5g 느타리버섯 20g	양파 5g 느타리버섯 30g
소고기 양념 - 다진 소고기 30g - 마늘 1g - 간장 1/3작은술	**소고기 양념** - 다진 소고기 50g - 마늘 1/3작은술 - 간장 1작은술

대체 가능 마늘→만능고기양념 5g(p.85)

재료 손질

다진 소고기 키친타월로 핏물을 제거한 뒤 소고기 양념에 버무려주세요.

느타리버섯, 양파 잘게 다져주세요.

만드는 방법

1. 기름을 살짝 두른 팬에 양파와 느타리버섯을 볶아주세요.

2. 느타리버섯과 양파를 한 쪽으로 몰아놓고 양념에 버무린 소고기를 볶다가 몰아놓은 재료와 잘 섞어주세요.

3. 팬에 또띠아를 놓고 토마토소스를 골고루 바른 뒤 속재료를 올리고 아기치즈를 잘라서 올려주세요.

4. 반 접어서 앞뒷면을 골고루 구운 뒤 먹기 좋게 잘라 그릇에 담아주세요.

TIP

1. 속 재료는 다양하게 응용 가능해요.

파인애플월남쌈

20개월쯤 월남쌈집에서 월남쌈을 싸먹는데 대슬이가 생각보다 너무 잘 먹어서 놀란 적이 있어요. 그 후로 집에서 월남쌈을 해주니 잘 먹더라고요. 생 채소를 먹일 수 있는 좋은 기회가 되었어요. 우리 집 냉장고 사정에 맞게 재료를 빼거나 다양한 재료를 추가해서 만들어도 좋아요.

아이가 한두 번 먹을 양 (월남쌈 4덩이) 조리시간 30분 난이도 ★★☆☆☆	무염·저염·일반염	라이스페이퍼 4장 파인애플 6조각 새우(칵테일새우) 6마리 맛술 1큰술 사과 1/6개 파프리카 빨강 노랑 주황 1/4개씩 오이 1/4개 깻잎 3장

선택 재료 (일반염) 땅콩 소스, 월남쌈 소스

재료 손질

파인애플 새우 크기로 먹기 좋게 잘라주세요.

새우 500ml 물에 맛술 1큰술을 넣고 데쳐주세요.

파프리카, 오이, 깻잎, 사과 깨끗하게 씻은 후에 채 썰어주세요.

라이스페이퍼 끝부분을 약간 잘라주세요.

만드는 방법

1. 라이스페이퍼는 끝부분을 약간 잘라주세요.

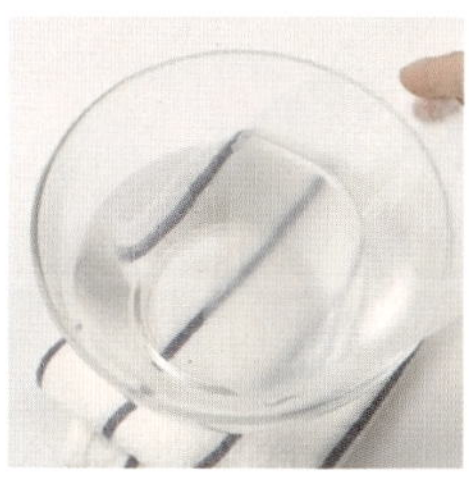

2. 뜨거운 물에 라이스페이퍼를 적신 뒤 그릇에 펴주세요.

3. 파인애플과 새우를 가장 먼저 올리고 각종 채소를 입맛에 맞게 넣어주세요.

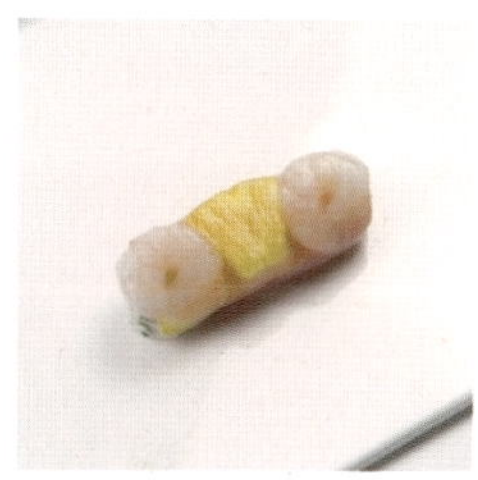

4. 라이스페이퍼의 왼쪽과 오른쪽을 먼저 덮고 아래에서 위 방향으로 빈틈없이 돌돌 말아주세요.

TIP

1. 아기들은 속을 너무 많이 넣지 않기 때문에 라이스페이퍼가 많이 남아요. 라이스페이퍼를 적당히 잘라서 만들어야 너무 질겨지지 않아요.
2. 아주 뜨거운 물에 라이스페이퍼를 담그면 라이스페이퍼가 순식간에 붙어버리니 70~80도 정도의 물을 사용해요.
3. 일반염은 땅콩 소스나 월남쌈 소스에 찍어 드세요.
4. 채소는 사정에 맞게 추가 및 변경 가능해요.

떡고구마맛탕

고구마만 들어가면 심심할 수 있기 때문에 떡을 넣어보았어요. 고구마와 떡은 소량의 기름에 굽거나 튀긴 다음 설탕이나 올리고당 대신 조청에 버무려 먹어요. 기름도 당도도 확 줄여서 간단하고 건강한 간식이에요.

아이가 한두 번 먹을 양

조리시간
15분

난이도
★★☆☆☆

무염·저염
- 기름 1작은술
- 고구마 100g
- 떡 20g
- 조청 1작은술
- 검은깨 1꼬집

일반염
- 기름 2큰술
- 고구마 150g
- 치즈떡 100g
- 조청 2큰술
- 검은깨 2꼬집

생략 가능 검은깨 **대체 가능** 치즈떡→일반 떡

재료 손질

고구마 껍질을 벗기고 아기가 먹기 좋은 크기로 잘라주세요.

떡 흐르는 물에 한 번 씻어서 준비해주세요.

만드는 방법

1. 먹기 좋은 크기로 자른 떡과 고구마에 기름을 약간 넣고 버무려주세요.

2. 에어프라이어에 고구마만 먼저 넣고 170도에서 5분 정도 돌려주세요.

3. 5분 후에 떡도 넣고 5분 더 돌려주세요.

4. 고구마와 떡은 조청에 버무린 뒤 검은깨를 뿌려주세요.

TIP

1. 브랜드마다 에어프라이어 사양이 다르기 때문에 시간과 온도는 적절하게 조절해주세요.
2. 기름을 덜 쓰기 위해 에어프라이어를 사용했는데 팬에 기름을 두르고 구워도 좋아요.
3. 기름을 많이 두르지 않아도 충분히 잘 익어요.
4. 고구마는 껍질을 벗긴 뒤 씻거나 전분기를 빼지 않고 바로 구워요.

맥반석메추리알

대슬이의 계란 알레르기가 풀리고 나서 계란 요리를 종종 해주는데 생각보다 좋아하지 않더라고요. 근데 메추리알은 너무 좋아하는 거예요. 메추리알을 삶으면 옆에서 5개는 먹기에 맥반석 계란이 생각나 밥솥으로 맥반석 메추리알을 만들어봤어요. 몇 알 먹으면 은근 든든해서 간식으로도 아침 대용으로도 우유 한 잔이랑 먹기에 참 좋아요.

아이가 여러 번 먹을 양

조리시간
1시간 5분

난이도
★★☆☆☆

무염·저염·일반염

메추리알 1판
다시마 5g
물 100ml
밥솥에 들어갈 만한 채반

생략 가능 다시마, 채반

재료 손질

메추리알 흐르는 물에 여러 번 깨끗하게 씻어주세요.

만드는 방법

1. 채반에 깨끗하게 씻은 메추리알을 넣고 다시마를 덮어주세요.

2. 밥솥에 물 100ml를 넣고 만능찜 모드로 1시간을 돌려주세요.

TIP

1. 제품마다 사양이 다르니 시간은 조절해주세요.
2. 만능찜 1시간 후 보온 상태로 하루 정도 넣어두어도 무관해요.
3. 채반은 생략 가능하지만 내솥에 메추리알을 바로 넣으면 바닥에 있는 메추리알의 한쪽 면만 갈색이 되어요.
4. 물에 소금을 넣어 만들 경우 내솥 코팅에 손상이 갈 수 있어 생략했어요.
5. 메추리알 껍질을 살짝 깨서 정수물에 담가 껍질 사이로 물이 들어가도록 두면 조금 더 쉽게 껍질을 벗길 수 있어요.
6. 밥솥의 압력 차이로 색이 더 연하게 나올 수도 있어요.

해시브라운

저는 감자튀김보다도 해시브라운을 훨씬 좋아해요. 시중에서 쉽게 구할 수 있는 해시브라운은 GMO 걱정과 다양한 첨가물 때문에 아이에게 주기에는 너무나 걱정되더라고요. 감자철에 감자가 많이 생기면 다 먹기 힘들 때가 종종 있는데 많은 양의 감자를 맛있게 먹을 수 있는 방법은 이 해시브라운을 만들어서 냉동 보관하는 거예요. 한 번 만들어두면 오래 먹을 수 있답니다. 수확한 지 얼마 지나지 않은 햇감자는 감자의 전분 함량이 높아 해시브라운을 만들 때 전분을 따로 넣지 않아도 괜찮아요.

아이가 여러 번 먹을 양

조리시간
30분

난이도
★★★☆☆

무염·저염
감자 450g
전분 1큰술
기름 200ml

일반염
감자 450g
소금 1/3작은술
전분 1큰술
기름 200ml

선택 재료 옥수수가루 **생략 가능** 옥수수가루

재료 손질

감자 250g 큼직하게 4등분 해주세요.

감자 200g 새끼손톱 크기로 작게 썰어주세요.

만드는 방법

1. 큼직하게 4등분한 감자 250g은 찜기에 넣고 완전히 익을 때까지 찐 후에 으깨주세요(일반염은 소금 추가).

2. 으깬 감자에 작게 자른 감자와 전분을 넣고 잘 섞어주세요.

3. 여러 번 치대서 한 덩어리가 되면 먹기 좋은 크기로 동그랗고 납작하게 모양을 잡아주세요.

4. 모양을 잡은 해시브라운 반죽 위로 체를 이용해서 옥수수가루를 얇게 뿌려주세요(생략 가능).

5. 기름에 해시브라운 반죽을 넣고 튀긴 후에 채반에 밭쳐 기름을 최대한 제거해 주세요.

TIP

1. 해시브라운 모양을 너무 두껍게 만들면 덜 익기 때문에 적당한 두께로 빚어주세요.
2. 옥수수가루를 넣으면 고소하고 바삭해지지만 맛 자체의 변화가 크지 않기 때문에 생략 가능해요.
3. 대량으로 만들어서 냉동 보관해두면 반찬과 간식으로 꺼내먹기 좋아요(3개월).
4. 냉동 상태의 해시브라운을 튀길 때는 에어프라이어에 기름 없이 구워서 수분을 날리고 단단하게 한 다음 기름을 넉넉하게 두르고 노릇노릇 팬에 튀기는 걸 추천드려요.

고르곤졸라피자
(무염: 옥수수피자)

보통 피자라고 하면 토마토소스를 발라 갖은 재료를 올리는 토마토소스 피자를 생각하시죠? 버터, 꿀, 마늘을 베이스로 한 소스를 발라 치즈랑 옥수수만 뿌려 먹어도 아주 맛있는 또띠아 피자예요. 고르곤졸라치즈가 없다면 생략해도 좋아요. 달콤한 마늘 소스에 고소한 견과류만 있으면 만들 수 있어요. 재료도 심플해서 아이랑 함께 만들기도 좋아요.

또띠아 피자 2판 구울 양
(무염은 한 판)

조리시간
15분

난이도
★★☆☆☆

무염

아기치즈 1장
스위트콘 1큰술
모둠견과류 5g
또띠아 1장

피자소스
- 무염버터 4g
- 조청 2/3작은술
- 다진 마늘 1/3작은술

저염

고르곤졸라치즈 20g
피자치즈 50g
모둠견과류 15g
또띠아 2장

피자소스
- 무염버터 10g
- 꿀 2작은술
- 다진 마늘 1작은술

일반염

고르곤졸라치즈 30g
피자치즈 70g
모둠견과류 15g
또띠아 2장

피자소스
- 가염버터 15g
- 꿀 1큰술
- 다진 마늘 1큰술

대체 가능 (무염) 조청→꿀

재료 손질

아기치즈(무염) 잘게 찢어주세요.

스위트콘(무염) 흐르는 물에 한 번 씻어주세요.

모둠견과류 견과류, 베리류는 잘게 다져주세요.

만드는 방법

1. 피자소스 재료를 잘 섞어 전자레인지에 1분 돌려 마늘을 익혀주세요(무염은 꿀 대신 조청).

2. 또띠아 위에 피자소스를 잘 발라주세요.

3. 모둠견과류를 뿌린 뒤 피자치즈도 뿌려주세요.

4. 고르곤졸라치즈도 듬성듬성 올려주세요(무염은 스위트콘을 넣어주세요).

5. 냄비에 뚜껑을 닫고 치즈가 다 녹을 때까지 약한 불에서 굽거나(10~15분) 오븐에 노릇해질 때까지 구워주세요(170도로 예열된 오븐에서 10~15분).

TIP

1. 무염은 고르곤졸라치즈 대신 옥수수를, 피자치즈 대신 아기치즈를 넣었어요.
2. 피자소스를 전자레인지에 데울 때 넉넉한 그릇에 담아 소스가 끓어 넘치지 않도록 해주세요.
3. 소스 재료와 함께 마늘을 익혔기 때문에 전혀 매운맛이 나지 않아요.
4. 모둠견과류는 하루견과 한 봉지 중 일부만 사용했어요.
5. 피자를 여러 장 만들어 냉동 보관해두어도 좋아요.
6. 다양한 토핑을 올려 응용해보세요.

팽이까까

시어머니가 알려주신 레시피에요. 차를 좋아하는 시어머니는 산에서 직접 딴 버섯으로 차를 만드세요. 재료를 말린 뒤 팬에 살짝 볶는데 과자로도 손색없는 걸 발견하시고는 대슬이 간식으로, 저희 부부 건강 간식으로 만들어주셨어요. 대슬이가 팽이까까를 잘 먹어서 이렇게 책에 레시피를 소개해보아요. 다른 아이들에게도 맛있는 레시피면 좋겠어요.

아이가 여러 번 먹을 양	무염 · 저염 · 일반염
조리시간 3시간 이상	팽이버섯 300g
난이도 ★★☆☆☆	

재료 손질

팽이버섯 흐르는 물에 씻은 뒤 물기를 털고 밑동을 잘라주세요.

만드는 방법

1. 팽이버섯은 찜기에 넣고 뚜껑을 닫아 3분간 익혀 주세요.

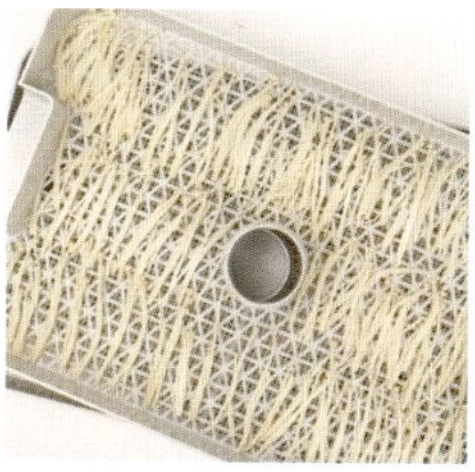

2. 건조기 트레이에 붙지 않게 놓고 50도에서 3시간 정도 말려주세요.

3. 노릇한 색이 나도록 마른 팬에서 아주 약한 불로 볶아주세요.

4. 색이 나면 불을 끄고 체에 밭쳐 한 김 식혀주세요.

TIP

1. 한 번에 많은 양을 볶으면 잘 볶아지지 않아요. 절반씩 나눠서 두 번 볶아요.
2. 불이 조금만 쎄도 금방 타버려요. 꼭 약한 불에서 볶아주세요.
3. 팽이버섯 300g은 150g 2봉지 무게에요.

아기식혜

어렸을 때 시골에 놀러 가면 외할머니가 단지 하나 가득 식혜를 끓여놓으셨어요. 너무 많이 먹는 바람에 밥을 못 먹을 정도로 외할머니 식혜를 좋아했어요. 외할머니가 돌아가시고 그 맛을 더듬어가며 여러 번 레시피를 만들어봤어요. 이 레시피는 인터넷 포털사이트 메인에 소개되면서 많은 분들이 해보시고 좋아해주신 레시피에요. 제가 잘 만들고 자신 있는 식혜를 최대한 달지 않게 아이들이 마시기 좋도록 레시피를 바꿔봤어요. 이 식혜는 우리 대슬이에게 최고의 음료수랍니다.

아이가 여러번 먹을 양 조리시간 6시간 난이도 ★★★★★	**무염·저염** 엿기름 200g 물 2L 설탕 4큰술 생강 조각 3g 쌀 150ml 물 150ml	**일반염** 엿기름 400g 물 5L 설탕 300g 생강 조각 5g 쌀 600ml 물 600ml

생략 가능 생강

재료 손질

쌀 깨끗하게 씻어 채반에 밭쳐 물기를 빼주세요.

생강 조각 생강을 깨끗하게 씻어 편 썰거나 냉동실에 있는 생강 조각(p.69)을 꺼내서 준비해주세요.

만드는 방법

1. 넓은 볼에 물과 엿기름을 넣고 최소 30분 정도 우려낸 뒤 조물조물 문질러 엿기름 물을 내주세요.

2. 엿기름 건더기는 버리고 엿기름 물은 앙금이 가라앉도록 1시간 정도 가만히 두세요.

3. 앙금이 가라앉는 동안 쌀과 물을 1:1로 넣고 고두밥을 지어주세요.

4. 한 시간 뒤 앙금이 가라앉으면 고운 면보에 앙금은 빼고 살살 부어 한 번 걸러 주세요.

5. 완성된 밥에 걸러둔 엿기름 물을 넣고 밥알이 한 알씩 잘 풀어지도록 저은 뒤 4시간 동안 보온해서 밥알을 삭혀주세요.

6. 4시간 뒤 밥알이 10알 이상 잘 떠 있으면 잘 삭은 거예요.

7. 체에 걸러 삭힌 밥과 엿기름 물을 분리해주세요.

8. 삭힌 엿기름 물과 설탕을 냄비에 함께 넣고 녹을 때까지 젓지 않고 끓여주세요.

9. 설탕이 다 녹으면 생강 조각을 넣고 2분만 더 끓여주세요.

10. 면보에 한 번 걸러주세요.

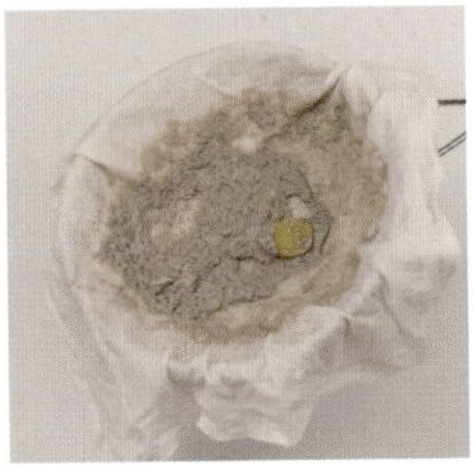

11. 면보에 끓이면서 굳어진 앙금 찌꺼기가 걸러질 거예요.

12. 완성된 식혜에 밥알을 넣고 잘 섞어주세요.

TIP

1. 앙금을 하나도 거르지 않고 만들 수도 있어요.
2. 식혜 전용 샤주머니, 배주머니, 면보주머니가 없다면 주머니 없이 우려낸 뒤 체로 건져내도 좋아요.
3. 시간 여유가 있다면 반나절 정도 충분히 불려 엿기름 물을 우려내주세요.
4. 밥알 삭히는 보온 시간은 6시간 이상 넘기지 말아주세요. 밥알이 10개 정도만 떠올라도 충분히 삭았다는 표시랍니다.
5. 면보에 여러 번 거르면서 정말 깔끔하고 맑은 식혜가 완성되어요.
6. 식혜를 끓이면서 나오는 거품과 불순물은 면보에 걸러지기 때문에 숟가락으로 퍼내지 않아도 돼요.
7. 면보가 없다면 고운 체에 거르거나 엿기름 물을 끓일 때 올라오는 거품을 깨끗하게 건져주세요.
8. 저는 유기농 설탕을 사용했어요. 백설탕을 사용하면 더욱 밝은 색의 식혜를 만들 수 있으나 정제된 설탕은 아이 요리에 사용하지 않고 있어요.
9. 입맛에 맞게 설탕을 더 넣어도 좋아요.

슬기로운요리생활 꿀팁
10

우리 아이 첫 아이스크림 레시피

우리가 먹고 있는 아이스크림에 얼마나 많은 첨가물과 당분이 들어 있는지 아시나요? 저는 대슬이가 5세인 지금도 시판 과자나 아이스크림은 특별한 상황이 아니고서는 최대한 피하려고 노력하고 있어요. 아이가 아이스크림을 좋아한다면 집에서 건강하게 만들어주는 게 가장 좋은 방법이겠죠. 어떤 재료를 넣어서 만들었는지 알 수 있고 아이와 함께 만들어 먹으면 더욱 즐거운 아이스크림 레시피에요. 제가 소개하는 레시피 말고도 아이스크림을 쉽고 맛있게 만들 수 있는 여러 가지 방법도 함께 소개할게요.

주스나 즙, 액체 얼려서 만들기

다양한 즙을 얼리기만 해도 맛있는 아이스크림이 만들어져요. 아이스크림을 얼리면 단맛이 덜 느껴지기 때문에 얼리기 전 먹어봤을 때 약간 달달해야 얼렸을 때도 단맛이 나요.

주스류	사과주스, 오렌지주스, 귤주스, 포도주스, 사과당근주스 외 다양한 주스
즙류	사과즙, 포도즙, 배즙, 토마토즙, 블루베리즙 외 다양한 즙
액체류	요구르트, 딸기우유, 초코우유, 바나나우유, 흰우유, 두유, 코코넛워터, 코코넛밀크 등

잼과 꿀로 아이스크림 만들기

단맛이 나는 잼이나 꿀을 액체 재료에 섞기만 하면 간단하게 완성됩니다.

잘 어울리는 궁합

과일을 이용한 아이스크림 만들기

다양한 과일을 믹서 혹은 강판에 갈거나 착즙기에 즙을 낸 뒤 아래 표에 나와 있는 액체 재료와 당분을 섞으면 우리 아이를 위한 아이스크림을 만들 수 있어요.

과일	배, 사과, 딸기, 바나나, 블루베리, 키위, 수박, 토마토, 망고, 귤, 체리, 홍시, 포도 등
+	+
액체(생략 가능)	물, 우유, 요거트, 코코넛워터 등
+	+
당분	꿀, 설탕 등

어린 아이들은 액체나 당분을 추가하지 않고 강판으로 과일을 갈거나 믹서에 갈아 얼려주는 것만으로도 좋아요. 강판으로 갈면 입자가 있어서 먹을 때 식감이 좋아요.

아이스크림 레시피

1. (NO 우유) 아기 탱크보이

재료 강판에 간 배 200g, 설탕 1큰술(생략 가능)

1. 배는 강판에 곱게 갈아주세요.
2. 설탕과 잘 섞어서 얼음틀에 넣고 얼려주세요.

2. 아기 비비빅

재료 무염·무가당 팥죽 50g, 우유 50ml, 꿀 1큰술, 설탕 1작은술

1. 우유와 설탕은 녹을 때까지 약불로 3분 정도 끓여주세요.
2. 팥죽과 잘 섞어서 얼음틀에 넣고 얼려주세요.

3. 레몬바 (대솔이 최애 아이스크림)

재료 레몬즙 30ml, 물 170ml, 설탕 2큰술과 1작은술(가감 가능)

1. 레몬은 깨끗하게 씻어 반으로 갈라 즙을 짜서 준비해주세요.
2. 레몬즙, 물, 설탕을 잘 섞어서 얼음틀에 넣고 얼려주세요.

4. 쌀 아이스크림

재료 밥 50g, 우유150ml, 꿀 1큰술, 설탕 1작은술

1. 밥은 칼로 잘게 으깨주세요.
2. 모든 재료를 잘 섞은 뒤 넘치지 않을 넉넉한 그릇에 담아 전자레인지에 넣고 2분 정도 돌려주세요.
3. 식힌 후 얼음틀에 얼려주세요.

5. 딸기요거트아이스크림

재료 무가당 요거트 80g, 딸기잼 1큰술

1. 요거트와 딸기잼은 잘 섞어서 얼음틀에 얼려주세요.

6. 호두치즈아이스크림

재료 호두 50g, 아기치즈 2장, 우유 150ml, 설탕 2큰술

1. 호두는 흐르는 물에 깨끗하게 씻은 뒤 팔팔 끓는 물에 4분 정도 데쳐주세요.
2. 데친 호두는 흐르는 물에 한 번 더 씻은 뒤 우유와 함께 믹서로 곱게 갈아주세요.
3. 냄비에 모든 재료를 넣고 아기치즈가 녹을 때까지만 끓여주세요.
4. 한 김 식힌 후 얼음틀에 넣어 얼려주세요.

7. (NO 우유) 완두콩 두유 아이스크림

재료 두유 150ml, 완두콩 60g, 설탕 2큰술

1. 완두콩은 깨끗이 씻은 후 두유와 함께 믹서로 곱게 갈아주세요.
2. 냄비에 모든 재료를 넣고 완두콩이 익고 설탕이 녹을 때까지 약한 불로 5분 정도 익혀주세요.
3. 한 김 식힌 후 얼음틀에 넣어 얼려주세요.

8. 초코아이스크림

재료 가당 코코아가루 4큰술, 우유 150ml, 설탕 1작은술

1. 모든 재료는 잘 섞은 뒤 얼음틀에 넣어 얼려주세요.

대슬맘 친구 레시피

PART 14

생각하는먹보

먹보언니는 2014년 제가 처음 블로그를 할 때부터 오랜 시간 소통해온 분이에요. 저에게는 다양한 요리 관련 이야기를 나누는 요리 선배이자 요리 친구이며 현재 요리연구가, 쿠킹클래스 강사, 아동요리지도사, 방송 출연 등으로 다양한 활동을 하고 있어요.

생각하는먹보 블로그 https://blog.naver.com/foodin0129

한입고구마

달콤하고 부드러운 밤고구마를 삶아 으깬 다음 견과류, 꿀을 넣고 섞어 한입 크기로 빚은 건강 간식이에요. 고구마 모양을 그대로 살려 모양을 낸 다음 자색 고구마가루에 굴리면 영락없는 고구마지요. 으깨고 빚는 과정은 간단하니 아이들과 함께 만들며 즐거운 시간을 가져보세요.

어른과 아이가 여러 번 먹을 양

조리시간 40분

난이도 ★★★☆☆

밤고구마 200g
호두 30g
꿀 1작은술
소금 2g
계피가루 1꼬집
자색고구마가루 2큰술

만드는 방법

1. 밤고구마를 깨끗하게 씻은 다음 찜기에 올려 30분간 쪄주세요.
2. 한 김 식힌 밤고구마의 껍질을 벗긴 다음 매셔나 포크로 곱게 으깨주세요.
3. 호두나 잣 등 부드러운 견과류를 잘게 다져주세요.
4. 완전히 식힌 으깬 밤고구마에 다진 호두, 꿀, 소금, 계피가루를 넣고 골고루 섞어주세요.
5. 밤고구마 반죽을 한입 크기로 뭉친 다음 고구마 모양을 만들어주세요.
6. 모양낸 고구마를 자색고구마가루에 묻혀주세요.

TIP

1. 양이 많은 편이니 반으로 줄여서 만들어도 좋아요. 밤고구마로 만들어야 반죽이 질지 않아요. 다른 고구마는 수분 함량이 높아 반죽이 질어요.
2. 고구마는 따뜻할 때 으깨야 잘 으깨져요.
3. 꿀을 너무 많이 넣으면 질어지기 때문에 설탕으로 대체해도 좋아요.
4. 계피가루는 생략 가능해요.
5. 아이와 함께 요리 활동으로 만들기도 좋아요.

지율맘

매일매일 정성 가득한 식사를 공유하는 지율맘은 저와 아이가 어렸을 때부터 SNS로 소통했기 때문에 옆집 이웃보다도 서로에 대해 더 잘 아는 사이에요. 워낙 요리 실력이 좋아서 어떤 요리도 뚝딱뚝딱 해내신답니다. 지율맘의 맛있는 불고기 비법을 소개할게요.

지율맘 인스타그램 @choiyunjung0422

바싹불고기

지율이가 좋아하는 바싹 불고기를 만들 땐 항상 냉장고기를 사용해요. 겨울철에는 시금치를 다져 넣어 반죽해도 좋고 다양한 채소나 버섯 등을 추가해서 반죽해도 좋아요. 팬에 굽기 어렵다면 에어프라이어에 구워보세요. 겉은 바삭 속은 촉촉하게 구울 수 있어요. 한 번에 굽기보다는 180도에 5분씩 나눠가며 구우면 실패할 확률이 줄어들어요.

아이와 엄마가 한 번 먹을 양

조리시간 30분

난이도 ★★★☆☆

- 소고기(불고기용) 100g
- 다진 표고버섯 10g
- 다진 대파 1작은술
- 참기름 1작은술
- 설탕 1작은술
- 찹쌀가루 1작은술
- 후춧가루 1꼬집
- 맛술 1작은술
- 아기간장 1작은술
- 다진 마늘 1g
- 배즙 1큰술
- 잣 약간

만드는 방법

1. 키친타월에 소고기를 올려놓고 핏물을 제거해주세요.
2. 핏물 뺀 소고기는 칼로 부드럽게 다져주세요.
3. 볼에 잣을 제외한 모든 재료를 넣어 잘 뭉쳐지도록 반죽해주세요.
4. 원하는 모양으로 빚어 달군 팬에 포도씨유를 두르고 중약 불에 앞뒤로 노릇하게 구워주세요.
5. 완성된 불고기 위에 잣을 올려주세요.

TIP

1. 안심으로 만들면 더욱 맛있어요.
2. 키친타월에서 소고기 핏물을 최대한 제거해야 누린내가 안 나요.
3. 소고기는 얇고 넓게 빚되 구우면서 수축되니 테두리를 두툼하게 빚고 가운데는 움푹하게 눌러주세요.

생선파는언니

생선파는언니는 정기적인 방사능 검사와 다양한 인증을 통해 안전한 이유식 유아식용 '손질 무염 생선' 외에도 다양한 수산물을 판매하고 있어요. 아이 둘을 키우시면서 정기적으로 기부도 하시고 다양한 레시피도 소개하면서 많은 분들과 활발하게 소통하고 계세요. 아이들이 좋아하는 생선 중 비린내가 적은 가자미를 이용해서 만든 파피요트 레시피를 소개해주셨어요.

생선파는언니 인스타그램 @fishwoman_

가자미파피요트

순살가자미, 냉털 채소와 과일, 에어프라이어만으로 근사한 요리가 탄생해요. 큼직하고 통통한 그린홍합살도 함께 하면 더 좋아요. 이대로 따라 해보시면 간단하지만 레스토랑에 온 느낌을 집에서 느끼실 수 있을 거예요.

아이와 어른이 한 번 먹을 양
조리시간 30분
난이도 ★★☆☆☆

가자미살 120g
그린홍합 50g
레몬 30g
아스파라거스 50g
통마늘 10g
올리브오일 1작은술
방울토마토 5알
후춧가루 1꼬집

만드는 방법

1. 종이호일을 사탕 모양으로 잡아주세요.
2. 모든 재료를 넣고 후춧가루를 뿌려주세요.
3. 오븐이나 에어프라이어에 넣고 180도에 20분간 익혀주세요.

TIP

1. 그린홍합은 생략 가능해요.
2. 파피요트 속 해산물이나 채소는 다양하게 응용 가능해요.

동심공작소 준희맘

SNS에서 책육아와 놀이육아를 공유하며 많은 엄마들과 소통하고 있는 준희맘은 저와 비슷한 또래의 아이를 키워요. 다양한 활동을 하는 모습을 보면 항상 대단하다는 말이 먼저 나온답니다.

동심공작소 준희맘 인스타그램 @chossang

소시지별밥

별 모양 소시지에 쏙 담긴 밥전이에요. 다진 야채랑 참치 등을 넣은 밥에 계란 물을 섞어 부쳐 먹는 밥전을 예쁜 모양으로 만든 거예요. 타지 않고 속까지 잘 익도록 약불에서 뚜껑을 덮어 오래 익혔어요. 냉장고에 있는 자투리 야채와 찬밥도 활용할 수 있답니다.

아이가 한 번 먹을 양

조리시간
25분

난이도
★★☆☆☆

- 후랑크소시지 5개
- 밥 100g
- 계란 1개
- 다진 당근 15g
- 다진 애호박 10g
- 이쑤시개 5개

만드는 방법

1. 후랑크소시지를 끝부분만 남기고 반을 갈라주세요.
2. 갈라진 끝에 이쑤시개를 꽂아 벌려주세요.
3. 프라이팬 위에 별 모양으로 배치해주세요.
4. 계란을 풀어 밥, 다진 당근, 다진 애호박을 골고루 섞어주세요.
5. 별 모양으로 비어 있는 소시지 안을 채워주세요.
6. 약한 불에 익히고 윗부분까지 익을 수 있도록 뚜껑을 닫아서 익혀주세요.

TIP

1. 김으로 눈, 코, 입을 만들어 장식하면 아이들이 즐거워합니다.

베베로빈 로빈맘

손재주도 좋고 센스도 넘치는 분이라 알록달록 예쁘게 육아하는 모습에 뿅 반했었지요! 오랜 시간 보니 애정 가득 제가 좋아하는 로빈맘이에요. SNS에서 많은 분들과 소통하며 예쁜 제품들을 소개하고 있어요.

로빈맘 인스타그램 @bebe_robin

약밥

우리 민족의 전통 음식인 약밥은 아이부터 어르신까지 누구나 좋아하는 음식이에요. 만들기 어려울 거라 생각하는 분들이 많은데요, 전기 밥솥만 있으면 정말 간편하고 쉽게 누구나 만들 수 있어서 공유합니다.

아이와 어른이 여러 번 먹을 양	찹쌀 3컵(600ml)	물 550ml
	깐 밤 15알	시나몬가루 1꼬집
조리시간 45분	대추 10알	참기름 1큰술
	잣 1큰술	
	건포도 2큰술	
난이도 ★★☆☆☆	흑설탕 100g	
	양조간장 1큰술	

만드는 방법

1. 찹쌀은 깨끗하게 씻어 1시간 불려주세요.
2. 대추는 돌려 깎아 씨를 빼주세요.
3. 밤과 대추는 아이들이 먹기 좋은 크기로 썰어주세요.
4. 밥솥에 불린 찹쌀을 넣고 모든 재료를 넣어주세요.
5. 만능찜 모드로 35분간 취사해주세요.
6. 완성되면 한 김 식힌 후에 잘 뭉쳐주세요.
7. 냉동실에 보관해두고 하나씩 꺼내 드세요.

TIP

1. 해바라기씨나 호박씨를 넣어도 좋아요.
2. 건포도는 생략 가능해요
3. 흑설탕 대신 마스코바도를 넣어도 좋아요.
4. 설탕 양은 기호에 맞게 줄여도 좋아요.

안젤라스 셋맘님

셋맘님은 귀엽고 사랑스러운 세쌍둥이 엄마입니다. 세 아이 케어도 힘드실 텐데 입맛이 모두 다른 세 아이의 밥은 물론 셋맘님이 소개하는 밥상은 다 맛있어 보여요. 운영하시는 소소한 살림가게 '안젤라스'는 제가 자주 애용하는 단골 사이트랍니다.

안젤라스 셋맘님 인스타그램 @333_mom

새우크림리소토

저희 애들은 돌 즈음부터 2, 3배합으로 만들어 냉동했다가 바쁘거나 외출할 때 하나씩 전자레인지에 데워서 먹였어요. 찬밥과 냉동새우로 간단히 만들 수 있는데 새우, 치즈 자체에 간이 배어 있어 따로 간은 안 해도 괜찮아요. 고소하고 부드러워 세 아이 모두 잘 먹는 메뉴랍니다.

세 쌍둥이가 한 번 먹을 양

조리시간 20분

난이도 ★★☆☆☆

밥 300g
냉동새우 120g
양파 150g
우유 200ml
슬라이스 치즈 2장
후춧가루 2꼬집
올리브오일 1큰술
갈릭파우더 1/2작은술
맛술 1작은술

만드는 방법

1. 새우는 맛술에 미리 재워 비린 맛을 제거해주세요.
2. 팬에 올리브오일을 두른 후에 불을 켜고, 타지 않게 갈릭파우더를 바로 넣어주세요.
3. 양파도 넣고 중약불로 갈색이 될 때까지 볶아주세요.
4. 양파가 갈색이 되면 새우를 넣고 살이 단단해질 때까지 볶아주세요.
5. 우유를 넣고 바르르 끓으면 밥과 슬라이스 치즈를 넣고 후추도 톡톡 넣어주세요.

TIP

1. 팬을 달구지 않고 바로 볶아주셔야 갈릭파우더가 타지 않아요.
2. 새우, 슬라이스 치즈 자체에 간이 있어서 소금 간을 따로 안 했는데, 어른이 드실 때는 후추 넣을 때 소금 간을 해주세요.
3. 후추는 아이들이 통후추를 갈아 넣으면 맵다고 해서 톡톡 뿌리는 후추를 사용해요.
4. 완성 후 아주 약한 불에서 5분 정도 뜸을 들이면 더욱 맛있어요.
5. 냉동해두었다가 전자레인지에 데워 먹이기 좋아요.

사월님

사월님 덕분에 '엄마표 수학'에 관심을 갖게 되었어요. SNS에서는 사월님의 경험과 노하우로 많은 분들이 도움을 받고 있답니다. 사월님 댁에서는 무엇을 해먹을까 궁금했는데 맛있고 영양 가득한 계란감자피자 레시피를 소개해주셨어요.

사월님 인스타그램 @403april

영양가득 계란감자피자

아이들이 좋아하는 계란 속에 채소와 고기를 골고루 넣어서 다양한 영양소를 섭취할 수 있는 레시피에요. 자투리 야채를 사용해도 좋고 소고기 대신 닭고기를 사용해도 좋아요.

아이와 어른이 함께 먹을 양

조리시간 30분

난이도 ★★☆☆☆

계란 2개
소금 2꼬집
물 1큰술
맛술 1큰술

감자 100g
양파 30g

소고기 불고기감 50g
맛술 1큰술
파프리카 20g
브로콜리 20g
모짜렐라치즈 50g
파슬리가루 2꼬집

만드는 방법

1. 양파와 파프리카는 다지고 브로콜리는 데쳐서 한입 크기로 잘라주세요.
2. 감자는 채칼로 곱게 썰어 찬물에 담가주세요.
3. 기름을 약간 두른 팬에 소고기와 맛술 1큰술을 넣고 80퍼센트 익혀주세요.
4. 고기는 한쪽에 빼두고 양파를 볶다가 감자를 넣고 볶아주세요.
5. 계란에 소금 2꼬집, 물 1큰술, 맛술 1큰술을 넣고 잘 섞어 감자 위에 넣어주세요.
6. 파프리카, 브로콜리, 고기, 치즈 순서로 토핑해주세요.
7. 뚜껑을 덮고 약한 불에 15분간 익혀주세요.

TIP

1. 약한 불로 익혀야 바닥이 타지 않아요.

라임맘

라임맘을 통해 처음 아이주도이유식을 접하게 되었고 덕분에 대슬이와 함께 즐겁게 아이주도이유식을 할 수 있었어요. 라임맘의 전문 메뉴는 바로 파스타예요. 아이들이 좋아하는 단호박크림파스타 레시피를 소개해주셨어요.

라임맘 인스타그램 @blwlime

단호박크림파스타

부드럽고 달달한 단호박과 고소한 우유가 만나 아이들이 정말 좋아해요. 단호박에 푹 쪄서 먹는 브로콜리도 정말 맛있답니다. 브로콜리를 안 좋아하는 아이라면 브로콜리를 잘게 다져서 넣어줘도 좋아요. 궁합이 잘 맞는 쇠고기까지 들어있어 영양 가득 한 그릇 요리로 강추! 푸실리 같은 숏 파스타도 좋지만, 스파게티를 이용해도 부드럽고 맛있어요.

아이와 엄마가 한 번 먹을 양

조리시간 30분

난이도 ★★★☆☆

밤단호박 80g
푸실리 50g
양파 10g
다진 마늘 1/3작은술
다진 소고기 30g
브로콜리 20g
우유 150ml
슬라이스치즈 1장
올리브오일 1/2큰술
소금 1/4작은술

만드는 방법

1. 냄비 찜기에 물을 붓고 밤단호박을 넣은 후에 10분 정도 쪄주세요.
2. 찐 밤단호박은 껍질을 칼로 벗겨내고, 밤단호박, 우유와 소금을 미니 믹서에 함께 넣고 곱게 갈아주세요. 밤단호박을 포크로 곱게 으깨거나 체에 곱게 내려서 우유에 섞어도 됩니다.
3. 양파는 잘게 다져주세요. 브로콜리는 한입 크기로 잘라주세요.
4. 끓는 물에 푸실리를 넣고 11분 정도 삶아주세요. 푸실리를 삶을 때 브로콜리도 같이 넣어서 3분간 삶아주세요.
5. 달군 팬에 올리브오일을 두르고 중불에서 다진 마늘과 양파를 볶다가 양파가 투명해지면, 다진 소고기를 넣고 노릇하게 볶아주세요.
6. 팬에 곱게 간 단호박과 슬라이스 치즈를 넣고 끓기 시작하면 아주 약한 불에서 2~3분간 졸여주세요.
7. 삶은 푸실리와 브로콜리를 넣고 1분 정도 더 졸여주세요.

TIP

1. 밤단호박은 단호박으로 대체 가능해요.
2. 전자레인지 찜기를 이용해서 찔 경우 단호박과 물 3스푼을 함께 용기에 담고 뚜껑을 덮어서 4분 정도 돌려주세요.
3. 소스가 너무 걸쭉하면 우유를 추가해주세요.

슬기로운요리생활 꿀팁
11

우리 아이들의 미래를 위한 환경 지키기 실천법

우리가 살고 있는 지구에는 다양한 환경오염으로 심각한 문제들이 발생하고 있어요. 사람이 편리하게 살아가려다보니 수질오염, 대기오염, 토양오염은 끝없이 진행되고 있고 지구 온난화도 진행 중이죠. 이러한 환경 문제들은 우리가 해결해야 할 큰 숙제 중 하나입니다. 지금 가장 중요한 것은 나와 우리 자녀들을 위해 지구를 아껴주려는 노력이라고 생각해요. 저 자신조차도 환경을 지키기에는 많이 부족하지만 작은 노력일지라도 많은 사람들이 꾸준히 함께 한다면 우리 아이들이 좀 더 나은 환경에서 살 수 있을 거라 생각해요.

환경을 생각하는 설거지 방법

저희 시어머니는 주방세제를 한 번 구매하면 1년도 넘게 쓰시더라고요. 어떻게 그렇게 오래 사용할 수 있는지 여쭤보니 다양한 노력을 하고 계시더군요. 저도 그 뒤로는 세제를 아껴서 사용하고 기름때를 효과적으로 없애는 방법을 실천하고 있어요.

1) 기름때는 뜨거운 물을 부어 1차로 닦는다.

기름기가 많은 그릇은 처음부터 주방세제로 닦지 않고 냄비나 전기포트에 물을 끓여 그 물을 부어가면서 닦으면 기름때가 뜨거운 물에 절반 이상 닦여 내려가 세제 사용을 줄일 수 있어요. 대신 물이 매우 뜨거우니 조심해야 합니다.

2) 세척은 수세미로, 헹구는 건 면으로 닦는다.

면으로 설거지를 하면 기름때가 효과적으로 닦여요. 작은 사이즈의 면보도 좋고 행주도 좋아요. 설거지 헹구는 용도의 면을 준비해서 잘 말려가며 여러 번 사용해요.

3) 주방세제는 물에 희석해서 사용한다.

보편적으로 주방세제를 수세미에 바로 묻혀서 바로 그릇을 닦는데 사실은 물에 희석해서 사용해야 한다고 해요. 세제마다 뒷면을 보면 얼마만큼 희석해야 하는지 나와 있어요. 수세미에 주방세제를 묻혀 바로 세척하면 그릇에 남는 잔여 세제량도 많아지고 세제를 많이 사용하게 돼요. 세제는 물에 희석해서 사용해도 충분히 잘 닦이더라고요.

물에 희석해서 설거지하는 방법

1. 큰 볼에 물을 2L 정도 담아주세요.

2. 펌핑용 세제를 한 번만 짜 넣고 잘 섞어주세요.

3. 수세미에 주방세제 섞은 물을 충분히 묻히고 그릇을 담가가며 닦아주세요.

4. 헹굼용 면으로 그릇을 닦으면서 따뜻한 물로 깨끗하게 헹궈주세요.

일회용품 적게 쓰기

우리 생활에 플라스틱 일회용품은 너무나 많은 곳에서 사용되고 있어요. 특히 아이 키우는 엄마들은 일회용품을 자주 사용할 때가 많아요. 저도 일회용품을 자주 사용하고 지금도 가장 지키기 어렵고 노력을 많이 하는 부분이 일회용품 덜 쓰는 거예요. 줄이려고 노력하는 마음가짐부터가 중요하다고 생각해요.

1) 물티슈 덜 쓰기

아이를 키우면서 가장 많이 사용하는 제품은 물티슈인 것 같아요. 정말 다양한 상황에서 아주 요긴하게 사용되며 휴대하기도 좋아 기저귀만큼 중요한 육아 필수템 중 하나이죠. 물티슈에는 다양한 화학첨가물이 들어 있어요. 꼭 필요한 상황에서는 사용할 수 있지만 최소한으로 사용하도록 노력이 필요해요.

* 외출 시 물티슈 대신 가재수건 들고 다니기
* 물티슈 대신 가제수건으로 아이 얼굴이나 입 닦아주기
* 용변을 본 후 물티슈로 닦지 않고 물로 씻겨주기
* 물티슈로 청소 시에는 빨아서 한 번 더 사용하기

2) 플라스틱 빨대 대신 스텐, 실리콘, 종이 빨대 이용하기

아이가 야쿠르트 먹을 동안 한 번 사용한 빨대는 분해되기까지 100~500년이 걸린다고 해요. 빨대 없이 먹는 것이 가장 좋은 방법이지만 혹시라도 빨대가 필요하다면 여러 번 재사용 가능한 빨대컵에 담아 먹거나 스텐, 실리콘, 종이 등 다양한 친환경적인 빨대 사용을 추천하고 싶어요.

3) 전자레인지 돌릴 때 비닐을 사용하지 않고 전용 용기나 실리콘 덮개 사용하기

전자레인지를 사용할 때 주로 비닐봉지에 음식을 담아 사용하게 되는데 요즘은 뚜껑 있는 전자레인지 용기 제품이 잘 나오기 때문에 하나쯤 구비해두면 전자레인지를 이용할 때 비닐 사용을 줄일 수 있어요. 혹은 전자레인지용 그릇에 실리콘 재질의 뚜껑을 덮어 돌리면 편리해요.

4) 음식을 담았던 지퍼백은 깨끗하게 씻어 음식물 쓰레기 봉투로 한 번 더 사용하기

아이 국을 냉동하거나 소량 남은 음식을 냉동할 때 지퍼백을 정말 자주 사용하고 있어요. 사용하고 남은 지퍼백은 음식물 쓰레기를 담아 버리는 용으로 한 번 더 사용하고 있어요.

5) 남은 자투리 채소는 비닐이 아닌 용기에 보관하기

당근 따로 양파 따로 호박 따로 보관하면 비닐이 순식간에 여러 장 사용되거든요. 자투리 채소가 남으면 밀폐 용기에 넣어 보관해서 비닐 사용을 줄여요. 저는 주로 뚜껑이 있는 유기그릇에 자투리채소를 넣어 보관하고 있어요.

6) 같은 제품이라면 친환경 제품 사용하기

비닐이나 랩 같은 건 친환경 비닐을 사용하고 있어요. 아이가 사용하는 치실도 이왕이면 친환경 제품을 이용해요.

7) 물건 살 때 장바구니와 비닐 대용 면주머니 들고 다니기

누구나 아는 방법이죠. 요즘엔 마트에서 비닐 대신 종량제 봉투로 많이 판매하고 있어서 장바구니를 준비 못했다면 종량제 봉투를 구매해서 쓰레기를 버릴 때 사용할 수 있어요. 하지만 마트가 아닌 생활용품점, 시장, 옷가게 등 다양한 상점에 갈 때 장바구니를 가져간다면 비닐 사용량을 줄일 수 있어요. 또한 마트에서 감자나 당근, 고구마, 오이 등을 살 때 일회용 비닐봉지를 사용하게 되는데요. 비닐봉지 대용 면주머니를 들고 다니면 채소를 담아오기도 좋고 재사용하기도 좋아서 비닐을 덜 사용할 수 있어요.

8) 종이 영수증 대신 모바일 영수증 활용하기

종이 영수증을 만들고 폐기하는 과정에서 나오는 온실가스의 양이 어마어마하다고 해요. 아직 많은 곳에서 보편화되지 않았지만 영수증을 생략할 수 있는 곳에서는 생략하려고 노력해요.

9) 배달음식 주문 시 일회용품 받지 않기

집에서 먹는 배달음식에 일회용품이 같이 오는 경우 사용을 안 하니 그대로 쓰레기통으로 들어갈 때가 많았어요. 예전에는 생각 없이 버리곤 했는데 꼭 필요할 때가 아니라면 일회용품은 필요 없다고 말해서 조금이라도 사용을 줄이려고 노력해요.

10) 베이킹소다, 과탄산소다, 구연산을 활용해서 세제 사용 줄이기

위에 언급한 3가지 가루는 환경오염을 일으키지 않는다고 해요. 흰 빨래만 모아서 과탄산소다를 넣어 세탁해보세요. 하얗고 깨끗하게 세탁이 잘 된답니다. 위 3가지 가루로 빨래세제, 주방세제, 청소용 세제 등을 대체해서 잘 활용한다면 환경 보호에 큰 도움이 된다고 생각해요.

11) 플라스틱 사용을 줄인 친환경 포장 제품 애용하기

과대하게 비닐이나 플라스틱이 많이 사용되는 제품을 보면 눈살이 찌푸려지기도 해요. 이렇게까지 포장했어야만 하는가. 요즘에는 친환경으로 포장해서 제품을 판매하시는 분들이 점점 많아지고 있어요. 같은 제품이라도 플라스틱으로 꽁꽁 싸져 있는 제품보다는 종이나 친환경 재료로 포장되어 있는 제품을 많이 애용하고 있어요.

12) 음식 포장할 때 용기 사용하기

죽을 포장할 때, 정육점에서 고기를 살 때, 반찬가게에서 반찬을 살 때, 빵집에서 빵을 구매할 때 미리 준비한 용기를 준비해서 가져가보세요. 어떤 곳에서는 당황해하기도 하고 유난스럽게 생각하는 곳도 있더라고요. 용기를 챙겨 간다는 게 쉽지 않지만 한번 해보면 마음이 참 뿌듯하답니다.

13) 환경오염을 일으키는 엄마표놀이 피하기

요즘 SNS에는 많은 분들이 #엄마표놀이를 공유하고 있어요. 엄마표놀이를 통해 아이와의 즐거운 시간을 보내는 것은 좋지만 한 번 사용하고 버리거나 아무렇게나 버렸을 때 심각한 환경 오염을 일으키는 제품들이 있어요. 대표적으로 '수정토'는 미세플라스틱으로 물에 흘려보내면 절대 안 되는 제품으로 물에 버렸을 때 심각한 수질오염을 일으킨다고 해요. 아이가 한 번 놀고 쓰레기통에 한가득 버리기에는 환경에게 너무 미안한 마음입니다.

그 외에도 물풍선에 물을 가득 담아 터트리고 버리는 놀이, 키친타월이나 코인티슈에 그림을 그려 물에 적셔 한번 사용 후 버리는 놀이, 빨대 수십 수백 개를 이용한 놀이, 비닐이나 랩, 호일을 많이 이용한 놀이, 재활용 불가능한 미술용품을 많이 사용한 놀이 등 아이와의 잠깐 즐거운 시간으로 환경이 감당해야 하는 시간은 너무 긴 것 같아요. 꼭 필요할 때는 사용하지만 아이와 즐거운 놀이 시간을 가지기 전에 이 놀이가 환경에 주는 부담이 어느 정도인지 한 번쯤은 생각해보시면 좋겠어요.

분리배출 재활용 확실하게 하기

제가 살고 있는 아파트에서는 정확한 분리배출 방법을 알려주었어요. 처음엔 생각 없이 버렸는데 가이드를 보고나니 내가 그동안 얼마나 마구 버렸는지 알게 되었어요. 나 하나쯤은 괜찮아 하는 생각으로 분리배출을 하지 않으면 그 쓰레기가 그대로 환경오염을 일으켜 결국 우리에게 돌아온다는 사실을 꼭 기억해야 해요. 매번 완벽하게 할 수는 없지만 최대한 분리배출하려고 노력하고 있어요.

- 페트병 깨끗이 헹궈 라벨 떼고 버리기
- 재활용 가능한 비닐은 깨끗하게 씻어 말린 뒤 스티커를 제거하고 버리기
- 완충재 뽁뽁이는 비닐로 버리기
- 택배 박스는 송장과 테이프를 제거하고 버리기
- 아이스팩은 잘라서 흘려내려 보내면 심각한 수질오염을 일으키기 때문에 일반 쓰레기에 버리기
- 잘 모를 때는 뒷면에 '재활용표시'를 찾아보고 분리배출하기

음식물 쓰레기가 아닌 것들(일반 쓰레기)

- 계란 껍질(메추리알)
- 동물 뼈(닭뼈, 돼지뼈, 생선 가시)
- 옥수수심
- 옥수수 껍질
- 단단한 과일 껍질(파인애플, 메론 등)
- 과일 씨앗(망고, 복숭아 등)
- 의약품
- 견과류 껍질(호두, 도토리, 땅콩, 피스타치오 등)
- 어패류 껍질(전복, 소라, 조개 등)
- 갑각류(꽃게, 랍스터, 킹크랩 등)
- 고추씨와 고춧대
- 원두커피

TIP

1. 음식물 쓰레기는 싱크대에 달린 탈수기를 이용해서 물기를 싹 빼고 버려요.
2. 물기가 흥건한 채로 버리면 음식물 쓰레기 양이 늘어나 에너지가 낭비되고, 온실가스 배출 양이 늘어나며, 음식물 쓰레기 처리 비용까지 많이 늘어난대요. 물기만 제거하고 버려도 환경에 도움이 된다고 하니 음식물 쓰레기를 버리기 전에 수분기를 최대한 제거하고 버리는 것 기억해주세요.

내 아이를 위한 생일상!
정성 가득한 한상차림

PART 15

두 돌 생일상

대슬이 생일을 맞이해서 특별한 생일상을 차려주고 싶었어요. 돌 때는 돌잔치를 했기 때문에 특별하게 집에서 사진을 찍어주거나 상을 차려주지 않았는데 두 번째 맞이하는 생일상은 정말 정성 가득 차려주고 싶은 마음이 컸거든요. 촬영 콘셉트를 조선시대 양반으로 잡고 촬영 소품을 구매하려고 꽃시장을 전전하며 하나둘 사 모았어요. 생일상은 대슬이가 좋아하면서 잘 먹는 메뉴들로 구성했어요. 대슬이의 두 돌상 레시피를 알려드릴게요.

전복새우냉채

전복과 새우는 대슬이가 가장 좋아하는 해산물이에요. 쉽게 만든 냉채 소스를 시원하게 해서 주니 생일상 메뉴 중 가장 잘 먹었던 메뉴입니다.

전복 1마리(껍데기 포함 100g)
새우(대하) 3마리
대파 50g
양파 50g
생강 조각 5g
데친 브로콜리 5g

냉채 소스 재료
- 간장 1/3작은술
- 레몬즙 1/3작은술
- 배즙 1작은술

1. 냉채 소스 재료는 잘 섞어 냉장고에 넣어주세요(배즙은 배를 갈아서 즙만 사용했어요.).
2. 전복은 깨끗하게 씻은 후 껍데기와 내장을 제거해주세요(p.57).
3. 냄비에 물을 넣고 끓이다가 생강 조각과 새우를 넣고 데쳐주세요.
4. 새우가 익으면 건져내고 찜기에 양파, 전복, 대파를 순서대로 넣고 30분간 쪄주세요.
5. 30분 뒤 전복을 꺼내 한 김 식힌 후에 먹기 좋은 크기로 잘라주세요.
6. 전복이 식으면 그릇에 새우, 브로콜리와 먹기 좋게 담아 차가운 냉채 소스를 뿌려주세요.

TIP

1. 냉채 소스는 생략하고 데치고 쪄주기만 해도 충분히 맛있어요.
2. 새우는 너무 오래 데치면 질겨지기 때문에 익을 때까지만 짧게 데쳐요.

콩나물양송이무침

간을 많이 안 하다 보니 콩나물무침이 심심할 수 있는데 대슬이가 제일 좋아하는 양송이버섯을 넣었더니 심심한 맛이 조금은 채워지더라고요. 콩나물무침을 아삭하게 무쳐내는 팁도 있어요.

콩나물 100g
양송이버섯 3개
깨폭탄소스 1작은술

1. 넓은 쟁반을 1~2시간 전에 냉동실에 넣어 시원하게 해주세요.
2. 콩나물은 깨끗이 씻은 뒤 팔팔 끓는 물에 자르지 않은 양송이와 함께 넣어 뚜껑을 열고 4분 정도 데쳐주세요.
3. 4분 뒤 콩나물과 양송이버섯을 건져서 냉동실에 보관해두었던 차가운 쟁반에 펼쳐 한 김 식혀주세요.
4. 양송이버섯은 먹기 좋게 썰고 콩나물과 함께 깨폭탄소스를 버무려주세요.

TIP

1. 양송이를 처음부터 썰어서 데치면 맛과 영양이 빠져나가기 때문에 통으로 데친 뒤 썰어주세요.
2. 차가운 쟁반에 콩나물을 식히면 급속하게 식으면서 아삭한 식감이 유지돼요.

민어조기찜

민어조기는 비린 맛이 적고 담백해서 아주 맛있는 생선이에요. 반건조 민어조기를 구매해서 짠기를 빼고 향긋하게 쪄냈어요. 생일상과 잘 어울리는 추천 메뉴에요.

민어조기 1마리
쌀뜨물 넉넉히
생강 조각 5g
대파 50g
양파 50g

선택 재료 건조 레몬 조각 2개

1. 반건조 민어조기는 쌀뜨물에 담가 30분 정도 불려서 짠기를 빼고 부드러운 상태로 만들어 주세요.
2. 생강 조각을 넣은 물이 끓으면 찜기를 올리고 양파, 민어조기, 파 순서대로 넣고 20분 정도 쪄주세요.
3. 건조 레몬 조각과 함께 그릇에 담아주세요.

TIP

1. 반건조 생선은 소금에 절여서 말리기 때문에 꼭 짠기 빼는 과정을 해주세요.

양지들깨미역국

대슬이가 좋아하는 양지미역국에 들깨를 넣어 더욱 고소하게 끓여봤어요.

물 2L
소고기 양지 300g
건미역 25g

고기양념 재료
- 국간장 2작은술

미역양념 재료
- 국간장 2작은술
- 참기름 2작은술
- 다진 마늘 15g

추가 간
- 소금 2/3작은술

들깨가루 1작은술(미역국 200ml당)

1. 양지육수를 만들어주세요(p.330 참고).
2. 익힌 소고기 양지는 먹기 좋은 크기로 찢어 봉지나 용기에 담은 후에 국간장을 넣고 꽉 묶어주세요.
3. 미역은 충분히 불린 뒤 흐르는 물에 여러 번 씻어 물기를 빼고 참기름과 국간장, 다진 마늘을 넣고 버무려주세요.
4. 촉촉하게 밑간을 한 미역은 냄비에 넣고 중약불에서 10분 정도 볶아주세요.
5. 양지육수를 넣고 30분 정도 끓여주세요.
6. 30분 뒤 양념한 고기를 넣고 추가 간을 한 후에 10분 더 끓여주세요.
7. 한 끼 먹을 만큼(200ml) 덜어 들깨가루를 넣고 1~2분만 끓여주세요.

TIP

1. 양지미역국 레시피에 들깨가루만 추가했어요. 자세한 방법은 양지미역국(p.379)을 참고해주세요.
2. 들깨가루를 넣고 너무 오래 끓이지 마세요.

밤팥찰밥

대슬이는 밥에 들어 있는 콩 종류를 좋아하는데요, 팥 역시 좋아하는 곡물이에요. 고소한 팥과 밤을 먼저 골라 먹는 모습을 보니 생일상에 팥밥하길 참 잘했다는 생각이 들었답니다.

밤 5알
팥 1/4컵 50ml
쌀 1컵
찹쌀 1컵
물 500ml

1. 팥은 넉넉한 물에 넣고 5분 정도 삶은 뒤 체에 밭쳐 팥물을 버려주세요.
2. 쌀과 찹쌀은 깨끗하게 씻은 뒤 체에 밭쳐 물기를 완전히 빼주세요.
3. 밥솥에 모든 재료를 넣고 현미모드(60분)로 밥을 지어주세요.
4. 완성된 밥은 팥이 잘 섞이도록 잘 섞어주세요.

TIP

1. 아이들은 아직 장이 미숙하기 때문에 쉽게 소화되게 팥을 한 번 데쳐서 사용했어요.

배오이무침

오이와 배 역시 대슬이가 좋아하는 식재료인데요, 생일상에 어떤 채소 반찬을 차려줄까 고민하다가 평소에 잘 먹는 반찬으로 선택했어요. 새콤달콤해서 대슬이가 아주 좋아하는 반찬이에요.

오이 100g
배 50g
당근 10g
사과식초 1/3작은술
설탕 4/5작은술
소금 1/3작은술

1. 오이는 먹기 좋은 크기로 자르고 배와 당근은 모양틀로 찍어주세요.

2. 비닐봉지에 오이와 소금을 넣고 봉지를 꽉 묶어 절여주세요.

3. 오이에서 나온 수분은 꽉 짜서 버리고 배와 사과식초, 설탕을 넣고 버무려주세요.

TIP

1. 253쪽에 자세하게 나와 있어요.
2. 통에 담아 냉장 보관하고 먹을 때마다 덜어서 참기름과 통깨를 뿌려주세요.

우엉잡채

저는 잡채 중에서 우엉잡채를 가장 좋아하는데요, 우엉 향이 잡채랑 너무 잘 어울린답니다. 우엉을 졸여서 잡채에 넣으면 훨씬 맛이 고급스러워져요. 대슬이 생일상에 고기가 많아 잡채에는 고기를 넣지 않고 향긋한 우엉 잡채를 만들어보았어요.

파프리카 20g
부추 10g
기름 1/3작은술

당면물 재료
- 당면 50g
- 물 300ml
- 양조간장 2작은술
- 간양파 10g
- 설탕 1작은술
- 기름 1/2작은술

우엉조림 재료
- 우엉 50g
- 물 100ml
- 양조간장 1/2작은술
- 조청 1/2작은술
- 맛술 1/2작은술

참기름, 통깨 약간

1. 파프리카와 부추는 당면과 같은 굵기로 아이가 먹기 좋게 썰어주세요.
2. 우엉은 곱게 채썰어서 물 100ml, 양조간장 1/2작은술, 조청 1/2작은술, 맛술 1/2작은술 넣고 뚜껑을 닫아 우엉이 잘 익도록 15분 정도 끓여주세요. 우엉이 익으면 센 불로 볶아 수분을 날려주세요.
3. 냄비에 당면물 재료를 모두 넣고 팔팔 끓으면 당면을 재빨리 씻어 넣고 8분 끓여주세요.
4. 8분 뒤 남은 당면 물은 버리고 당면은 체에 밭쳐 한 김 식혀주세요.
5. 파프리카와 부추는 기름을 약간 두른 팬에 볶아주세요.
6. 넓은 그릇에 우엉조림과 당면, 파프리카, 부추를 모두 섞은 뒤 참기름과 통깨를 약간 뿌려주세요.

TIP

1. 당면을 삶을 때부터 양념해서 삶기 때문에 당면에 달큰한 양파 향과 간이 잘 배요.
2. 고기를 소량 볶아 추가해도 좋아요.
3. 3번 과정 중 물이 부족하면 소량씩 추가하면서 끓여주세요.

LA갈비

워낙 고기를 좋아하는 대슬이에게 생일상에 자주 오르는 LA갈비를 해주고 싶었어요. 핏물 뺀 LA갈비에 쉽고 간단하게 만능고기양념으로 양념해서 만들었어요.

LA갈비 500g(큰 것 3장)
만능고기양념 150g
양조간장 1큰술
설탕 1/3작은술
잣 1작은술

1. 갈비는 찬물에 담가 물을 여러 번 바꿔 핏물을 충분히 빼주세요.
2. 핏물 뺀 갈비는 뼛가루가 없도록 흐르는 물에 깨끗하게 씻어주세요.
3. 만능고기양념과 간장을 잘 섞은 뒤 최소 1시간 정도 냉장고에서 숙성시켜주세요.
4. 프라이팬에 숙성시킨 LA갈비를 올리고 약한 불에서 뚜껑을 닫고 뼈와 살이 분리될 정도로 푹 익혀주세요.
5. 잣은 키친타월을 깔고 칼로 곱게 다진 뒤 LA갈비 위에 뿌려주세요.

TIP

1. 갈비를 굽다가 수분이 많이 나오면 잠시 갈비를 빼두고 센 불로 끓여 수분을 최대한 날린 뒤 다시 갈비를 넣어 구워주세요.

TK

네 돌 생일상

3살 때부터 하루에 1~3시간씩은 꼭 레고를 하는 대슬이를 위해 '레고 생일상'을 차려주고 싶었어요. 레고를 너무 사랑하고 레고에 푹 빠져 있던 때라 저도 생일상을 준비하면서 대슬이가 좋아할 모습에 신이 났던 것 같아요. 생일상에 사용할 소품을 만들기 위해 다양한 재료를 구매해서 소품을 하나씩 만들었어요. 대슬이가 제일 좋아하는 레고 케이크도 주문 제작했어요. 열심히 준비해서 레고 생일상을 차려주니 대슬이가 너무나 좋아했고 생일잔치가 끝난 뒤 "엄마 고마워요." 하고 말해주었어요. 어느새 이만큼 자라서 고마움도 표현할 줄 아는 대슬이가 그저 신기하고 감사할 따름이에요. 생일상 음식들도 어느 하나 빠짐없이 아주 맛있게 잘 먹어줘서 더욱 감사했던 생일날이었어요. 대슬이의 네 돌상 레시피를 알려드릴게요.

양송이버섯구이

양송이버섯을 양념해서 굽기만 해도 생각보다 맛있는 버섯구이가 되어요. 대슬이는 버섯 중에 양송이버섯을 가장 좋아해서 아주 잘 먹었고 이 양송이버섯 구이는 대슬 아빠도 매우 좋아하는 메뉴에요.

양송이버섯 한 팩 140g

양념 재료

- 다진 마늘 3g
- 올리브오일 1큰술
- 소금 1꼬집
- 후춧가루 1꼬집

1. 양송이버섯은 흐르는 물에 재빨리 씻어 준비해주세요.
2. 양념재료는 잘 섞어주세요.
3. 양송이버섯은 반으로 자른 뒤 양념 재료에 버무려 에어프라이어에서 170도로 5분 구워주세요.

TIP

1. 브랜드마다 에어프라이어의 사양이 틀리니 온도와 시간은 조절해주세요.

베이컨크림스파게티

첨가물이 적은 베이컨을 이용해서 맛있는 크림스파게티를 만들어봤어요. 대슬이는 토마토 스파게티보다 이 크림스파게티가 더 맛있대요.

스파게티 면 100g
물 1L
소금 1/2작은술
파슬리가루 약간

소스

- 올리브오일 1작은술
- 베이컨 30g
- 양송이버섯 30g
- 편 마늘 15g
- 간 양파 30g
- 우유 200ml
- 슬라이스 치즈 1장

1. 물 1L에 소금 1/2작은술을 넣고 스파게티 면을 10분 삶은 뒤 체에 밭쳐주세요.
2. 팬에 올리브오일과 편 마늘을 넣고 편 마늘이 익을 때까지 약불로 3~5분 볶아주세요.
3. 편 마늘이 익으면 먹기 좋게 썬 베이컨과 양송이버섯, 간 양파를 넣고 볶아주세요.
4. 익힌 스파게티 면을 넣고 면에 소스가 잘 섞이면 슬라이스 치즈를 넣고 치즈가 녹을 때까지 끓여주세요.
5. 그릇에 담은 뒤 파슬리가루를 약간 뿌려도 좋아요.

TIP

1. 간 양파(p.67) 대신 양파를 잘게 다져서 사용해도 좋아요.

햄치즈오이샌드

생일상에서 대슬이가 가장 좋아하고 잘 먹었던 베스트 메뉴에요. 오이 위에 햄과 치즈를 올리기만 하면 되는 간단한 메뉴라 만들기도 매우 쉽고 먹기도 간편해요. 오이와 햄, 치즈의 조합이 참 잘 어울린답니다.

오이 50g
슬라이스 햄 1장
슬라이스 치즈 1장

1. 오이는 깨끗하게 씻어 한입에 먹기 좋은 크기로 동그랗게 썰어주세요.

2. 슬라이스 햄은 뜨거운 물에 살짝 데친 후 물기를 제거해주세요.

3. 슬라이스 치즈와 햄은 9등분 해주세요.

4. 오이-치즈-햄-치즈-햄-오이 순서로 올려주세요.

TIP

1. 꼭 샌드하지 않고 오이 위에 햄과 치즈만 올려서 먹어도 좋아요.
2. 입맛에 맞는 햄과 치즈의 양을 더 늘려도 좋아요.

구운 치킨과 구운 감자

치킨을 기름에 튀기지 않고 구워 기름기를 쏙 빼고 쉽게 만들 수 있는 초간단 메뉴에요. 소금, 후춧가루만 필요한 아주 간단한 레시피라 누구나 쉽게 따라하실 수 있어요.

구운 치킨
닭봉 350g
올리브오일 2작은술
소금 2꼬집
후춧가루 2꼬집

구운 감자 재료
감자 100g
올리브오일 1/2작은술
소금 1꼬집
후춧가루 1꼬집

선택 재료 레몬 조각 2개

1. 닭봉은 흐르는 물에 깨끗하게 씻은 뒤 너무 큰 기름이나 지방은 가위로 잘라 손질해주세요.
2. 감자는 물결 칼을 이용해서 스틱 모양으로 썰어주세요
3. 구운 치킨 재료를 골고루 잘 섞은 뒤 30분 숙성시켜주세요.
4. 30분 뒤 구운 감자 재료를 모두 잘 섞어주세요.
5. 에어프라이기에 양념한 닭봉을 넣고 160도에서 10분 익혀주세요.
6. 10분 뒤 양념한 감자를 닭봉 위에 넣고 180도에서 10분 익혀주세요.
7. 그릇에 레몬 조각과 함께 담아주세요.

TIP

1. 닭봉 350g은 손질 전 무게에요.
2. 닭과 감자는 익는 시간이 다르기 때문에 시간 차이를 두고 넣었어요.
3. 에어프라이어 사양에 맞게 시간이나 온도를 조절해주세요.
4. 소금과 후추를 뿌려 숙성시킬 때 양파즙 또는 간 양파(p.67) 1큰술과 함께 재우면 훨씬 맛이 좋아요.

콥샐러드

달콤한 요거트로 소스를 만들어 재료를 찍어 먹기도 하고 뿌려서 섞어 먹기도 해요. 알록달록 예쁜 색깔 덕분에 눈길을 끌 수 있는 샐러드입니다.

양상추 50g
오이 30g
파프리카 빨강, 주황 각각 30g
스위트콘 4큰술
메추리알 3개
칵테일새우 10마리

소스 재료
요거트(무가당) 2큰술
꿀 1작은술
레몬즙 1/3작은술

1. 양상추는 깨끗하게 씻어 물기를 제거한 후 그릇 맨 아래 깔아주세요.
2. 먹기 좋게 썬 오이와 파프리카, 메추리알, 스위트콘을 올려주세요.
3. 소스 재료를 잘 섞은 후 조금씩 뿌려 드시거나 샐러드를 찍어드세요.

TIP

1. 콥샐러드에 들어가는 채소는 다양하게 바꾸거나 응용 가능해요.

찐 옥수수와 브로콜리

기름진 음식이 많을 수밖에 없는 생일상이라 옥수수와 브로콜리는 쪄서 준비했어요. 찐 옥수수를 안 좋아하는 아이들은 버터와 꿀을 섞어 옥수수에 발라 살짝 구우면 좋아요.

국산 옥수수 1개
브로콜리 20g

1. 옥수수와 브로콜리는 먹기 좋은 크기로 썰어주세요.
2. 냄비에 물을 넣고 끓어 오르면 브로콜리를 1분 데쳐주세요.
3. 브로콜리를 건져내서 한 김 식히고 브로콜리 데친 물 위에 찜기를 올려 옥수수를 10분 쪄주세요.
4. 먹기 좋게 그릇에 담아주세요. 찐 브로콜리는 기호에 맞게 깨폭탄소스에 버무려 먹어요.

TIP

1. 생일상에 주로 기름이 많은 메뉴들이 올라가기 때문에 옥수수를 굽지 않고 쪄서 조리했어요.
2. 버터 1작은술, 꿀 1작은술을 섞은 뒤 옥수수에 발라 살짝 구워도 좋아요.

슬기로운요리생활 꿀팁
12

안경사 아빠, 대슬이 눈 보호 이렇게 해요

아이가 너무 어릴 때부터 TV나 스마트폰, 패드 등 화면을 보는 것에 익숙해지지 않는 것이 가장 좋지만 여러 가지 상황에서 우리는 아이에게 화면을 보여줄 수밖에 없는 것 같아요. 안경사인 대슬 아빠는 시력이 아주 안 좋은 편이라 대슬이 시력에 대해 매우 걱정하면서 관심을 갖고 살펴보고 있어요. 아기 때부터 화면을 절대 가까이서 보지 못하게 했고, 장난으로도 아빠 안경을 쓰지 못하게 했어요. 장난감 중에서도 너무 강한 빛을 내는 장난감은 차단시켰어요. 전문가의 아이 시력 보호법과 다양한 팁을 소개할게요.

이렇게 하면 아이 시력에 좋지 않아요

① 엎드려서 책 보기

엎드려서 책을 보면 책과 눈의 거리가 가까워져서 눈이 폭주(가까운 데를 볼 때 눈이 서로 모이는 현상)하는 힘을 많이 사용하게 됩니다. 그러면 눈이 쉽게 피로해지고 한쪽 눈만으로 가까운 거리를 보게 되며 한쪽 눈만 나빠질 가능성이 높습니다.

② 이동하는 차 안에서 핸드폰이나 책 보기

이동하는 차에선 차량이 많이 흔들리기 때문에 가까운 거리를 보기 위해 눈에 힘을 주게 되고, 흔들리는 화면이나 글씨를 쫓아봐야 하는 불편함이 생깁니다. 그래서 눈이 더 빨리 피곤해지고 심한 경우 어지럼증까지 나타나게 되어 시력에 안 좋은 영향을 끼칩니다.

③ 어두운 곳에서 밝고 가까운 스마트폰 화면 보기

어두운 곳에서 밝은 스마트폰 화면을 보게 되면 상대적으로 화면이 더 밝게 느껴져서 눈에 피로감을 느끼게 됩니다. 밝은 화면에 많이 노출되면 밤에 잠이 쉽게 오지 않을 수 있습니다.

④ 책상에 앉아 공부할 때 고개를 기울이고 공부하기

대부분 학창 시절에 고개를 기울이고 옆을 보면서 공부한 경험이 있으실 텐데요, 그렇게 되면 좌우 눈이 보는 거리가 달라져서 보이는 정도가 달라져 한쪽 눈만 사용하게 됩니다.

⑤ 오랜 시간 TV 및 스마트폰 보기

오랜 시간 TV나 스마트폰 화면을 보게 되면 화면에 집중하게 되어 눈을 깜빡이는 걸 잊어버립니다. 이는 눈을 쉽게 피로하게 만드는 습관이며 안구건조증을 유발할 수 있습니다.

⑥ 호기심에 다른 사람의 도수 안경 써보기

다른 사람의 안경에는 그 사람에게 맞는 안경 도수가 있습니다. 눈이 좋은 사람이 도수가 들어간 안경을 자주 착용한다면 그 도수에 맞춰서 시력이 나빠질 수 있습니다. 따라서 부모님의 안경이나 혹은 친구들의 안경을 호기심으로 써보는 행동은 자제하는 게 좋습니다.

이렇게 하면 아이 시력 보호에 도움이 되어요

① 눈이 피로할 땐 멀리 보기

가까운 곳을 많이 보면 눈에 좋지 않지만, 반대로 먼 곳을 많이 보면 눈의 피로를 풀어주는 데 도움이 됩니다. 가까운 곳을 많이 보았다면 먼 곳도 보면서 눈의 피로를 풀어주세요.

② 눈 마사지하기

눈을 감고 그 주변을 살짝살짝 눌러주면 눈 주변의 근육이 이완되어 피로감이 풀리고 눈이 한결 개운해지며 편안해집니다.

③ 외출 시 선글라스 혹은 햇빛을 가려주는 모자 착용

야외에서 눈에 해로운 자외선과 눈부심을 막아주는 선글라스는 어른들뿐만 아니라 아이들에게도 필수 아이템입니다. 아이들이 선글라스를 쓰지 않거나 위험한 상황 때문에 걱정된다면 챙이 넓은 모자를 쓰게 해서 자외선을 막아주세요.

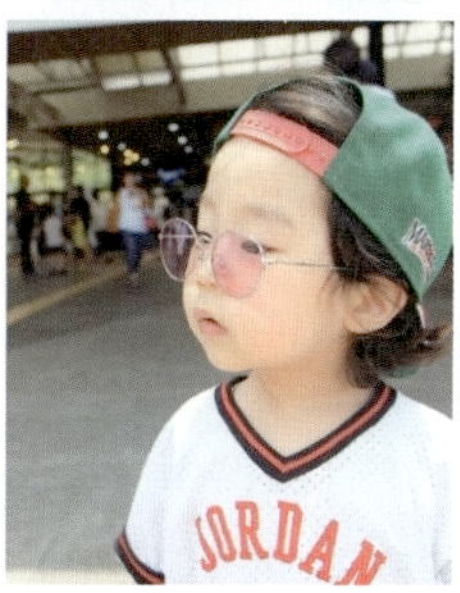

④ 블루라이트 차단 안경 착용하고 화면 보기

요즘 아이들은 전자기기 화면에 많이 노출되는데요, 이 화면에서는 블루라이트라는 안 좋은 파장의 빛이 발생합니다. 블루라이트는 자외선에 가까워 눈에 해로우며, 가시광선 중에 속해 있어 일반 안경 렌즈로는 차단되지 않습니다. 이때 블루라이트 차단 렌즈로 만들어진 안경을 착용하면 도움이 됩니다. 대슬이는 16개월부터 화면을 볼 때 항상 블루라이트 차단 안경을 씌워서 보게 했고, 안경을 쓰고 있을 때는 움직이지 않도록 주의시켰어요. 지금은 화면을 볼 때 스스로 안경을 찾아 쓰고 있어요.

⑤ 눈에 좋은 음식들 섭취하기

블루베리, 당근, 결명자, 생선 등 눈에 좋은 음식은 다양합니다. 뭐든 골고루 먹는 것이 눈 건강에도 좋습니다.

⑥ 정기적으로 안과 검진 받기

부모가 아이 시력을 신경 써서 관리해주는 것이 중요합니다. 글자나 숫자를 읽을 수 있는 연령(4~5세)부터 1년에 한 번씩 안과 정기검진을 받는 것을 추천합니다.

가나다순 찾아보기

A~Z

가

나

다

라

마

바

사

아

자

차

카

타

파

하

종류별 찾아보기

밥

덮밥

죽

수프

국,탕,면

찜

볶음

조림

무침

구이, 튀김

김치

간식

소스, 양념

재료별 찾아보기

가공식품 (가다랑어포, 건포도, 당면, 베이컨, 순대, 스위트콘, 요거트, 코코아가루)

가지

감자

건새우

견과류

계란

고구마

곡물

과일

굴

김

김치

깨폭탄소스

깻잎

누룽지

단호박

닭고기

당근

더덕

도토리묵

돼지고기

두부

두유

들깨

떡

마

만능고기양념

메추리알

생선 및 해산물

소고기

숙주

시금치

아보카도

아스파라거스

애호박

양배추

양상추

양파

어묵

얼갈이

연근

연근굴소스

오리

오이

옥수수

우엉

우유

전복

참나물

청경채

치즈

카레

콩

토마토

톳

파프리카

햄, 맛살

황태껍질